STARTUP

스타트업과 창업자

김영주 | 조용천 | 김종하 | 이경학 | 김성용 지음

양성원

들어가는 말

현재를 살아가는 성인이라면 누구나 어린 시절을 돌이켜 생각해보면 미래에 대한 많은 꿈들로 가득 찼던 순간들이 떠오를 거라고 생각합니다.

그 누구 중에는 미래에 대통령을 꿈꾼 사람도 있을 것이고, 판사나 의사 또는 소방관을 꿈꾸던 사람도 있을 것이며, 또 누군가는 선생님을, 또 과학자를, 아니면 작가를 꿈꾸기도 했을 겁니다.

이 책을 꾸린 저희들도 그런 꿈 한 자락을 가지고 살았던 누구 중의 한 사람들입니다.

그러나 우리가 살아온 세상은 전 세계 어느 나라를 통 털어서 가장 급진적인 변화를 겪어낸 시대였으며, 그런 시대에서 살아남고 건강한 이 땅의 한 명으로서 역할을 해내면서 점점 꿈은 멀어져갔고 잊혀져갔습니다.

어린 시절 아버지는 아침에 출근하셔서 저녁에 얼큰하게 술 한 잔에 불그레한 얼굴로 퇴근하시며 손에 어린 자식들의 간식을 싸들고 오시는 모습은 이제 드라마나 영화 속 한 장면이 되었고, 그런 아버지를 기다리며 자식들을 먹이고 입히던 어머니의 모습은 이제 어린이집과 유치원 또는 학교 식당에서 봉사하시는 또 다른 어머님들이 자리를 차지하고 있은 지가 오래입니다. 당연히 하루 중 어느 한 때 가족들이 다 같이 모여서 밥상을 나누는 것은 아주 드문 일이 되었습니다.

여기까지는 이 땅의 20대들조차 공감할지 모르겠습니다.

우리 한 명 한 명은 모두 어느 시기를 거치면서 서로 다른 인생을 살고 있었고 어느 때인가는 문득 '내가 왜 이렇게 살고 있을까?' 혹은 '대체 늙은 내 모습은 어떤 모습일까?'를 궁금해 하면서도 잠시의 일탈 후에도 결국 제자리에 돌아와 있는 서로를 발견하곤 다시 한번 또 '늘 그렇다~'라고 생각하던 일상을 살아왔습니다.

그렇게 잠시 벗어난 일탈로부터의 회귀는 결코 저를 그 전의 원점에 두지 않았고 그런 점점이 모여서 결국 행성이 커다란 공전궤도를 그리듯이 비스듬하게 우리는 어느 순간 우리가 꿈꾸던 미래의 어느 한 점과 만나가고 있는 것인지도 모르겠습니다.

그러나 오늘 우리를 돌아보면, 그렇게 멀어져 있다고 생각했던 그 꿈이 저 앞에 보이기 시작하고 옆에 있는 것을 발견하게 되는 때가 종종 있습니다. 꿈을 향해 가는 길이 아닌, 전혀 다른 일을 했다고 생각한 우리들에게 도대체 무슨 일이 벌어진 것일까요?

우리가 매일 접하는 뉴스에서 항상 중요한 뉴스로 다루어지는 것 중의 하나가 취업과 창업지원입니다.

이제는 매우 익숙해진 '빅데이터'의 통계로도 취업과 창업, 부업에 대한 것이 우리 생활에 매우 중요한 말로 자주 언급되는 것을 확인할 수 있습니다.

결국, 이런 현재의 사실은 취업이나 창업 또는 부업에 대해서 궁금해 하고 알고 싶은 사람들이 많다는 것이고, 이런 추세는 반대로 취업, 창업, 부업이 그만큼 어렵다는 반증일지도 모르겠습니다.

온라인 또는 오프라인의 서점을 방문해보면 가장 눈에 잘 띄는 자리에는 늘 창업, 또는 부업과 취업에 대한 책들이 베스트셀러의 한 자리를 차지하고 있습니다. 관련 정보가 넘쳐나는데도 우리는 더 정확한 정보를 찾아서 인터넷을 뒤적거리고 있고, 누군가는 정확한 도움을 주겠지만 또 누군가는 그 자신도 인터넷을 뒤져서 찾아낸 정보를 진실인 것처럼 전달하며 정보가 왜곡되는 일도 비일비재합니다.

정보의 홍수는 결국 정보의 신뢰를 깨뜨리는 이유가 되기도 합니다.

창업!

온라인과 오프라인을 통해 무수히 많은 정보들이 넘쳐나고 있지만 맞춤형 정보를 제공하기는 어려운 현실입니다. 결국 빅데이터와 인공지능을 얘기하는 세상이지만 적어도 몇년 내로는 우리에게 맞는 정확한 정보를 찾아내는 것은 우리의 몫입니다.

책은 늘 시대를 표현하고 있습니다. 본 '스타트업과 창업자'를 쓴 우리도 우리가 살아가는 시대를 담아내려고 노력했습니다. 실제 창업자의 입장에서 창업을 결심하기까지부터 창업과정과 성장전략까지를 담았습니다.

이 책은 현재를 살아가는 이 시대의 창업자들이 반드시 거쳐야 할 기본 과정을 쉽게 풀어 쓴 것으로 매일 매일이 숨가쁘게 변해가는 대한민국의 창업자들의 창업 기본 지침서가 될 수 있기를 바라고 있습니다. 그것이 이 책을 써내려간 저희 5명의 소명입니다.

그렇게 이 책을 통해서 창업을 준비하는 여러분들이 어느 순간 저희가 만났던 그 '미래의 꿈'과 조우하실 수 있기를 바랍니다.

2018년 8월

저자 일동

차례

PART 1 스타트업과 창업자

Chapter 1 창업과 경영환경 14

1. 창업의 정의와 필요성 ······ 14
2. 창업과 경영환경 ······ 25
3. 창업자의 자세와 창업적성 체크리스트 ······ 33

Chapter 2 창업아이템 선정과 사업타당성 42

1. 창업아이디어 탐색과 선정 ······ 42
2. 사업타당성 분석 ······ 47
3. 사업계획서 작성 ······ 51

Chapter 3 개발과 구현 56

1. 비즈니스 모델과 사업화 ······ 56
2. 개발프로세스 ······ 62

PART 2 경영의 실제

Chapter 4 경영과 기업문화 66

1. 기업경영의 이해 ······ 66
2. 스타트업 기업의 경영 ······ 71
3. 경영전략 ······ 81
4. 기업문화 ······ 90
5. 경영자와 기업가 정신 ······ 95

Chapter 5 인사관리와 조직관리 100

1. 인사관리 ······ 100
2. 조직관리(조직화) ······ 106
3. 스타트업의 인사와 조직 ······ 113
4. 인사평가와 보상체계 ······ 119

Chapter 6 창업 마케팅 전략 133

1. 마케팅 개념 ······ 133
2. 마케팅 전략과 경영 ······ 137
3. 시장 세분화와 목표고객 선정 및 포지셔닝(STP) ······ 144
4. 포지셔닝 전략 ······ 150
5. 마케팅 4P 전략 ······ 157

PART 3 창업실무와 사례

Chapter 7 기업의 유형 168

1. 합명회사 ······ 168
2. 합자회사 ······ 169
3. 유한회사 ······ 169
4. 주식회사 ······ 170

Chapter 8 회사의 설립 179

1. 개인기업과 법인기업의 장단점 ······ 179
2. 개인기업의 설립 ······ 182
3. 법인기업의 설립(주식회사의 설립을 중심으로) ······ 184
4. 주식회사의 설립등기 실무 ······ 201

Chapter 9 사업자등록 229

1. 사업자가 알아두어야 할 기본상식 ······ 229
2. 공동사업자의 경우 사업자등록하는 방법 ······ 231
3. 사업자등록 변동/정정신고를 하는 방법 ······ 233
4. 사업자가 폐업신고를 하는 방법 ······ 233
5. 사업자등록신청서 작성 시 유의사항 ······ 234

PART 4 4차 산업혁명과 신기술

Chapter 10 4차 산업혁명과 창업 238

1. 4차 산업혁명 개요 ······ 238
2. 미래의 기술과 창업 ······ 241
3. 미래 창업전략 ······ 273

Chapter 11 지식재산권 288

1. 지식재산권 개요 ······ 288
2. 특허청의 지식재산권 지원제도 ······ 302
3. 지식재산권 전략 ······ 306
4. 인증/표준 ······ 313

▌ 참고문헌 / **324**

▌ 찾아보기 / **327**

[창업편]

창업이라 함은 「중소기업기본법」 제2조의 규정에 의한 중소기업을 새로이 설립하여 사업을 개시하는 것을 말하며, 사업의 승계, 기업형태의 변경, 폐업 후 사업재개 등은 창업에 해당되지 않는다.

창업에 대한 법률적 용어 정의는 「중소기업창업 지원법」에서 규정하고 있고 기타 법규에서는 창업지원을 위해 업종, 설립기간, 지원내용, 적용범위 등에 대하여 규정하고 있다.

가. 「중소기업창업 지원법」의 창업

이 법은 중소기업의 설립을 촉진하고 성장 기반을 조성하여 중소기업의 건전한 발전을 통한 건실한 산업구조의 구축에 기여함을 목적으로 하며, 창업사업계획승인, 창업기업의 부담금감면 규정을 포함하고 있다.

- "창업"이란 중소기업을 새로 설립하는 것을 말한다(법 제2조 제1호)
- 창업은 중소기업을 새로이 설립하여 사업을 개시하는 것을 말한다(시행령 제2조 제1항)

나. [조세특례제한법]의 창업기업

이 법은 조세의 감면 또는 중과 등 조세특례와 이의 제한에 관한 사항을 규정하여 과세의 공평을 기하고 조세정책을 효율적으로 수행함으로써 국민경제의 건전한 발전에 이바지함을 목적으로 하며 창업중소기업의 세액감면에 대해 규정하고 있다.

가) 합병, 분할, 현물출자 또는 사업의 양수를 통하여 종전의 사업을 승계하거나 종전의 사업에 사용되던 자산을 인수 또는 매입하여 같은 종류의 사업을 하는 경우. 다만, 종전의 사업에 사용되던 자산을 인수하거나 매입하여 같은 종류의 사업을 하는 경우 그 자산가액의 합계가 사업 개시 당시 토지, 건물 및 기계장치 등 대통령령으로 정하는 사업용자산의 총가액에서 차지하는 비율이 100분의 50 미만으로서 대통령령으로 정하는 비율 이하인 경우는 제외함

나) 거주자가 하던 사업을 법인으로 전환하여 새로운 법인을 설립하는 경우

다) 폐업 후 사업을 다시 개시하여 폐업 전의 사업과 같은 종류의 사업을 하는 경우

라) 사업을 확장하거나 다른 업종을 추가하는 경우 등 새로운 사업을 최초로 개시하는 것으로 보기 곤란한 경우

다. 창업자

창업자라 함은 중소기업을 창업하는 자와 중소기업을 창업하여 사업을 개시한 날부터 7년이 지나지 아니한 자를 말한다(「중소기업창업 지원법」 제2조제2호).

- 사업개시일(「중소기업창업 지원법 시행령」 제3조)

가) 창업자가 법인이면: 법인설립등기일

나) 창업자가 개인이면: 「부가가치세법」 제8조제1항에 따른 사업개시일. 다만 「중소기업창업 지원법」 제33조의 규정에 의한 사업계획의 승인을 얻어 사업을 개시하는 경우에는 「부가가치세법」 제8조제1항에 따른 사업자등록일

[출처] 중소기업청 비즈니스지원단 상담 사례집

창업에 있어서 혁신과 비즈니스 방식에도 새로운 변화의 바람이 불고 있다. '스타트업(Start-up)'이 성공적인 비즈니스 기회를 창출하고자 한다면, 기존의 '예측(Prediction)' 중심의 기회 탐색과 실행에서 벗어나서 시장기회를 '고객(Customer)'으로부터 탐색하고 진정으로 고객이 원하는 제품과 서비스를 고객 공감에 기반한 '가설(Hypothesis)'로부터 시작해서 지속적인 제품과 서비스의 개발 과정이 필요하다. 또한 고객의 '니즈(Needs)'를 정확하게 반영하는 반복적 제품 개발 방법들이 필요하며 이에 따른 학습과 훈련을 통해 스킬과 감각을 습득해야 한다. 이러한 기회를 위한 참고서로서, 본 교재가 활용되어 많은 스타트업들이 성공적인 창업과 경영을 영위할 수 있기를 바란다.

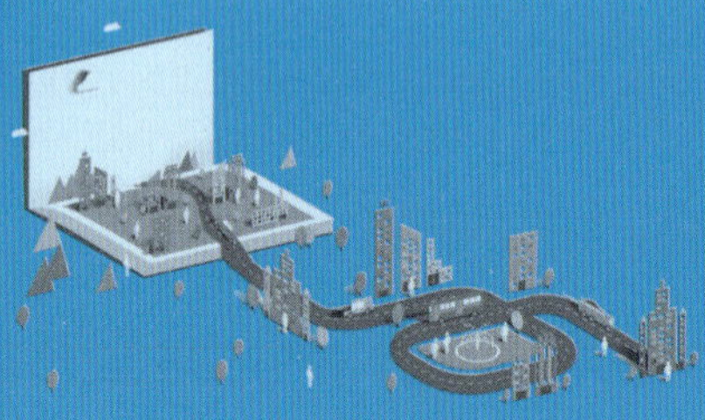

PART

1

스타트업과 창업자

Chapter 1 창업과 경영환경

Chapter 2 창업아이템 선정과 사업타당성

Chapter 3 개발과 구현

Chapter

1 창업과 경영환경

현대사회에 있어서 창업은 국가, 기업 그리고 개인의 상호 관계로부터 생산자와 소비자 간의 가치 공유의 관계로 인식되고 있다. 특히 공급자와 소비자의 역할의 경계가 명확히 구분되지 않는 모호한 상호 생산-판매-구매단계(Boundless Producer-Seller-Buyer Step)로 빠르게 변화하고 있다. 즉, 생산자와 소비자의 경계가 없는 무한가치의 시대이며, 누구나 가치를 제공하고 부여할 수 있게 된 것이다. 따라서 가치, 유·무형의 제품, 재화나 이익에 대한 올바른 이해를 통해 제대로 된 사업방향을 설정하고 창업을 준비할 필요가 있다.

1. 창업의 정의와 필요성

'창업이란 무엇인가'를 한마디로 정의하기는 쉽지 않다. 따라서 사람에 따라 창업을 여러 가지로 달리 정의하고 있지만, 창업을 어떻게 정의하건 간에 우리는 우선 창업의 정의에 포함되는 몇 가지 핵심 개념들을 이해할 필요가 있다.

창업에는 크게 '창업자', '창업아이디어(Business Idea)' 또는 '신규 아이템(New Item)', 그리고 창업 준비금인 '자금 또는 자본'이 필요하다. 이러한 것은 창업의 3요소로서 반드시 언급되는 부분이지만, 실질적인 창업에는 '창업자 정신' 또는 '기업가 정신(Entrepreneurship)'과 '핵심가치', 지속 가능한 '성장 전략' 등이 반드시 수반되어야 한다.

창업자란 창업을 기획하고 주도하는 사람을 말한다. 창업자는 창업기업의 대표로서 역할과 사업 수행자의 역할을 하며, 일련의 과정에서 발생하는 문제에서 자유롭지 못하다.

따라서 기업의 생사를 책임지는 사람으로서, 지속적인 성장에 대한 고민과 함께 성공을 위해 끊임없이 정신과 물질적인 고통을 견디어내며 통찰을 통해 선택하는 가장 중요한 인적요소로 볼 수 있다.

창업자는 사업에 있어서 최초의 시작점이며 창업의 중심이라 할 수 있다. 따라서 창업자는 새로운 사업 태동에 있어서 그 핵심요소의 하나인 것이다.

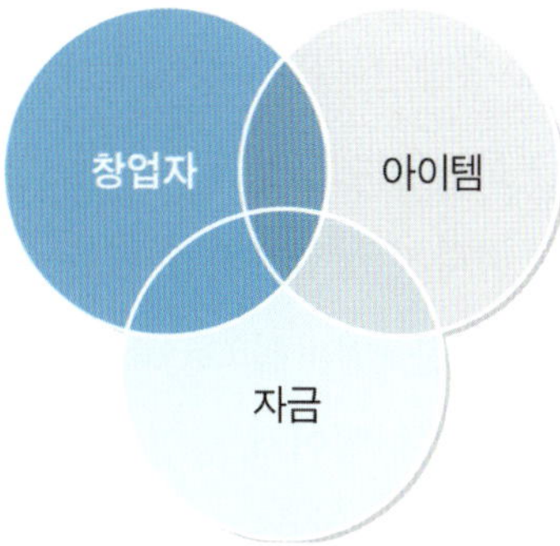

성공한 경영자들이 창업 초창기부터 예측할 수 없었던 다양한 난관을 극복하며 성장한 점을 볼 때, 초기 창업자의 역할과 책임은 막중하며 기업 성장의 원동력이 될 수 있다.

일반적인 초기 창업자의 역할과 책임을 살펴보면, 사업을 시작하기에 앞서 다양한 아이템을 탐색하고 후보 아이템들에 대한 시장분석과 환경분석, 그리고 수익성 등에 기반한 사업성 등을 검토한다.

이러한 예비과정을 통해 아이템이 선정되면 구체적으로 진행할 사업을 계획하여 필요한 부분들을 마련하고, 창업 시점에서 적합한 사업전개에 필요한 운영 계획인 기본적인 창업 로드맵(Road Map)을 수립하게 된다.

초기 과정에서 예상되는 또는 예측되는 사업진행 단계별로 사업의 방향과 좌표를 설정하는 부분에 있어서 창업자의 판단과 리더십은 가장 강력한 영향력을 발휘하는 것이다. 따라서 창업에서 데스밸리(Death Valley)[1]라 불리는 가장 불안정한 사업시기인 1~3년의 성패는 창업자의 사업에 대한 의지와 경험, 리더십(Leadership) 등이 특히 중요한 원동력이 되기도 한다.

1) 데스밸리(Death Valley) - 신생기업이 자금을 유치하지 못해 맞닥뜨리는 첫 번째 도산위기로, 초기 창업기업이 연구개발(R&D)에 성공한 후에도 자금 부족 등으로 인해 사업화에 실패하는 등 고난을 겪는 기간을 뜻한다.

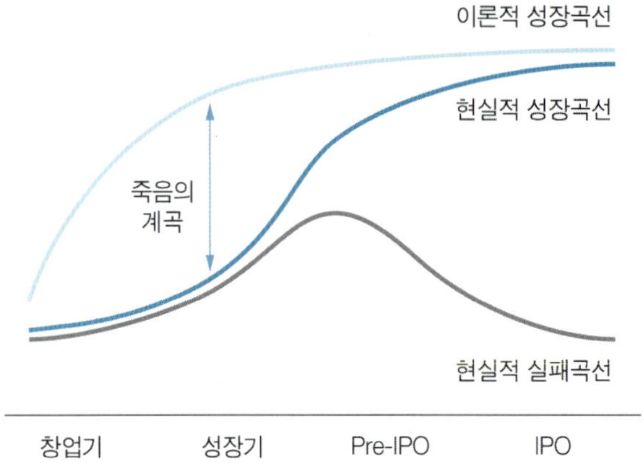

자료: 정보통신국제협력진흥원

창업자는 일반적으로 한 명 또는 두 명의 공동 창업의 경우가 대부분이지만, 창업 초기의 창업자는 다수의 멤버로 구성된 팀인 경우도 있다. 최근의 창업 경향을 보면, 창업자는 개인의 능력에 국한하지 않고 팀이 갖고 있는 맨파워(Manpower)를 바탕으로 성장전략을 구상하여야 하며, 출구전략을 수립하고 이에 따라 유동성이 강한 전문경영자로 변모하여야 한다.

따라서 창업자의 역량은 개인의 역량에 국한되기보다는 구성된 초기 구성원들의 그룹-맨파워(Group-Manpower)를 지칭하기도 한다.

창업에 있어서 창업자의 구성인원을 한정할 수는 없으나, 3~5명 정도의 맨파워를 가진 인력으로 운영 주체를 구성하는 것이 안정성과 지속성에서 우수하다는 연구결과도 있다.

창업을 위해 필요한 필수적인 아이디어는 사업의 성격과 발전 가능성 등을 예측할 수 있는 잣대이다. 어떠한 아이템과 아이디어로도 창업은 가능하다. 그러나 창업 초기에 제품이나 서비스 등을 런칭(Lunching)하여 사업이 안정적인 궤도에 진입하기까지의 과정에서 그 성공 가능성을 높이지 않는다면, 사업 초기에 겪는 난관과 더불어 사업타당성 검토를 오판하는 경우에 사업실패로 이어질 수 있다.

따라서 창업 초기에 아이디어 선정과 개발 구체화는 성공적인 창업활동을 위해 중요한 가치를 가진다. 이러한 이유로 발굴된 초기의 사업 아이템과 구현하고자 하는 제품이나 서비스 등을 가능하다면 단순화하고 개발과 판매 등을 판단하여야 하며, 실질적인 사업전개를 위한 실행 가능한 계획을 수립하여야 한다.

아이디어의 발굴과 개발 과정에서 종이 위에 그려질 수 있을 정도로 구체화 과정을 가져야 하는 이유이다. 이러한 선행활동을 통해 준비된 창업 아이템에 대하여 예비 사업성 검토를 거쳐 성공 가능성을 높여야 한다. 향후 추진계획 및 사업화하기까지의 과정에 있어서 그 성패를 좌우할 수 있는 출발점이기에 더욱 신중한 선택을 하여야 한다.

사람이 살아가기 위해서는 많은 것들이 필요하다. 몸을 보호하고 체온을 유지하게 해주는 옷, 지치고 피곤한 몸을 쉬게 하고 재충전할 수 있도록 도와주는 장소인 집, 힘이 빠지고 배고플 때 찾게 되는 음식 등을 통해 에너지를 축적할 수 있게 된다. 그 밖에도 매일 일정한 양의 수분을 공급받아야 하며 유기물로서 신체가 활동하고 유지되기 위한 필수 영양소도 있다.

이처럼 많은 것들이 인간의 삶을 위해 필요로 하는 것들이다. 그러나 이 중에서 생명을 유지하기 위해 필수적인 요소는 물과 공기, 그리고 음식이다.

창업도 하나의 유기적 형태의 구조라고 가정하면, 크게 창업자와 아이템 그리고 자본 또는 자금(이하 '자본'이라 함)이 창업유지의 필수요소라 할 수 있다. 사람이 생명을 유지하기 위한 요소와 창업의 필수 3요소와 비교해보면 이해가 빠를 것이다. 무엇보다도 창업자가 없는 창업이란 있을 수 없으므로 공기와 같은 가장 핵심적인 역할이라 할 수 있다. 창업을 해서 사업 가능한 아이템을 찾고 진행하지 못하면 결국은 사업을 할 수 없으므로 사업 아이템은 물과 같다고 할 수 있다. 또한 사람이 음식을 일정하게 공급받지 못하거나 섭취하지 못하면 제대로 된 생산 활동을 할 수 없는 것처럼 기업에 자본이 적소적시에 공급되지 못할 경우 경영이 유지되기 어렵다는 점에서 음식과 같은 역할이라 하겠다. 자본의 중요성은 위에 언급한 바와 같이 음식을 매일 먹어야 하는 것처럼 일정한 수준으로 공급되고, 그러지 못할 경우가 발생할 것을 대비해서 비축하고 준비되야 한다는 점이다.

사람은 필수적으로 공기, 물, 그리고 음식을 섭취하며 그에 맞는 경제활동을 통해 새로운 가치를 창출할 수 있다. 기업도 창업자, 사업 아이템, 그리고 자본 등의 상호 유기적인 관계를 통해 가치를 창출할 수 있다는 점에서 사람과 같은 유기적 생명체라 할 수 있다.

창업기업뿐 아니라 기업의 모든 활동은 자본과 현금 등의 자금과 연결되어 있다. 자금의 집행, 즉 현금의 흐름이 원활하여야 생산적인 활동이 가능할 수 있다. 이러한 이유로 자금의 현금흐름을 혈액에 비유하기도 한다.

창업에 있어서 창업자본은 계획된 사업에 맞추어서 준비하고 확보하지만 예상하지 못한 자금집행이 발생될 수 있다. 따라서 사업 시드머니(Seed Money)는 사업을 진행하면서 집행될 비용을 충분히 산정하고 계산하여서 최소 6개월에서 1년을 유지할 수 있는 수준의 자금을 확보하도록 하여야 한다. 창업 준비금을 준비할 때, 예상되는 비용과 꼭 맞게 준비하는 것이 아니라 계산된 비용의 120~130% 수준으로 시드머니를 확보하고 계획에 반영하여야 한다.

일반적으로 초기 자본이 투여되는 부분을 영역으로 구분하면 크게 3분야로 나눌 수 있다.

제품의 개발 및 장비, 공간 등의 시설을 확보하는 데 필요한 부분인 시설자금 부분, 초기 사업활동에 필요한 인건비 등의 인력 운영과 업무활동에서 발생하는 각종 공과금, 세금과 경비 등을 고려한 운전자금 부분이 있다. 또한 사업활동 외에 예측할 수 없거나 긴급한 상황이 발생할 경우에 활용하도록 편성한 예비비 성격의 예비자금 부분으로 구분할 수 있다.

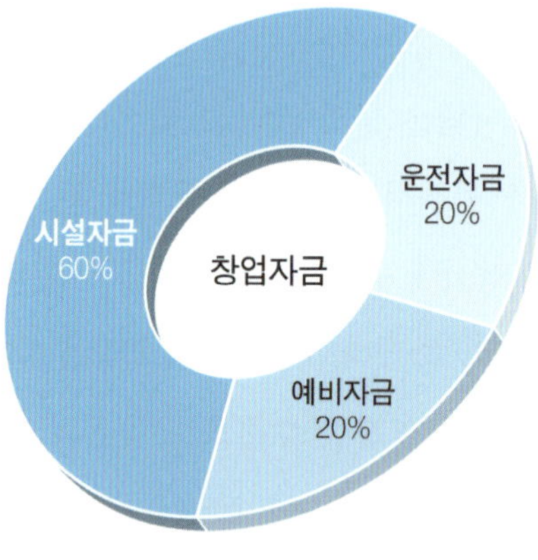

대부분 창업 초기에 창업자들이 자금계획을 수립할 때, 예비자금을 고려하지 않고 시설과 운영자금 부분에 집중하는 경향이 있는데, 사업은 불확정성의 미래이므로 반드시 예비자금을 확보하거나 그 방안을 마련해야 한다.

사업 초기의 자금별 구성비율은 시설자금 60%, 운전자금 20%, 그리고 예비자금은 20% 정도를 할당해서 계획을 수립하는 것이 좋다.

창업 초기 자본을 충분히 확보해 사업을 할 수 있다면, 상당히 안정적인 구조로서 사업에 전념할 수 있겠지만, 현실은 창업기업들은 충분한 자금은커녕 시드머니 자체를 확보하지 못하는 경우도 허다하다. 이러한 것처럼 창업기업에 가장 어려운 부분으로 만족할 만한 자본확보의 문제가 있을 수 있다.

결국은 초기 자본을 형성하고 준비하여 창업활동에 필요한 자본을 확보하고, 그에 따른 소진계획과 자금 충당 및 재투자계획 등이 중요한 이유이다.

앞에서 언급한 바와 같이, 창업이란 가치를 통해 이익을 창출하는 일련의 기업활동과정을 말한다.

근본적으로 창업을 통해 얻고자 하는 것은 이익이며, 이 이익을 극대화하기 위한 다양한 방법론들이 경영전략이 되는 것이다. 이익을 추구하는 활동을 단순히 경제적인 부분만을 말하지는 않는다.

크게 경제적 이익(Economic Profit)과 사회적 이익(Social Profit), 그리고 공유적 이익(Public Profit) 등으로 구분하여 볼 수 있다.

경제적 이익이란 기업활동에 대한 대가로서 재화를 얻는 것으로 경제적 이익을 극대화하는 기본적인 생산활동이다.

또한 사회적 이익은 재화적 이익과는 달리, 사회에서 필요하고 요구되는 부분에 특화한 경제 활동을 통한 가치 이익을 추구하는 것이다.

마지막으로 공유적 이익은 공유경제의 개념이 함유된 경제 활동으로 인한 이익발생을 말한다. 상대적으로 필요성이 다른 영역에 필요한 가치를 제공하고 그에 따른 경제적 이익을 발생시키는 것이다. 대표적인 예로, 미국에서 창업하여 성공적인 기업으로 성장한 에어비앤비(Airbnb)나 직장이나 집으로 이동할 때 차량을 공유하여 비용과 시간을 절감할 수 있도록 제공되고 있는 카풀(Car-Pool) 서비스를 들 수 있다.

▶▶ 전통경제와 공유경제 비교

특히 에어비앤비에서 하는 사업방식은 현재 사용하지 않거나 또는 특정 시기에 사용하지 않을 예정인 개인 혹은 단체가 소유한 빈 방과 장소 등을 특정 시점에 사용이 필요한 개인이나 단체에게 제공하여, 그 대가로 일정한 비용과 수수료를 발생시키도록 하여 수익을 분배하는 서비스이다. 즉, 상호 간에 필요로 하는 부분을 온라인 시스템을 통해 연결하여 수수료 수익을 발생시키는 온라인 기반의 플랫폼서비스(Online Platform Service, OPS)이다.

▶▶ 에어비앤비(Airbnb) 비즈니스 모델

돌아보면, 어느 시대에나 창업활동은 존재하였다. 역사적으로 인류가 수렵 시기를 거쳐 유목 생활에서 마침내 한 곳에 정착하는 농경사회로 진입하게 되는데, 그러한 사회의 변화는 수요와 공급의 형태가 가능한 교환환경을 제공하였고, 역

할이 구분되면서 보다 효율적인 경제활동이 가능하도록 전반적인 사회구조가 변화되었다.

특히 초기의 물물교환 방식인 조개류, 금, 은, 동 같은 천연 금속 재질에서 점차 국가나 단체에서 공인한 지전과 같은 화폐 수단을 사용함으로써, 그 사회는 필요에 의한 부수적 직업이 자연스럽게 발생하게 된 것이다. 이러한 방식이 정착됨에 따라 이전에 볼 수 없었던 문화와 사회로 발전하게 되었고, 분야가 전문화되고 체계를 갖춘 형태의 초기 경제사회로 이동하게 되었다. 결과적으로, 그에 따른 새로운 형태의 직업으로서 현대적 개념의 공인과 상인 등이 출현하게 되었다.

물건과 물건을 맞바꾸던 물물교환 방식과 필요한 장비나 도구를 직접 만들어 사용하던 비효율적인 구조에서 점차 벗어나면서 경제활동이 강화되고, 재화의 교환이나 필요한 수단과 물건을 구매하는 상업적 환경으로 변화하였다. 더욱이 계급문화가 고착되고 특수 지배집단이 성장하면서, 노동력을 활용하는 방식과 수요와 공급에 따른 사회계층의 변화가 생기게 되었다.

당연히 변화는 그에 따른 다양한 농업, 상업, 공업으로 변모하면서 수많은 경제활동이 이러한 이유로 새로운 형태의 일자리인 창직과 과거에는 없었던 직업이나 필요한 물품을 제작하고 판매하는 방식의 사회 구조로의 변화를 촉진시켰다. 그러나 여전히 창업은 시대의 사회구성원과 생산자와 소비자의 형태에 따라 다른 모습을 보여주고 있지만, 생산과 판매, 소비의 기본형태는 변화하지 않았다.

	제1차 산업혁명	제2차 산업혁명	제3차 산업혁명	제4차 산업혁명
시기	18세기	19~20세기 초	20세기 후반	21세기
특징	증기기관 기반의 '기계화 혁명'	전기 에너지 기반의 '대량생산 혁명'	컴퓨터와 인터넷 기반의 '디지털 혁명'	사물인터넷(IoT)과 빅데이터, 인공지능(AI) 기반의 '만물 초지능 혁명'
영향	수공업 시대에서 증기기관을 활용한 기계가 물건을 생산하는 기계화 시대로 변화	전기와 생산조립 라인의 출현으로 대량생산 체계 구축	반도체와 컴퓨터, 인터넷 혁명으로 정보의 생성 · 가공 · 공유를 가능케 하는 정보기술시대의 개막	사람, 사물, 공간을 연결하고 자동화 · 지능화되어 디지털 · 물리적 · 생물학적 영역의 경계가 사라지면서 기술이 융합되는 새로운 시대

자료: 미래에셋대우 글로벌투자전략부

지난 18세기부터 근세인 20세기까지 약 200년간 인류는 격변의 시기인 사회 변화와 산업혁명이라는 그전에 경험하지 못했던 급진적 변화 경제시대를 거쳐 왔다.

18세기 증기기관의 발견으로 인력이나 가축을 활용했던 장치에서 차원이 다른 에너지원을 활용한 기계장치 산업으로 급속히 이동시킨 1차 산업혁명과 19세기에서 20세기 초반, 전기의 발견과 그 에너지의 활용으로 새로운 산업구조로 대량생산 체계로의 변화를 이끌어낸 2차 산업혁명, 20세기에 이르러 컴퓨터의 발명과 인터넷과의 접목에 의한 정보통신기술의 신기원적 발전을 이룩한 디지털 혁명으로 대변되는 3차 산업혁명의 시대가 있었다.

이는 전 세계적으로 기존에 없던 새로운 직업과 경제성장, 신흥 부유층 등을 양성하는 시대로 트랜스포메이션(Trans Formation)이 발생되었다.

이제 초고속 연결망을 갖춘 지능형 산업 구조로의 변화라는 '4차 산업혁명' 시대로 전환되고 있다고 다보스포럼[2]의 클라우스 슈밥(Klaus Schwab) 회장 등 많은

2) 다보스포럼 - 세계경제포럼(World Economic Forum, WEF)의 다른 명칭으로 저명한 기업인 · 경제학자

미래학자와 관련 전문가들은 말하고 있다.

이는 고도화된 사회 · 경제 구조로 빠르게 전환됨으로써 "창업혁신시대(Startup-Innovation Age)"에서 새로운 "창업혁명시대(Startup-Revolution Age)"를 예고하는 것이다.

이러한 미래가 도래할 것이라는 전문가들의 예측을 가정하지 않는다 하더라도, 이미 현대의 창업 활동은 기존의 전통적인 직업이 아닌 과거에는 존재하지 않았던 새로운 형태의 직업들을 잉태하고 있다.

기존의 부의 분배와 신분에 대한 해석도 재요구하도록 하고 있다. 다만, 우리가 주의할 것은 4차 산업혁명의 경향에 맞는 적합한 창업활동을 한다고 해서 반드시 성공을 담보하지는 못한다는 점이다. 특히 지속성 척도인 10년간 유지율로 볼 때, 창업 성공률은 10% 내외로서 직장의 평균 지속 유지율인 60%대와 비교해 보면 확연히 낮은 수치임을 알 수 있다. 그러나 과거에 창업 활동에서 실패할 경우 회복 불능의 신용불량자를 대량 양성하거나, 전 재산을 날린 실패자가 되지 않도록 국가 차원의 제도적인 장치와 재정지원 등을 통해 재산상의 손실이 최소화될 수 있도록 하고 있다.

▶▶ 4차 산업혁명에 따른 직업별 취업자 수 전망

(단위: 만 명, 2016~2030년까지) ※출처: 고용노동부

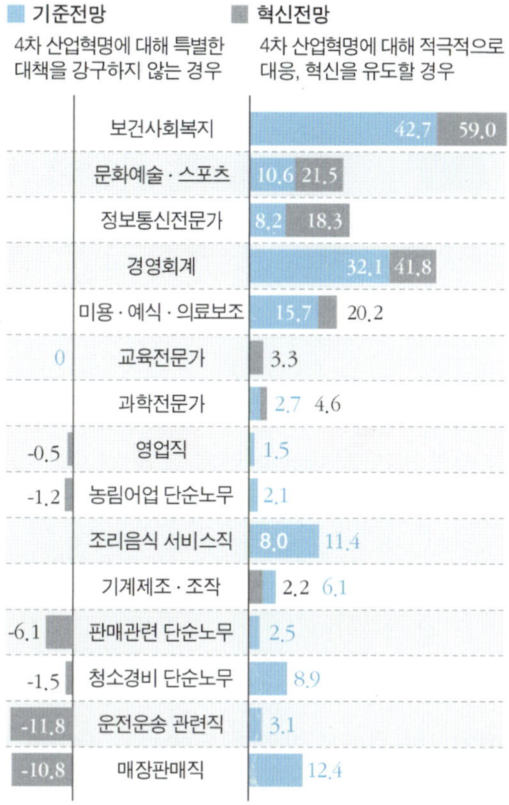

· 저널리스트 · 정치인 등이 모여 세계 경제에 대해 토론하고 연구하는 국제민간회의이다.

▶▶ 4차 산업혁명 시대를 맞는 국내 기업들 현주소 (자료: 산업연구원, 단위: %)

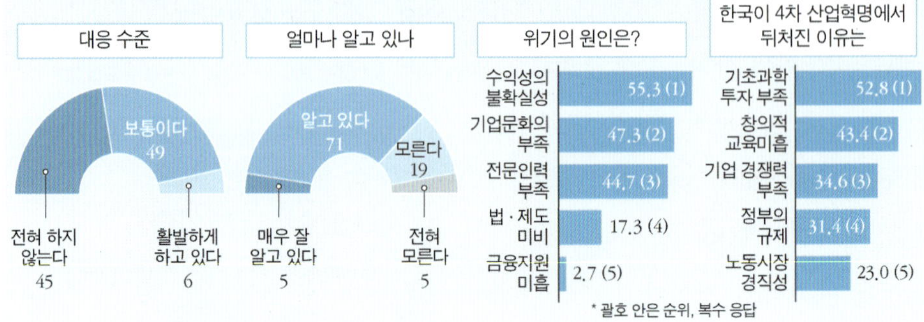

이러한 긍정적 현상은 창업실패 후에도 다시금 창업을 할 수 있도록 분위기를 조성하였고, 실제로 어렵지 않게 다시금 창업에 도전할 수 있는 사회구조로의 변화가 감지되고 있다.

또한 창업과 직업의 경계가 무너지고 있는 것은 현대사회가 갖는 특징적 현상으로 볼 수 있다.

새로운 형태의 직업과 창업을 결합한 창직(創職)의 시대를 넘어, 맞춤형 창업 엔지니어 시대로 차원 이동과 다른 융합형 창업과 초고속 연결망을 활용한 지능형 창업은 다가오는 4차 산업혁명 시대에 필수불가결한 선택이 될 것으로 전망된다.

따라서 21세기형 창업은 초고속화와 인공지능으로 대변되는 4차 산업혁명 시대의 도래와 급변하는 글로벌 무한경쟁과 미래기술로 변신하는 경제환경에 대처하기 위한 전방위적인 지원 주체로서의 국가적 사명과 세련된 기업가 정신을 함양한 개인들이 내재된 무한한 창조적 능력을 그 실현과정을 통해 성장하고 발전할 수 있는 성취의 한 방법으로서 중요한 의의를 가진다.

2. 창업과 경영환경

창업을 영어로 말할 때, 스타트업, 'startup' 또는 'start-up'이라고 표현한다.

start-up

noun [C] • **UK** /ˈstɑːt.ʌp/ **US** /ˈstɑːrt.ʌp/

a small business that has just been started:

Start-ups are very vulnerable in the business world.

start-up costs

"A small business that has just been started."

"A new business, or the activities involved in starting a new business."

그대로 번역하면, "사업을 막 시작하는 작은 기업", "새로운 기업 또는 새로운 일을 시작하는 사업 또는 사업 활동"이라고 정의하고 있다. 이 사전적 의미는 우리가 사용하고 있는 창업의 의미에 그대로 적용해도 큰 차이가 없다. 또한 새로운 일이나 신생기업은 모두 창업으로 분류할 수 있다.

최근의 창업기업은 소수의 창업자가 혁신적으로 개발한 아이디어를 상업화하기 위해 설립한 신생기업으로 벤처기업(Venture Business)[3]과 그 맥을 같이하고

3) 벤처기업(Venture Business) - 첨단의 신기술과 아이디어를 개발하여 사업에 도전하는 창조적인 중소기업으로 한국에서는 연구개발형 기업, 기술집약형 기업, 모험기업 등으로 부르며, 한편으로는 위험기업이라고도 부른다. 벤처기업협회는 '개인 또는 소수의 창업인이 위험성은 크지만 성공할 경우 높은 기대

있다. 따라서 스타트업들은 '높은 위험과 높은 이익(high risk, high return)'이 예상되고 모험적인 사업에 도전하여 성취하려는 왕성한 기업가 정신을 가지고 있다.

새로운 일이라는 것은 기존에 하지 않았던 것으로 전혀 경험하지 못한 일이다. 이러한 경우에 심리적 변화에 따른 여러 가지 감정의 어려움이 발생할 수 있다. 따라서 이것을 극복해야 하는 창업자의 마음가짐이 중요함을 알 수 있다.

부연하자면, 잘 모르는 지역을 방문할 때, 일반적으로 사람들은 익숙하지 않은 것에 대한 두려움과 처음 접하게 될 새로운 것에 대한 기대, 그리고 성격에 따라 다르겠지만 도전하고자 하는 욕구나 소극적인 태도 등 감성적인 동기가 부여될 수 있다. 또한 새로운 지역을 방문하거나 뉴-페이스(new face)를 만나는 것 등은 지역을 잘못 방문하거나 다른 일이 생겨 만나지 못하는 일이 발생하여도 서로 이해할 수 있는 사소한 것으로 큰 문제로 이어지지는 않는다.

그러나 창업을 하여 사업을 하는 것은 사소한 실수가 치명적인 실패로 이어질 수 있고, 그에 따른 책임과 손해를 감수해야 하는 상황이 발생될 수도 있다.

따라서 창업은 창업자의 창업에 대한 준비와 마음가짐, 적합하고 정확한 판단력과 리더십이 상당히 필요한 덕목이라 할 수 있다.

경험하지 못한 것이라 할지라도 사전에 충분한 연습과 기초체력을 배양하여 자칫 발생할 수 있는 실패 요소나 실수 등을 최소화할 수 있도록 철저하고 치밀해야 함은 아무리 강조해도 부족함이 없다.

성공한 많은 경영자와 경영전문가, 학자들은 창업자들을 위한 가이드를 제공하고 있다. 대표적인 것이 기업가 정신에 관련한 것이고, 창업을 하는 순간 바로 경영과 직결되므로 경영전략을 담은 다양한 이론서들이 그것이다.

그 이유 중 하나는 실패를 넘어 성공적인 창업과 지속적인 성장을 통한 안정된 기업으로 발전하기 위해서 창업 초기부터 기본적인 이론과 경영에 대한 실무적인 지식 등을 교육을 통해 익히는 것도 하나의 좋은 방법이기 때문이다. 이러한

수익이 예상되는 신기술과 아이디어를 독자적인 기반 위에서 사업화하려는 신생중소기업'으로 정의하고 있다.

일정한 수준의 경영지식과 유사 사업에 대한 선배 기업가들의 조언, 유사한 스타트업 기업들의 성공과 실패 사례를 충분히 검토하는 것은 창업에 있어 성공 확률을 조금이나마 높이는 방법이며 창업자가 간과해서는 안 될 주요한 초기 활동이라 할 수 있다.

실전이 없는 상황에서 이러한 직·간접적인 경험을 통해 감각을 훈련하고 준비된 창업자로서 역량을 키우려는 자세를 갖는 것은 매우 중요하다. 우리는 이러한 일련의 창업가의 자세를 기업가 정신이라고 말한다. 이러한 기업가의 자질이 태생적으로 타고 나는 경우도 있지만, 체계화된 창업과 경영교육, 사례학습, 경영전문가나 전문 멘토의 코칭과 훈련을 통해 일정기간 양성하면 후천적으로도 기업가 정신을 체득할 수 있기 때문이다.

창업은 한번 해보고 "안 되면 그만"이라는 식의 가벼운 생각은 버려야 한다. 성공에 대한 부담과 실패에 대한 두려움이 양존하고, 일반적으로 성공한 기업들이 갖는 결과물인 사회로부터의 존경과 경제적인 자유 등의 결과적 성과를 갖는 반면 끊임없는 노력과 혁신적인 변화를 지속하지 않으면 언제라도 실패할 수 있다는 사실을 직시하여야 한다.

앞서 언급에서와 같이 사업은 지속적인 경영자의 경영활동을 통해 이루어지며, 새로운 아이디어와 제품, 마케팅을 통한 최적화된 판매방식, 자본건전성을 유지하고 원활한 현금흐름과 적정한 보유를 통해 축적하여 사업에 재투자할 수 있어야 한다. 이러한 활동은 기업이 성장하고 어떠한 환경에서도 견딜 수 있는 체력과 내성을 기르도록 하는 목적이 있다.

따라서 기업은 고여 있지 않고 바다로 나아가는 강물과 같이 흐름을 유지할 수 있도록 반복적인 훈련을 만족할 만큼 끊임없이 하여야 한다.

어떤 새로운 일에 만족한 성취를 내기 위해서는 그에 대한 충분한 시간을 갖고 사전 준비를 하며, 달성 가능한 목표에 대한 기준과 방향을 설정할 필요가 있다.

경험적으로 창업은 환경적 변수인 정부의 정책방향, 사회적 분위기, 경제적 상황 그리고 기술동향, 경쟁상황, 수요, 시장매력도와 경쟁강도 등 외적 요인과 창업자 특성, 창업자 경력 등 창업자 또는 창업그룹의 특성과 이윤배분 구조, 조직 구조, 기업전략, 기술적 특성, 아이템, 자본력의 상태와 자원의 가치 등 내적요인이 창업 과정에서 그 성패에 상당히 큰 영향을 주기도 한다.

물론 창업기업이 이러한 여건에서도 숙련되고 잘 준비되어 충분한 창업 활동을 하는 기업일지라도, 생각지 못한 다양한 변수에 의해 쓰라린 실패를 겪을 수도 있다. 그러나 예상할 수 없는 것처럼 보이는 상황에서도 문제를 정확히 인지하고 다각도로 분석을 하면 보통은 충분히 예측하거나 준비된 상황으로 전환될 수 있다.

최근에 중국과 한국의 정치 상황에서 미국이 경상북도 지역에 설치한 사드(THAAD)[4]의 문제로 외교적 마찰이 발생하였고, 그에 따른 중국의 지나친 경제적 조치들로 인하여 중국 내 진출한 많은 한국 기업들이 위기를 맞았으며 엄청난 손실을 보았다.

예상치 못한 환경적 변수로 많은 한국 기업들이 중국에서 역풍을 맞고 반강제적인 철수를 겪었다. 따라서 대책 마련이 없던 한국 기업들은 울며 겨자 먹기로 철수를 하였거나 그에 따른 손실을 보았고, 그 규모는 가히 천문학적인 손실로 추정되었다. 그러나 이와 같은 상황에서도 몇몇 기업들은 수년간의 국제사회의 정치적 환경변화에 대한 흐름을 읽고 다양한 해법을 연구하였으며, 갑자기 발생한 것처럼 보이는 금번 위기 상황에 맞는 준비된 경영방식을 발 빠르게 접목하였다.

이러한 조치를 선제적으로 취한 기업들은 불가항력적이라 여겨졌던 중국의 경제적 조치와 그에 따른 여파를 맞아 그 피해를 최소화할 수 있었다. 그리하여 여전히 중국 내에서의 기업 활동은 물론 내성이 약했던 경쟁상대가 자연 도태되어 버려 생각지도 못한 부수적인 경쟁우위를 확보하는 계기가 되기도 하였다. 결국은 더 커져버린 시장에서의 지위와 기회환경을 통해 경제적 가치를 창출할 수 있는 여건이 조성된 것이다.

4) 사드(THAAD, Terminal High Altitude Area Defense)는 고고도 미사일 방어체계로, 미국이 추진하고 있는 미사일 방어체계의 핵심요소 중 하나이다.

위기상황을 잘 극복한 사례로, 상란무역(대표 차상란, 한국화장품-중국총판업체)이라는 기업을 살펴보겠다. 사드 배치 문제에서 촉발되어 외교, 경제, 문화 및 사회에 전방위적으로 긴박하고 불합리한 일련의 조치들이 발생하자 많은 한국 유통업체들은 철수를 선택하였고, 대부분의 업체들이 그간의 독점적 지위를 반납하거나 상실한 경우가 발생하게 되었다. 그 시기에 상란무역의 차상란 대표는 중국의 주요 기관은 물론 관련 기업들과 꾸준한 신뢰관계를 쌓아갔으며, 100억이 넘는 자금을 지속적으로 투자하는 등 공격적인 마케팅을 진행하였다.

사드의 실제 배치 등에 따른 외교적 · 정치적 상황에 대해 중국은 한국산 제품에 대한 보이콧(Boycott), 보복적 관세나 한국 기업에 대한 혹독한 경제적 조치 등을 취함으로 한국과의 관계는 평행선을 달리는 시점이었음에도 상란무역은 이러한 꾸준한 조치와 태도를 지속적으로 유지하였다. 결과적으로 이 기업은 한국의 대중국 수출에 관한 독점적인 지위를 인정받았고 유지하게 되었으며, 또한 앞으로 한국에서 생산되는 화장품과 몇몇의 한국산 제품유통에 대한 독점 권한을 확보하게 되었다.

이러한 외적 요인이거나 예측할 수 없을 것 같은 상황 변수들도 실제적으로는 어느 정도 예측이 가능하며 준비와 방향을 잘 설정하여 대응한다면 극복할 수 있다는 것을 사례를 통해 알 수 있다.

앞서 예로 보듯이, 창업에 있어서 경영환경을 분석하는 것은 매우 중요하고 빠뜨려서는 안 될 기본적인 분석 절차이다. 그러나 창업 일선의 경영자들이 간과하는 공통적인 문제점이 있다. 오랜 경험을 가진 경영자들이 대부분 경험적 지식과 성공한 선도기업의 사례나 자신의 직감인 휴리스틱(Heuristic)[5] 등을 사업 판단의 기준으로 삼는다는 점이다.

만약 이제 시작하는 창업가가 휴리스틱이나 과거의 방식으로 사업을 진행하고 판단한다면 참담한 실패를 경험할 수도 있다. 그러므로 초기 창업을 수행하는 창

5) 휴리스틱(heuristics)이란 불충분한 시간이나 정보로 인하여 합리적인 판단을 할 수 없거나, 체계적이면서 합리적인 판단이 굳이 필요하지 않은 상황에서 사람들이 빠르게 사용할 수 있는 어림짐작의 방법이다.

업자는 사업을 계획하고 진행함에 있어서 과거의 경영자보다 보다 신중하고 면밀한 분석을 통해 준비하고 주의해야 하는 것이다.

창업을 시작하는 시점부터 추진전략을 수립하는 것은 성공적으로 사업을 완성하기 위해서는 필수적인 과정이라 할 수 있다. 따라서 사업 추진전략의 수립 과정을 단계적으로 파악하여 실제 사업을 추진할 때 발생할 수 있는 다양한 위험요인들을 사전에 파악하고 예상함으로써, 불필요한 시행착오와 실패 확률을 최소화할 수 있다.

일반적으로 창업 과정에서 사업의 중점전략을 선정하기 위한 절차는 제시된 그림과 같다. 우선 주어진 상황과 환경을 기준으로 환경분석을 한다.

환경분석은 외부환경과 내부역량에 대한 기초 분석으로부터 시작된다. 이러한 분석에서 가장 중요한 점은 외부환경분석을 통해 시장기회와 위협요소를 찾아내야 한다는 것이다. 특히 주목해야 할 것은 국가 간 외교나 정치적 갈등으로 인한 환경적 요인이 국내에 심각한 경제적 위기를 몰고 올 수 있었던 사례와 같이, 정치(Politic), 문화(Culture), 사회(Society)와 경제(Economy)는 불가분의 관계로 상호-의존적 영향 관계라 할 수 있다.

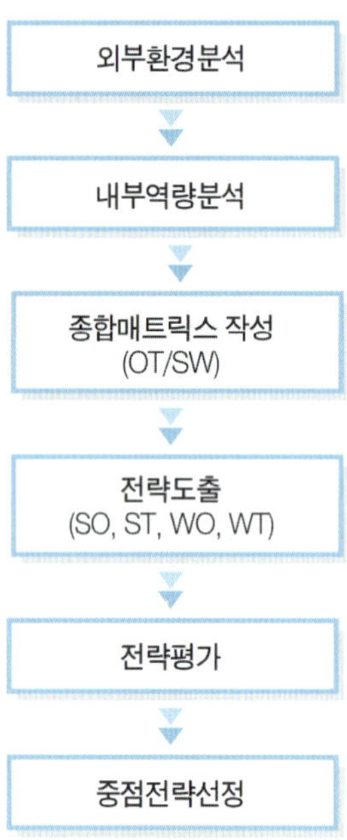

환경분석은 외적 요인인 외부환경과 내적 요인인 내부역량에 대한 분석으로 나눌 수 있으며, 이를 통해 기본적인 전략수립에 판단이 되는 정보를 수집할 수 있다.

따라서 환경에 대한 분석을 통해 다양한 정보를 수집하기 위해서는 외부환경과 내부역량이 갖는 의미와 내용을 이해할 필요가 있다.

외부환경은 크게 거시환경, 경쟁환경, 산업환경, 그리고 고객환경에 대한 분석을 하여야 한다.

우선, 거시환경분석은 외부로부터 기업활동에 직·간접적으로 영향을 주며, 기업이 통제하기 어려운 변수로서 정치·법률(Policy), 경제(Economy)환경, 사회·문화(Social) 트렌드와 기술(Technical)환경 등에 대한 분석을 하며, 영문의 앞 글자를 따서 PEST라고 명명하기도 한다.

경쟁환경분석은 경쟁사의 수, 시장점유율, 경쟁의 룰, 경쟁자의 전략 등 실질적인 경쟁업체에 대한 분석을 통해 시장침투를 위한 기초 분석을 하는 것이다.

산업환경분석은 산업도의 매력도를 측정하는 것으로 산업의 동향, 산업의 규모, 대체제의 위협 등의 분석을 통해 기업은 사업진출 및 제품개발 투자의사 등을 결정할 수 있다.

끝으로 고객환경분석은 고객의 욕구, 구매특성, 구매영향 요인 등을 분석하여 고객가치를 창출하고 시장에서의 경쟁우위를 확보하기 위함이다. 따라서 고객만족에 관련된 다양한 정보와 방안을 수립하는 것이라 하겠다.

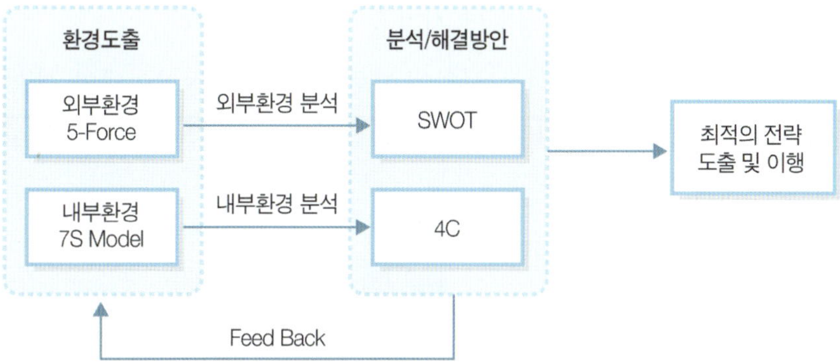

내부역량에 관련된 내부환경 분석은 경영자원과 핵심역량으로 나눌 수 있다.

경영자원에는 유형자원, 무형자원, 인적자원에 대한 분석이다. 핵심역량은 고객에게 특별한 가치를 제공할 수 있는 기술과 지식의 정도를 말하며, 특히 경쟁사보다 자사가 우위에 있는 상대적 경쟁력의 수준 등을 분석하여야 한다.

창업기업들은 이러한 환경분석을 통해 시장의 기회와 위협요소 등을 파악하고, 자사의 강점과 약점 등을 비교하고 분석함으로써 궁극적으로 최적화된 마케팅 전략을 수립할 수 있다.

보다 자세한 내용은 제2부 '경영의 실제'의, 6장 '창업 마케팅전략'을 참조하기 바란다.

올림픽 종목의 꽃이라 불리는 마라톤 경주는 42,195km의 거리를 쉬지 않고 뛰어야 하는 힘든 경주이다. 마라톤의 완주는 준비단계에서부터 출발점, 그리고 코스를 경주하여 결승점에 이르는 과정을 거친다. 이러한 점은 창업을 준비하고 창업하여 사업을 영위하는 과정과 많은 부분에서 유사하다 볼 수 있다.

마라톤이든 사업이든 완주하여 최종점에 다다랐을 때의 벅찬 감동은 실제 경주에 참가해야만 알 수 있는 경험일 것이다.

이러한 힘든 경주인 마라톤을 시작하기 위해서는 기본적으로 충분한 연습과 기초체력을 위한 훈련이 필요하다. 실제 출발점에 서기까지 많은 시간을 준비하고 훈련함으로써 기본적인 경기자로의 자격 상태가 되는 것이다.

마라톤 경주와 같이 창업경기자로서의 최소 자격을 갖추기 위해서는 사업을 시작하기에 앞서 최소 1~2년 정도의 시간을 갖는 것이 좋다.

준비기간 동안에는 하고자 하는 사업에 관련된 자료수집, 아이디어 개발과 아이템 선정, 산업환경과 사업전략을 수립하기 위한 충분한 준비시간을 갖고 다양한 정보의 수집과 관련 정책, 트렌드, 기술 동향 등을 연구하고 전략을 수립해야 한다.

좋은 아이디어를 확보하였다 하더라도 준비가 부족한 상태에서 바로 창업하여 기업을 설립하고 산업에 진출하였을 경우, 다행히 성공적이고 탄탄한 행로로 접어들면 좋겠지만, 그렇지 못하고 어려운 상황에 직면하여 심각한 자금문제, 경력단

▶▶ 창업자 창업교육 현황 (단위: %)

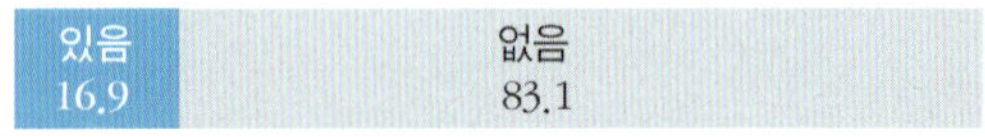

▶▶ 평균 창업준비 기간 (단위: %)

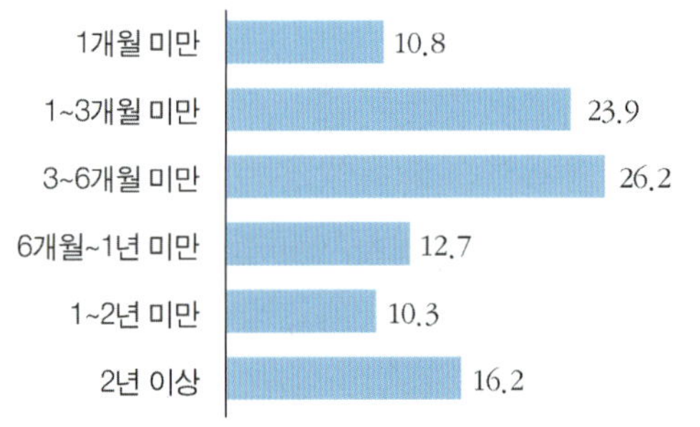

자료: 중소기업청, 소상공인진흥원

절, 기회비용의 손실, 생활고, 심리적 패배감, 주변인과의 단절 등 복구할 수 없는 심각한 결과를 초래할 수도 있다.

창업과 스포츠는 시작과 끝이 있다는 공통점을 갖고 있다. 스포츠는 본 경기를 치르기 위해서 지루하고 오랜 반복적인 훈련과정을 거쳐야 한다. 우리는 집에서 편히 앉아 TV를 시청하거나 경기장에 가서 경기하는 모습을 볼 수 있지만, 사실 경기에 임하는 선수들은 뛰어난 수많은 경쟁자와의 경쟁을 통해 선발되고 예선에서부터 본선에 출전하기까지 오랜 시간 반복적인 훈련과 꾸준한 준비를 해온 사람들이다.

우승하기 위해서 노력하는 선수들의 긴 과정처럼 어느 것 하나도 쉬운 경기는 없다는 사실을 사업을 하는 창업자인 창업선수라면 반드시 명심하여야 할 것이다.

3. 창업자의 자세와 창업적성 체크리스트

창업은 철저한 자기분석과 적성, 주변 환경을 토대로 준비하여야 한다. 이는 창업의 과정에서 창업자의 자질로 인해 발생할 수 있는 여러 가지 실패 요인들을 조금이나마 줄일 수 있는 기회가 될 수 있기 때문이다.

일반적으로 창업을 주저하는 이유로는 실패에 대한 두려움과 자금확보의 어려움, 공간 및 시설 등의 인프라, 창업에 대한 정보부재 등으로 나타나고 있다. 특히 학교를 막 졸업하고 취업을 했거나 안정된 조직에 잘 적응된 직장인의 경우라면 더욱 창업을 기피하는 경향이 있다.

이는 조직에서 제공되는 규칙이나 틀이 없다는 점과 접해보지 못한 규칙이나 방법들을 찾아내고 만들어야 하는 창업이 갖는 불투명성과 막막함이 그 원인일 것이다.

이러한 이유로 보통의 사람이라면 안정된 생활에서 성공한다는 보장이 막연한 창업을 선택하기란 더욱 어려우며, 또한 사업은 아무나 할 수 없으며 어느 정도

▶▶ **주요국가의 기업 신생률 및 소멸률**

(2015년 기준, 단위: %)

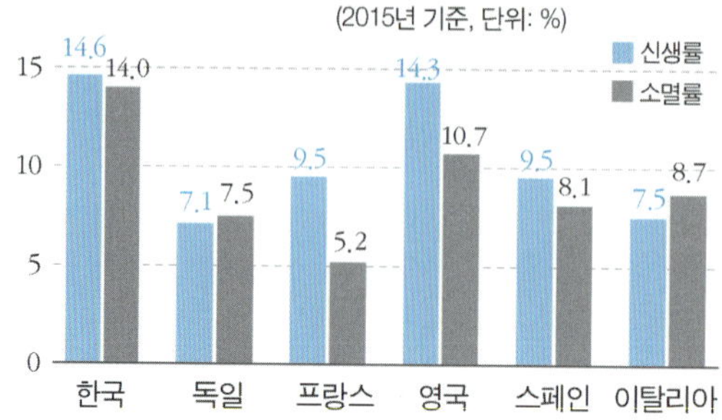

※신생율: 전체 활동기업 대비 신생기업의 비율

▶▶ **주요국가 신생기업 생존율** (단위: %)

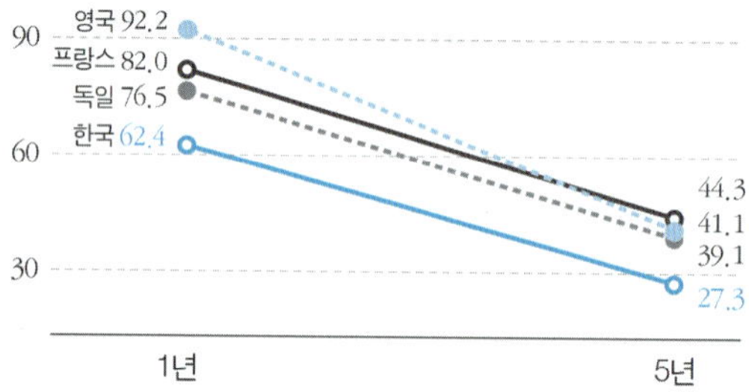

자료: 한국무역협회

자질이 있어야 사업을 할 수 있다고 생각하는 경향도 있다.

한국 기업의 평균 창업기업 생존율은 업종별로 다소 차이가 있으나, 평균적으로 3년 생존율은 약 41%로 창업한 기업의 절반 이상이 기업을 유지하지 못하고 소멸하였으며, 5년 생존율은 약 28%, 10년 생존율은 10% 이하로 급격히 떨어지는 것으로 나타났다.

창업생존율에 대한 OECD[6] 가입국가 간 비교에서 한국 기업의 5년 창업기업 생존율[7]이 가장 낮은 수치를 나타내고 있다. 이는 한국에서 기업을 운영하고 지속시키는 것이 그리 쉬운 일이 아님을 보여주는 자료이다. 당연한 말이지만, 성공은 그만한 대가를 지불한 창업 기업에게 주어진다. 창업을 해서 사업을 영위한다는 것은 상당한 모험이 존재하는 미지의 세계임에 틀림없다.

결론적으로 말하면, 누구든 창업을 할 수 있지만 아무나 성공하는 것은 아니다. 이는 창업을 꿈꾸고 성공적인 삶을 원하나 창업을 선택하지 못하는 이유이기도 하다.

미국의 대표적인 전자상거래 기업인 페이팔(Paypal)[8]의 공동 창업자이면서 수

6) OECD(경제협력개발기구, 經濟協力開發機構, Organization for Economic Co-operation and Development) - OECD는 세계적인 국제기구 중 하나이다. 대부분 정치적으로 대의제, 경제적으로 자유시장 원칙을 받아들인 선진국들이 회원으로 참여한다.

7) 창업기업생존율은 일반적으로 창업 이후 1년, 3년, 5년, 10년간 기업의 존폐를 기준으로 한다.

8) 페이팔 홀딩스 주식회사(Paypal)는 미국의 전자상거래 서비스를 하는 회사이다. 페이팔은 인터넷을 이용한 결제 서비스로, 만 18세 이상 이용할 수 있으며, 페이팔 계좌끼리 또는 신용카드로 송금, 입금, 청구할 수 있다.

석엔지니어인 맥스 레브친(Max Rafael Levchin)은 "내 첫 번째 회사는 엄청나게 크게 실패했다. 두 번째 회사는 실패했지만, 첫 번째보다 덜 실패했다. 세 번째 회사는 적절하게 실패했고, 견딜 만 했다. 네 번째 회사는 거의 실패하지 않았고, 크게 만족하지는 않았지만 그런대로 괜찮았다. 그 다음 다섯 번째 회사는 바로 페이팔이었다."라며 성공에 대한 어려움과 자기성찰을 말하였다.

창업을 하고 사업가가 된다는 것은 그만큼 힘든 일이며 자기가 상상했던 것보다 어려운 환경을 수도 없이 맞이할 수 있다. 그럼에도 사업을 해야겠다고 결심을 하였다면, 무엇을 어떻게 해야 할지 스스로 결정하고 철저하게 준비를 해야 하는 것이다.

따라서 창업자는 끊임없는 생각, 관련 지식과 정보를 습득하고 열정과 의지를 갖고 철저히 준비하며, 기존의 상식과 틀을 깨며 아무도 가지 않았었던 길도 갈 수 있는 도전적인 자세가 필요하다. 이러한 기업가 정신(Entrepreneurship)을 통해 창업자에서 성공적인 경영자가 될 수 있는 것이다. 창업 선진국의 경우, 평균 3~5년 정도의 기간을 창업준비를 한다고 한다.

▶▶ 2017 기업가정신지수 및 경제규모 비교

기업가정신 지수			2016 명목GDP(USD) IMF 기준	경제규모
순위	국가	GEI	총 GDP	순위
1	미국	83.4	18조 5,619억	1
2	스위스	78.0	6,625억	19
3	캐나다	75.6	1조 5,323억	10
4	스웨덴	75.5	5174억	23
5	덴마크	74.1	3,026억	38
6	아이슬란드	73.5	194억	109
7	호주	72.5	1조 2,566억	13
8	영국	71.3	2조 6,499억	5
9	아일랜드	71.0	3,079억	36
10	네덜란드	67.8	7,699억	17
27	한국	50.5	1조 4,044억	11

자료: Global Entrepreneurship Index 2017.

사업분야도 자신이 오랫동안 종사하거나 관련된 직업, 또는 커리어(Career)를 토대로 하는 반면, 여전히 우리나라는 실업이나 주변 여건에 따라 즉흥적으로 창업을 선택하는 경향이 많다.

창업은 몇 년 내에 결과가 나오는 단기전이 아니다. 창업을 하고자 하는 경우에는 철저한 준비와 자신의 적성과 능력, 주변 여건과 시장환경 등을 분석하고 고려하여야 한다.

따라서 창업을 준비하는 예비 창업자이거나 초기 창업자라면 자신이 창업자 기질을 갖고 있는가에 대해서 다음과 같은 기본적인 사항을 반문하고 점검할 필요가 있다.

① 근면성을 갖고 있어야 한다.

창업을 해서 성공한 기업가들은 아침형 인간 유형이 많다. 특히 하루의 시작을 누구보다 먼저 시작함으로써 삶 자체를 긍정적인 힘으로 이끌어 가는 공통점이 있다고 한다.

② 고객 니즈(Customer Needs)를 잘 파악할 수 있어야 한다.

사업은 근본적으로 고객의 선택에 의해 존재와 성장이 좌우된다. 고객의 욕구를 잘 파악하고 가치를 제공할 수 있도록 할 수 있는가에 대한 물음이다.

대부분의 초기 창업자가 심각하게 착각하는 부분으로서 내가 좋아하거나 주변의 지인들이 좋은 평가를 내렸다고 해서 그 상품이나 제품, 또는 서비스가 실제 소비자에게 어필(Appeal)되고 사업이 성공할 것이라는 착오를 하는 경우가 많다.

③ 솔선수범하여 일을 하여야 한다.

직장인은 시키는 일을 한다. 그러나 창업자는 모든 것을 기획하고 행동하고 결정해야 하는 것이기에 그 분야에 전문가 이거나 준전문가 수준은 되어야 한다. 이는 창업자가 모든 일에 긍정적이고 능동적으로 대처하는 능력을 키워야 하는 이유이다.

④ 지출에 대해 계획적이어야 한다.

실천 가능한 확실한 목표를 가지고 필요한 곳에 지출하도록 하여야 한다. 실제 비즈니스와 관계없거나 계획에 없던 지출이 잦다면 심각한 경제성이 결여된 창업자가 될 수 있다. 이런 경우 단기적으로 성공한다 해도 결국은 오래가지 못하고 실패하게 된다.

⑤ 신용이 있어야 한다.

신용이란 금전적인 부분과 시간 약속에 대한 신뢰도이다. 특히 창업 기업가는 자신이 한 말과 행동에 대하여 책임져야 하는 대표이다. 사업을 하면서 허황된 말과 행동을 반복한다면 지금까지 쌓은 부와 명예를 순식간에 날려버릴 수도 있다.

⑥ 건강관리를 하여야 한다.

창업 경영자의 건강 상태는 기업에 상당 부분 영향을 주는 요인으로, 기업의 성패와 직결되기도 한다. 따라서 경영을 하는 과정에서 발생되는 다양한 감정소비와 스트레스를 재충전하고 긍정적인 에너지가 생성되도록 하는 건강한 신체관리는 매우 중요하다.

⑦ 자신의 적성을 알고 있어야 한다.

생각의 방향을 플러스적 사고로 잡고, 초보 창업자일수록 유행을 따르기보다는 자신이 현재 어디에 있는지를 자세히 살피고, 자신이 원하는 것을 정확히 판단하여, 자신의 적성과 취미 그리고 전문지식을 살리는 업종을 선택하는 것이 유리하다.

⑧ 산업 발전단계 파악에 따라 아이템을 결정할 수 있어야 한다.

최근은 초고속 인터넷과 인공지능, 빅데이터, 5G[9] 등의 융합에 의한 급진적 기술의 발달과 산업 규모가 커지고, 소비자의 니즈가 다양하고 복잡해짐으로써,

---

9) 5G(5세대 이동통신) - 28GHz의 초고대역 주파수를 사용하는 이동통신 기술을 말한다. 2GHz 이하의 주파수를 사용하는 4G 롱텀에볼루션(LTE)과 달리 28GHz의 초고대역 주파수를 사용한다. 이로 인해 LTE보다 빠른 속도로 초고선명 영화를 1초 만에 전달할 수 있다.

제품수명주기(Product Life Cycle, PLC)가 짧아지는 추세이므로, 성숙기 업종이나 수요에 대한 반복성과 지속성이 없어서 일시적 유행으로 끝나는 유행 업종보다는 도입기나 성장기 업종이 유리하며, 제조업, 도소매업, 서비스업, 외식업, 전자상거래업 등 업종군을 먼저 선택한 후, 구체적인 사업아이템을 결정하는 것이 바람직하다.

⑨ 사업계획서를 작성할 수 있어야 한다.

하고자 하는 사업의 방향, 매출액, 매출원가 구조, 자금수지 예상표, 손익분기점 등 객관적인 자료에 의한 계량화된 사업계획서는 예비 창업자가 창업 전에 꼭 작성해 보아야 할 필수적인 요건이다.

제시한 내용이 충족되었다고 해서 절대적으로 성공하기 위한 기본 점검이라고는 할 수 없다. 그러나 성공한 창업 경영자들이 갖는 공통적 기질로 볼 수 있다. 이러한 부분을 점검해서 자신과 비교해보고 부족한 부분 등을 발전시켜 나가는 것은 성공 창업을 위한 초석이 될 것이다.

다음 〈표 1-1〉의 창업자 적성과 적성에 따른 적성체크리스틀 통해 창업자 적성 체크를 해보는 것도 좋다. 하지만 창업에서 성공한 기업가들이 반드시 창업자 기질과 기업가 정신 DNA를 갖고 있는 것은 아니다. 또한 성공한 기업가 중에는 애플(Apple)의 창업자 스티브잡스(Steve Jobs)나 페이스북(Facebook)의 젊은 창업자 마크 주커버그(Mark Zuckerberg)와 같이 고등학교 졸업 출신이거나 대학 중퇴의 학력을 갖는 경우도 있다. 다른 면으로 비전문성, 심지어는 근면하지 못한 창업자도 성공한 기업가가 되기도 한다. 그러나 그들이 갖는 공통적인 점은 앞서의 기질과 더불어 그들만이 갖는 창업적인 노하우(Knowhow)가 있기 때문일 것이다. 그러한 부분을 간과하고 들어난 부분만 답습하거나 안심한다면, 산만 보고 숲을 보지 못하는 치명적인 우를 범할 수 있다.

표 1-1 **창업적성 체크리스트**

번호	평가사항	예	보통	아니요
1	창업에 대해 신중히 고려하고 있다.			
2	창업박람회, 사업설명회, 창업강좌에 참석해 본 적이 있다.			
3	기본적인 창업절차에 대한 지식을 가지고 있다.			
4	대인관계가 원만하다는 소리를 주변에서 듣는다.			
5	물건을 살 때 꼼꼼하게 따지고 구입하는 편이다.			
6	새로운 사람을 만나는 일은 즐겁다.			
7	식당에서 음식이 늦게 나와도 짜증내지 않는다.			
8	처음 본 사람이라도 인상이나 이름을 잘 기억하는 편이다.			
9	환경이 변하면 나 자신을 바꿀 준비가 돼 있다.			
10	인터넷 이용시간 중 게임 등 놀이시간보다 정보습득에 더 많은 시간을 할애한다.			
11	주위에서 어떤 부탁을 받더라도 상대방의 기분을 상하지 않게 거절할 수 있다.			
12	가족과 상의하고 판단해서 일을 처리한다.			
13	이해득실에 대한 판단이 빠르다.			
14	건강, 여가 선용을 위해 한 가지 이상 운동을 한다.			
15	어떤 사안의 결정에 대해서 추진하든 포기하든 선택이 빠르다.			
16	창업을 하겠다면 말리는 사람보다 돕겠다는 사람이 더 많다.			
17	한번 창업에 실패하면 나는 끝장이다.			
18	실패의 경험이 있다.(진학, 취업, 사업, 자격시험 등)			
19	살아오면서 여러 가지 직업을 경험해 봤다.			
20	나는 반드시 창업을 할 것이다.			

본 창업적성 체크리스트는 창업자의 창업적성을 체크하는 데 도움을 받을 수 있습니다.
[자료: 서울시자영업지원센터 소상공인 정보광장]
※ 온라인 주소: http://www.seoulsbdc.or.kr/bs/info/expAptCheck.do

■ 평가방법

각 항목에 대해 (예)라고 답한 경우 2점, (보통)이라고 답한 경우 1점, (아니요)라고 답한 경우 0점을 주어 20개 문항에 대한 점수를 합산하여 창업적성을 알아보는 내용입니다.

■ 채점결과

- 32점 이상: 창업을 하는데 상당히 훌륭한 내적 조건을 갖췄다.
  창업적성은 창업을 하기까지 문제뿐 아니라 창업을 한 이후도 파악하는 것으로 마인드, 성격, 특성, 환경, 의지, 경험 등 전 부문에서 좋은 조건을 지닌 것으로 판단된다.
  → 창업 아이템 선정을 비롯한 창업실무에 돌입해도 무방하다.
- 24~32점: 비교적 양호하지만 부족한 부분도 있다.
  창업 이후 건강, 체력, 습관과 성격 등 여러 요인으로 적성에 맞지 않아 그만두는 경우가 많다는 것을 염두에 두고 보충할 부분을 충분히 검토해야 한다.
  → 부족 부분을 점검하고 변화를 위해 노력한다면 창업 이후 안정적인 궤도에 오를 수 있다.
- 24점 미만: 창업을 하기에 상당히 부족한 조건이다.

[자료: 서울신용보증 재단]

표 1-2 온라인 창업적성 체크리스트 평가 후 결과 내용 예시

창업적성 체크리스트

| 평가 진행 현황 : 20 / 20 (100%)

번호	평가사항	예	보통	아니오
1	창업에 대해 신중히 고려하고 있다.	✔	○	○
2	창업박람회, 사업설명회, 창업강좌에 참석해 본 적이 있다.	✔	○	○
3	기본적인 창업 절차에 대한 지식을 가지고 있다.	✔	○	○
4	대인관계가 원만하다는 소리를 주변에서 듣는다.	✔	○	○
5	물건을 살 때 꼼꼼하게 따지고 구입하는 편이다.	✔	○	○
6	새로운 사람을 만나는 일은 즐겁다.	✔	○	○
7	식당에서 음식이 늦게 나와도 짜증내지 않는다.	○	✔	○
8	처음 본 사람이라도 인상이나 이름을 잘 기억하는 편이다.	✔	○	○
9	환경이 변하면 나 자신을 바꿀 준비가 돼 있다.	✔	○	○
10	인터넷 이용 시간 중 게임 등 놀이시간보다 정보습득에 더 많은 시간을 할애한다.	✔	○	○
11	주위에서 어떤 부탁을 받더라도 상대방의 기분을 상하지 않게 거절할 수 있다.	✔	○	○
12	가족과 상의하고 판단해서 일을 처리한다.	○	✔	○
13	이해득실에 대한 판단이 빠르다.	✔	○	○
14	건강, 여가 선용을 위해 한가지 이상 운동을 한다.	○	✔	○
15	어떤 사안의 결정에 대해서 추진하든 포기하든 선택이 빠르다.	✔	○	○
16	창업을 하겠다면 말리는 사람보다 돕겠다는 사람이 더 많다.	○	✔	○
17	한번 창업에 실패하면 나는 끝장이다.	✔	○	○
18	실패의 경험이 있다.(진학, 취업, 사업, 자격시험 등)	✔	○	○
19	살아오면서 여러가지 직업을 경험해 봤다.	✔	○	○
20	나는 반드시 창업을 할 것이다.	✔	○	○

결과보기 ›

창업적성 결과

1. 검사이해하기

창업적성 체크리스트는 예비창업자의 준비상태를 알아보기 위한 검사입니다. 창업자의 성격과 평소 행동을 약식으로 진단하여 창업준비상태를 점수로 알아보는 방법입니다.

산출된 점수는 창업과정과 사업운영과정에서 일어날 수 있는 상황의 대처능력을 스스로 점검할 수 있습니다. 단, 본 검사의 결과는 참고로 활용하는 것이므로 절대적이 아님을 밝혀 둡니다.

2. 진단결과

0 – 24	24 – 32	32 – 40
많은 노력 필요	노력 필요	양호

회원님의 진단결과는 양호 한 것으로 판단됩니다.
아래의 결과해석을 참고하여 주시기 바랍니다.

3. 결과해석

창업을 하는데 상당히 훌륭한 내적 조건을 갖춘것으로 판단됩니다. 창업 적성은 창업을 하기까지 문제뿐 아니라 창업을 한 이후도 파악하는 것으로 마인드, 성격, 특성, 환경, 의지, 경험 등 전 부문에서 좋은 조건을 지닌 것으로 판단됩니다.창업 아이템 선정을 비롯한 창업 실무에 돌입해도 무방할 것으로 생각됩니다.

※ 본 결과는 고객이 선택한 근거를 기준으로 산출되었으며, 법적효력을 갖는 유권해석이 아니므로 법적소재의 증빙자료로 사용 할 수 없음을 알려드립니다.

다시하기 | 인쇄

Chapter

2 창업아이템 선정과 사업타당성

이제 창업을 결심하였다면 창업자로서의 불굴의 의지와 기업가 정신과 같은 창업마인드를 다시금 다져야 한다. 창업자란 설립된 기업의 대표이자 그 자체로서 기업의 태동에 있어 가장 중요한 중심점이다. 초기 창업자의 추진력과 판단력은 고스란히 기업의 현재와 미래의 모습에 직·간접적 영향을 발생하여, 결국은 사업성패에 큰 영향을 미칠 것이기 때문이다.

일반적으로 창업은 창업자의 사업 아이템에서부터 시작되는 경우가 많다. 그 아이디어가 우연한 기회에 얻게 된 것일 수도 있고 긴 기간 준비해온 것일 수도 있다. 여기서 중요한 건 창업자가 그 아이디어에 대해 관여하며, 사업을 결정하는 순간 사업화로서의 가치를 갖게 된다는 점이다.

이러한 이유로 사업시작에 있어서 사업아이디어(또는 아이템)는 창업자와 불가분의 관계로 볼 수 있다. 2장에서는 중요한 아이디어는 어떤 식으로 발굴하고 개발하여 사업화까지 이를 수 있는지에 대해 다루고자 한다.

1. 창업아이디어 탐색과 선정

창업은 경제활동을 통해 이익을 창출하고 그 수익으로 기업을 영위하여 재분배하며, 궁극적으로 사회에 환원하는 것이다. 따라서 기업은 지속적인 성장을 할 수 있는 구조로 유기적인 조직으로서 활동할 수 있어야 한다.

초기 창업기업이 이상적인 기업으로 성장하기 위해서는 제대로 된 아이디어의 발굴이 중요하다. 창업자는 아이디어를 탐색하여 발굴하고 개발을 통해 적합한 사업 아이템으로 만들어 가는 과정을 잘 알아야 한다. 좋은 아이디어라고 해서 모두 사업화가 가능한 것은 아니다. 그러므로 아이디어와 업종을 선택하는 것에는 최소한의 기준과 원칙을 정하고 실시하는 것이 바람직하다.

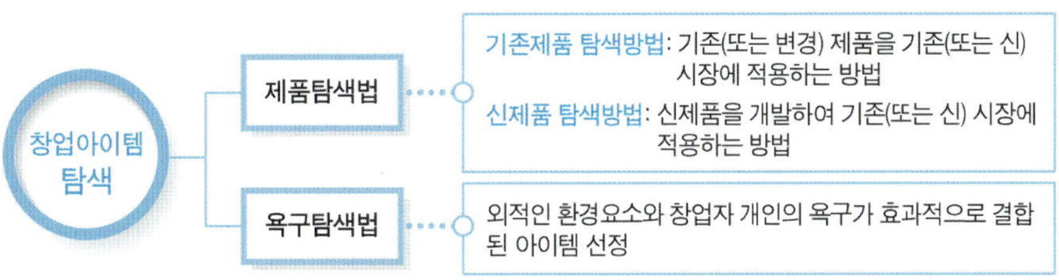

무엇보다도, 경쟁업체보다 유리한 아이디어를 발굴하여야 한다. 창업 시작부터 경쟁업체보다 무엇이든지 우위에 있어야 시장 경쟁에서 주도권을 잡을 수 있다. 동종 산업 내에서도 고객들의 니즈에 부합하고, 고객에게 좀 더 다가갈 수 있는 업종이 있는지를 우선 생각해 볼 필요가 있다.

또한 창업자 자신의 적성에 맞아야 한다. 수익성이 높다고 해서 창업을 시도하는 것은 금물이며, 가급적 일정기간 이상을 직접 체험하면서 자신의 적성 여부를 점검하고 이를 통해 업종을 선택해야 한다. 관심 있는 업종의 구체적인 정보와 사업상 애로사항을 파악한 후 자신의 적성과 부합되는가를 스스로 사전 체크하는 것이다.

성장성이 있는 업종과 아이디어인가를 확인해야 한다. 유행업종은 피해야 한다. 최소 5년 이상 지속적으로 성장할 수 있는 유망업종을 선택해야 한다. 성장성 있는 업종을 선택하기 위해서는 관련 경험자 또는 전문가로부터 정보를 수집하여 판단하여야 한다. 그리고 자신의 사업조건에 맞는 업종과 아이디어를 선택하여야 한다. 자신의 자본규모에 맞춰 창업준비자금뿐만 아니라 창업초기 운영자금을 고려해야 한다.

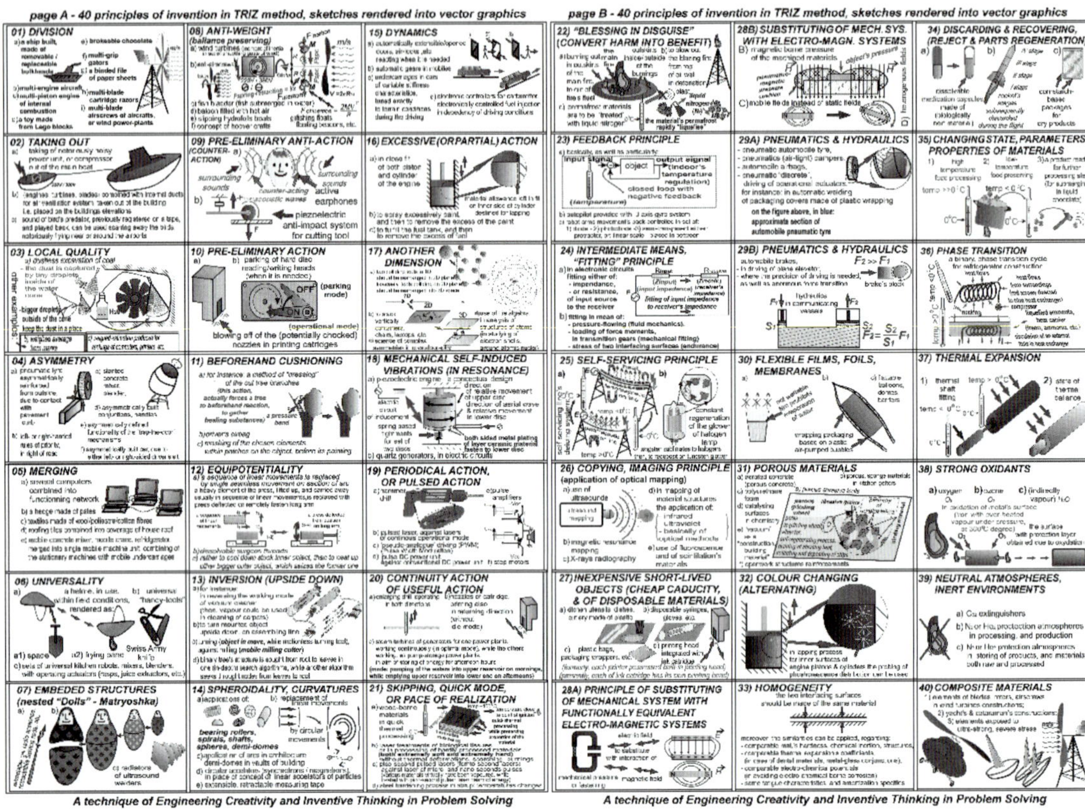

자료: TRIZ의 40가지 문제해결 원리(40 principles of TRIZ method).

유망아이템의 기본조건은 ① 시대의 흐름에 적합하고, ② 성장성과 장래성이 있고, ③ 대기업이 참여하기 곤란한 새로운 분야의 사업, ④ 유동성이 크고, 진입장벽이 높아야 하고, ⑤ 안정적인 매출과 이익이 가능하며, ⑥ 자금회전율이 높아야 한다는 것이다.

최근에는 아이디어를 개발하는 방법에 대한 검증된 문제해결 툴(Tool)이 제공되고 있다.

그 대표적인 예로 TRIZ[1], MECE(Mutually Exclusive Collectively Exhaustive, 상호배제와 전체포괄), 가치사슬, 피쉬다이어그램(Fish Diagram), SCAMPER, 만다라트

1) TRIZ(theory of solving inventive problem) - 겐리히 알츠슐러(Genrich Altshuller)에 의해 제창된 발명문제(혹은 창의문제)의 해결을 위한 체계적 방법론이다.

(Mandal-Art)[2], 브레인스토밍(Brain Storming)[3] 등과 같이 정형화되고 일반화된 프로세스를 활용할 수 있다.

최근에 이러한 문제해결 방법론을 통한 대표적인 성공사례를 보면, 임브레이스 인펀트 워머(Embrace Infant Warmer)의 보급으로 유아 사망예방을 통한 사회문제 해결에 기여하였다. 스탠포드[4] 대학교의 디자인 스쿨에서 디자인씽킹(Design Thinking) 방식을 통해 인큐베이터가 부족해 미숙아의 사망률이 높은 문제점을 발견하여 인큐베이터가 생존을 위한 최소한의 체온 유지 기능을 하는 점에 착안해 문제를 정의하고, 기존의 인큐베이터 가격의 1% 수준인 200달러의 저비용 미니어처 파우치 '임브레이스 인펀트 워머'를 만들어 보급함으로써 22,000명의 유아 사망을 예방한 것이다.

여기서는 사례와 같이 최근 미국과 유럽에서 아이디어 탐색과 문제해결 방법으로 많이 활용하고 있는 디자인씽킹(Design Thinking)[5] 방법에 대하여 알아보겠다. 디자인씽킹은 기본적으로 5단계 과정으로 진행한다.

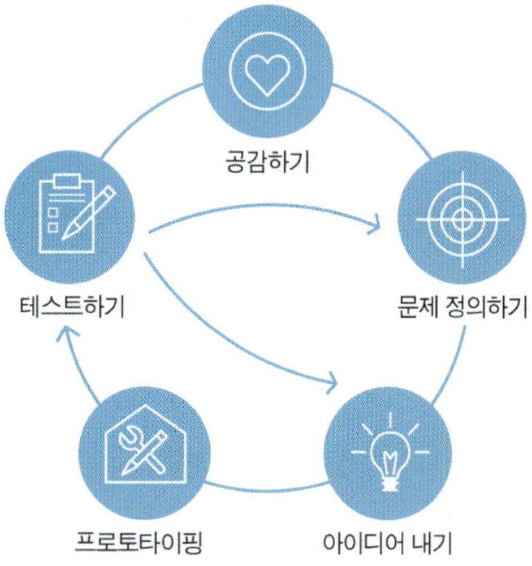

문제, 사람, 상황에 대한 인식 및 공감을 하는 공감단계(Empathy Phase), 정확한 해결 방법에 대한 정의하는 정의단계(Define Phase), 가능한 모든 것을 상상하는 상상단계(Ideate Phase), 가장 좋은 개선책으로 견본모델(model)

2) 만다라트(Mandal-Art) - 일본의 디자이너 이마이즈미 히로아키가 개발한 발상기법으로 manda+la+art가 결합된 용어인데, manda+la는 '목적을 달성한다'는 뜻이고 mandal+art는 '목적을 달성하는 기술', 그 툴을 의미한다.

3) 브레인스토밍(Brainstorming) - 창의적인 아이디어를 생산하기 위한 학습도구이자 회의 기법이다.

4) 스탠퍼드 대학교(Stanford University) - 1891년에 릴런드 스탠퍼드가 설립한 미국 캘리포니아 주 스탠퍼드에 위치한 연구중심 사립대학이다. 미국 최고의 사립대학 중 한 곳이다.

5) 디자인씽킹(Design Thinking) - 1990년도 Roger Martin과 IDEO의 David Kelley 와 Tim Brown 을 통해서 만들어졌으며, 많은 해를 거듭하여 통일된 콘셉트로써의 방법과 아이디어들을 정형화하였다.

을 제시하고 제작하는 견본단계(Prototype Phase)를 거친다.

마지막으로, 만들어진 견본모델을 공감 단계에서 목적에 맞게 시험하는 시험단계(Test Phase)로 구분한다.

1) Empathize(공감)

첫 단계인 디자인씽킹의 공감하기(Empathize)는 문제해결에 있어서 개인이 처한 문제의 본질을 더 깊게 이해할 수 있는 가장 중요한 단계이다. 관심 영역을 더 잘 이해하기 위해서는 전문가와의 상담이 필요할 수도 있다. 더욱이 날카로운 관찰과 효과적인 규약, 그리고 인간중심적 감성 이해를 통해 디자인씽킹 과정(방법론)을 수행하는 것이 중요하다.

그림 2-1 다비선형 특징을 갖는 디자인씽킹(The Non-Linear Nature of Design Thinking)

2) Define(정의)

첫 번째 단계인 공감하기가 끝나면, 앞서의 단계에서 관찰된 부분을 분석하고 문제의 상태를 인간중심적 관점에서 문제를 정의할 필요가 있다. 정의된 문제는 문제를 해결할 수 있도록 형상, 기능과 그밖의 것들을 구체화하여 사용자(또는 디자이너)가 아이디어를 수립하여 통합할 수 있도록 도와줄 것이다.

3) Ideate(관념화)

세 번째 단계는 아이디어를 관념화하는 단계이다. 앞서의 정의단계에서 문제에 대해 일반화시킴으로써 혁신적인 해결방안을 도출하기 위해서 아이디어를 일반화해야 하며, 디자이너(사용자)는 그 방법의 일환으로 브레인스토밍을 시작한다. 문제를 해결하기 위한 최상의 방법을 찾기 위해서는 브레인스토밍이 아닌 다른 문제해결 도구를 추가적으로 사용하여야 한다.

4) Prototype(프로토타입)

관념화단계(Ideate) 다음으로, 팀은 버전의 수준을 다운시키거나 여러 가지 저렴한 제품을 생산해야 한다. 그리고 팀내에서 그것을 테스트해 봐야 한다. 이러한 실험실적 과정은 사용자의 경험에 기초하여 프로토타입의 상태를 받아들이고, 개선시키거나 재실험할 수 있고 또는 그 프로토타입에 대해 거절할 수 있기 때문에 최상의 솔루션을 정의하는데 도움을 준다.

5) Test(시험)

시험단계에서 디자이너는 프로토타입의 과정을 통해 일원화된 최상의 솔루션을 사용하여 완전한 제품을 시험해본다. 비록 테스트단계가 마지막단계로서 기대할 만한 결과가 나왔다 할지라도, 문제에 대해 다시 심화하여 재정의(Re-define)하거나 문제에 대한 감성적인 이해를 해 본다. 이러한 이유로 디자인씽킹을 비선형 사고라고 부른다.

2. 사업타당성 분석

경영자에게 있어 신기술의 개발과 새로운 투자기회는 기업성장의 동력으로서 가장 중요한 업무 중의 하나이다. 이러한 신규 사업에의 진출 또는 신기술개발의 시행여부에 대한 객관적인 의사결정을 도와줄 수 있는 방법으로서 사업타당성 분석을 수행하게 된다.

현대 산업구조는 소비자들의 다양한 기호, 요구변화 및 경쟁 화 등으로 제품 및 산업의 수명주기가 단축되고 있다. 따라서 소비자들의 빠른 기호와 욕구의 변화를 정확하게 파악하고 예측하지 못하는 경우에 치열한 경쟁에서 도태될 수 있다.

결국 사업타당성 분석은 "투하 자본에 대한 투자자의 요구 수익률을 확보할 수 있는냐" 등에 대한 경제성 여부를 경영자의 사업추진능력, 기술성, 시장성, 경제성, 위험정도 등을 분석하고 평가하는 총체적인 과정을 말한다.

사업의 성공 가능성에 대한 정보를 파악하기 위해 수행하는 사업타당성 분석의 내용과 형식은 창업하고자 하는 경영자의 특성과 사업아이템에 따라 다양하지만, 일반적으로 시장성분석, 기술성분석, 수익성 및 경제성분석, 자금수지(자금조달 방법) 및 성장성분석으로 구성된다. 이러한 네 가지 분석을 통칭해서 사업의 타당성 분석(Feasibility Study or Feasibility Analysis)이라 한다.

사업타당성 분석을 위한 절차는 기본적으로 다음 그림의 예시된 순서로 진행할 수 있다.

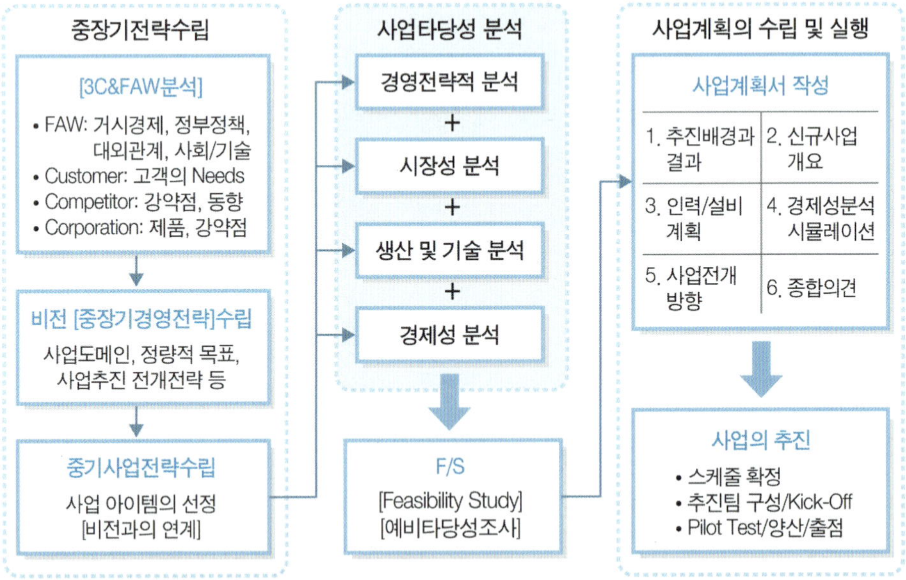

※ FAW(Forces at work): 사업에 영향을 미치는 거시적인 환경

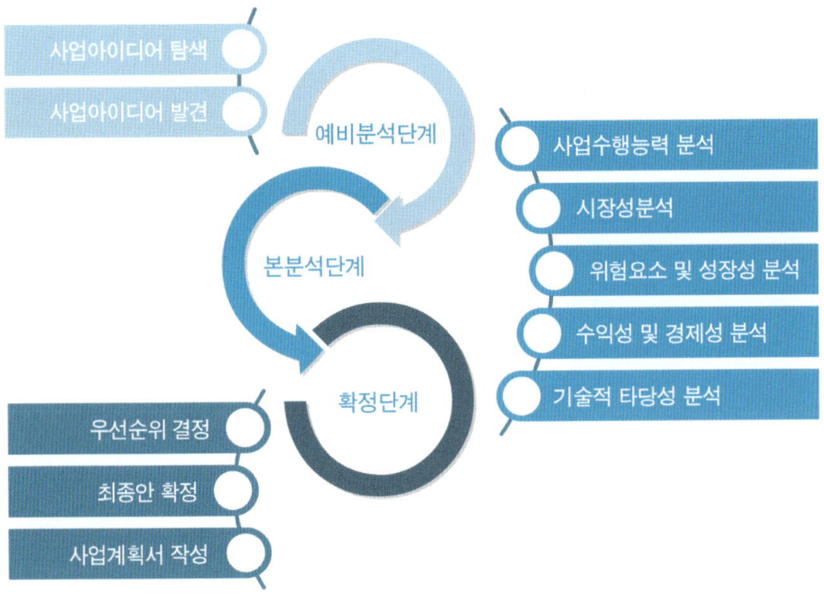

사업아이디어 탐색, 사업아이디어 발견을 위한 예비분석단계를 통해 사업아이템을 구체화하였다면, 실질적인 사업여부를 결정할 수 있는 분석인 본분석단계로 들어간다.

본분석단계는 사업수행능력, 시장성, 위험요소 및 성장성, 수익성 및 경제성, 기술적 타당성 분석 등을 수행하게 된다. 사업타당성 본분석의 세부내용과 방법은 아래에서 더욱 자세하게 다루도록 하겠다. 이러한 분석을 완료하여 최종적인 사업을 선정하게 되는 확정단계로 사업 우선순위 결정, 최종안 확정, 마지막으로 사업계획서를 작성하게 되는 것이다.

사업타당성 분석은 사업의 성패를 결정짓는 가장 중요한 단계로서, 다시 그 조사항목과 평가단계를 분류하면 다음과 같이 표기하기도 한다.

① **기초자료 조사:** 기업현황 등 사업성 분석에 필요한 자료

② **사업수행능력 및 적합성 분석:** 적성 및 자질, 사업수행능력, 경영능력

③ **시장성 분석:** 시장동향, 시장구조 및 경쟁력, 수요예측 및 조업도

④ **기술성 분석:** 비교우위 기술, 시설 및 생산설비, 생산능력 및 조업도

⑤ **수익성 및 경제성 분석:** 손익분기점 분석, 투자수익률, 수익전망

⑥ **자금수지 및 성장성 분석:** 소요자금 조달능력, 성장성

⑦ **사업의사 결정:** 사업타당성 분석을 참고하여 사업추진 의사결정

사업타당성 분석에서 주요 항목인 시장성, 기술성, 수익성 및 자금수지에 대한 분석을 통해 사업을 진행할 것인지에 대한 객관적인 자료로서 근거가 되므로 사업추진 의사결정에 판단기준이 될 수 있다.

시장성 분석이란, 제품 및 서비스를 판매할 수 있는 시장을 찾아 판매(수요)를 예측하는 것으로 계획제품 및 서비스를 어디에 얼마를 팔 수 있을 것인가에 초점을 맞추어야 한다. 여기서 시장동향, 시장특성 및 경쟁상황과 가격 동향을 분석할 필요가 있다.

시장동향에 대한 분석은 해당 시장의 과거 국내외 수급실적 및 향후 전망, 국내외 생산규모 및 투자규모, 기술동향 및 향후전망, 그리고 대체재의 동향 및 향후 출현가능성 등에 대한 정보를 분석하는 것이다.

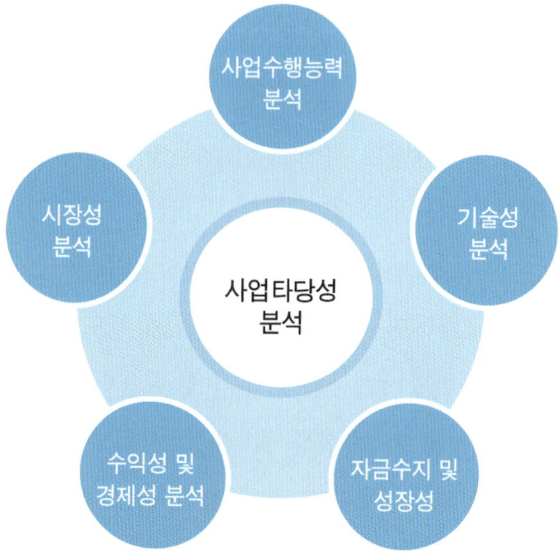

시장 특성 및 경쟁 상황 분석이 필요하다. 시장의 유통구조 및 경로, 판매 및 유통조직 특성, 고객의 특성, 소비성향 및 구매패턴과 국내외 경쟁업체의 점유율, 경영상태, 기술수준 등에 대한 연구가 필요하다. 가격 동향 분석은 동종 아이템 또는 경쟁 아이템의 가격 동향, 가격에서 제조원가, 인건비 등이 차지하는 비율, 향후 국내외 가격 전망 등에 대한 조사를 하는 것이다.

기술성 분석이란, 제품 생산에 필요한 물적 · 기술적 요소를 파악하고 관련 비용을 추정하는 것으로, 기술적 타당성 평가와 원가추정을 위해 반드시 시행해야 하는 단계이다.

수익성 및 자금수지 분석이란, 계획사업의 손익추정, 재무제표 작성 등을 통해 경제성을 평가하고, 소요자금을 추정하여 적정한 자금조달 및 운영계획을 수립하는 단계이다.

3. 사업계획서 작성

이제 사업을 위한 아이템을 선정하였고, 사업추진을 위한 준비단계에 접어들었다. 향후 추진할 사업에 대한 전반적인 로드맵을 수립하고 전개할 방향과 목표 등을 구체화하는 작업을 하여야 한다. 이러한 사업 전반에 대해 구체적이고 체계적으로 작성한 문서를 사업계획서라고 한다.

사업계획서는 체계적 사업추진을 위한 설계도이다. 단순한 아이디어 또는 경험에 의한 주관적인 사업계획을 방지하고, 인사 · 구매 · 생산 · 마케팅 · 재무 등의 기업 경영활동 전반에 대해 사전검토를 토대로 작성하여야 한다.

일반적으로 사업계획서의 작성절차는 다음과 같은 순서로 진행한다.

전체 목차 구성	- 사업내용에 맞는 전체적인 목차를 구성하여 나열 - 제품내용, 서비스흐름, 사업모델 등에 관한 자료를 점검 - 양식이 정해진 경우에는 작성에 필요한 내용을 확인
⇩	
시장분석 및 계획수립	- 시장, 기술, 경쟁사 등의 동향 및 특징 조사를 실시 - 조사된 내용을 분석하고 사업의 방향 및 실행계획을 수립 - 사업내용과 유사한 참조할 수 있는 사업계획서를 확보
⇩	
계량분석	- 투자계획, 매출 및 비용계획, 손익분석 등의 분석 실시 - 내용상 문제점 점검 및 피드백(실행계획 수정) - 목표로 하는 수치가 나올 때까지 반복하여 분석 실시
⇩	
내용작성 및 편집	- 목차순서에 상관없이 쉬운 항목부터 세부내용을 입력 - 유사 아이템의 사업계획서를 참고하여 내용 작성 - 내용 작성 후 서체, 글자크기, 색상 등을 통일하여 편집

그렇다면 왜 사업계획서를 작성해야 하는가 알아보도록 하자.

사업계획서를 작성함으로써 계획 사업을 위한 시뮬레이션 과정을 거칠 수 있다. 사업수행을 사전에 연습함으로써 시행착오를 예방하고, 사업기간과 비용절약과 계획 사업의 사전점검을 통한 실패확률의 감소로 사업자에게 사업성공의 가능성을 높일 수 있다.

또한 사업을 이해시키고 설득하는 자료로 활용할 수 있다. 특히 사업 이해관계자(투자자, 금융기관, 정부 및 지자체 등)를 위한 설득자료로 활용하기도 하고, 사업자의 신뢰도를 증진시켜 자금조달이나 각종 정책지원을 받는 데 활용할 수 있다.

사업을 추진하다 보면, 기업에 대한 소개자료나 기업의 가치를 공유할 필요가 있다. 이러한 회사와 사업에 대한 소개자료로서의 기능을 한다. 기업 간의 사업제휴, 납품 또는 입점 계약, 대리점 또는 가맹점모집, 공공기관 입찰 서류제출, 인허가신청, 기술 및 품질인증 등 사업추진을 위한 회사소개 자료로 제공하기도 한다.

사업계획서를 작성하기 위한 프로세스나 원칙이 반드시 필요한 것은 아니나, 가능하다면 사업계획서를 체계적이고 객관적인 관점을 통해 작성하여 판단할 수 있는 기본자료가 되도록 할 필요가 있다.

또한 사업계획서는 그 목적과 용도에 맞게 작성할 필요가 있다. 다음의 표에서 그 용도에 따른 사업계획서상의 주요 작성항목을 확인할 수 있다.

표 2-1 사업계획서 용도별 주요작성항목 색인표

주요작성항목	내부	자금신청	투자유치	사업제휴	IR	입찰제한
① 회사개요		●	●	●	●	●
② 사업개요		▲		●	●	
③ 제품 및 기술현황		●	●	●	●	●
④ 시장환경	●	▲	●	▲		
⑤ 개발계획	●	●	●		▲	●
⑥ 투자계획	●	●	●			●
⑦ 마케팅계획	●	●	▲	●		▲
⑧ 생산계획	●					
⑨ 조직 및 인원계획	●	▲		▲		
⑩ 이익 및 재무계획	●	●	●	●	●	●
⑪ 투자제안			●			

용도에 따라서 사업계획서에 포함될 주요 작성항목의 기본적인 사항들은 다음과 같다. 〈표 2-1〉과 함께 해당 내용을 확인해서 사업계획서를 작성하면 도움이 될 것이다.

⓪ 사업요약

작성항목: 사업모델, 시장전망, 적용기술, 투자금액, 사업비전 등

- 사업과 무관한 사람도 쉽게 이해할 수 있도록 작성
- 제품과 서비스에 대한 독창성과 경쟁우위성 부각
- 목표시장, 시장추세 및 성장성 등에 대한 핵심사항

① 회사개요

작성항목: 일반현황, 주요 연혁, 비전, 경영이념, 조직, 지적재산권, 주주현황, 재무현황 등

- 사업의 핵심역량 및 사업목표(정량·정성)를 강조
- 사업의 목적, 필요성 및 효과, 사업분야 및 영역 부각
- 단계별 사업방향 및 전략 기재

② 사업개요

작성항목: 사업필요성 및 효과, 사업영역, 사업배경 및 방향, 사업전략 등

- 사실에 근거하여 최대한 성실히 작성하는 것이 핵심
- 경영 조직의 핵심역량 부각
- 회사의 비전 및 목표에 대한 정량(수치)적인 기재

③ 제품 및 기술현황

작성항목: 제품개요, 제품구성, 제품특징 및 효과, 제품 관련 기술, 기술 우위성 등

- 경쟁제품과의 비교·분석을 통한 경쟁 우위점을 강조
- 자사제품의 특징 및 차별성 기재
- 핵심기술 내용을 타 업체와 비교하여 작성

④ 시장환경

작성항목: 시장현황, 시장규모, 시장전망, 경쟁현황, 고객동향, SWOT분석 등

- 환경분석 결과 사업성공 가능성이 높음을 제시
- 제시된 시장분석 자료에는 반드시 출처 및 근거를 기재
- 경쟁현황은 반드시 자사와 경쟁사를 비교 분석하여 작성

⑤ 개발계획

작성항목: 개발현황 및 방향, 개발인력 및 비용, 개발일정 등

- 사업포트폴리오와 연계된 기술개발 로드맵 강조
- 지금까지의 연구개발 성과와 향후 연구방향 부각
- 향후 연구개발에 소요되는 비용 및 일정기재

⑥ 투자계획

작성항목: 사업장 및 시설공사, 설비 및 비품계획, 기타 투자계획 등

- 투자금액에 대한 명확한 산출내역(근거) 제시
- 시설 및 설비의 상세내역 및 구매처 기재
- 무형자산(특허권, 영업권 등)에 대한 계획 기재

⑦ 마케팅계획

작성항목: 마케팅 콘셉트, STP전략, 4P믹스전략(제품/가격/유통/판촉) 등

- 마케팅 계획의 실현 가능성에 초점을 맞추어 작성
- 구체적인 마케팅 예산책정 및 기재
- 경쟁사와의 차별화된 전략부각

⑧ 생산계획

작성항목: 생산공정, 레이아웃, 생산계획, 구매계획, 자재계획, 품질계획 등

- 가능한 한 상세하게 단계별 실행계획 및 예산기재
- 연도별 생산계획(규모) 및 산출근거 제시
- 구체적인 품질목표 및 관리방안 기재

⑨ 조직 및 인원계획

작성항목: 조직계획, 인력계획, 인건비계획 등

- 사업규모 및 경영환경에 적합한 조직구성이 포인트
- 핵심 인재구성 내역 및 확보방안 기재
- 사업단계별 조직·인력계획을 상세하게 작성

⑩ 매출 및 이익계획

작성항목: 매출계획, 제조원가계획, 비용계획, 추정 손익계산서, 추정 대차대조표 등

- 재무 관련 수치는 반드시 산출근거를 제시
- 손익계산서 및 대차대조표의 연계성 확보
- 연도별 매출액 및 순이익의 추세 부각

⑪ 투자제안

작성항목: 투자 포인트, 주식가치 산출, 투자제안 등

- 투자자가 얻을 수 있는 이익에 대한 내용 강조
- 투자자의 관심을 유도할 수 있는 내용부각
- 투자조건 및 투자 회수방안 제시

Chapter

3 개발과 구현

새로운 사업을 준비하기 위한 단계를 체계적이고 구체화하는 것은 중요한 일이며, 이러한 사업모델은 보다 철저한 검증이 필요하다. 새로운 사업을 추진하면서도 사업전개는 기존 방식을 따르다 실패한 사례가 많다. 1990년대 초반, 일본의 대표적 전자 기업들인 마쯔시따, 산요, 소니 등은 게임산업을 미래의 성장 산업으로 인식하고 게임사업에 뛰어들었다. 그러나 결과는 소니의 플레이스테이션을 제외하면 일본 전자업체의 게임사업 대부분이 실패로 끝이 나고 말았다. 이 기업들의 결정적인 실패 이유는 비용을 토대로 하드웨어 가격을 산정하고 판매하여 이익을 내는 기존의 전통적인 비즈니스 모델(business model)을 고집하고, 그대로 게임사업에 적용했다는 데에 있다. 하지만 게임에서의 사업방식은 하드웨어는 무료로 제공하고서라도 시장을 넓히고 소프트웨어 판매에서 이익을 내는, 다시 말해서, 밑밥을 던지고 고기를 낚는 비즈니스 모델로 기존의 사업 방식과는 확연히 달랐던 것이다.

1. 비즈니스 모델과 사업화

비즈니스 모델을 수립하기 위해서는 그 개념을 이해할 필요가 있다.

비즈니스 모델이란 고객가치를 창출하고, 가치를 고객에게 전달하여, 고객으로부터 수익을 획득하는 방법에 대하여 글이나 도식, 그림 등으로 설명한 것이다. 즉, 고객가치창출, 가치전달, 수익창출의 요소와 방법을 모델화한 것이라 할 수 있다.

비즈니스 모델을 개발함으로써 신경제 현상의 기술적 기반과 동인을 분석하여 개념적 틀(프레임워크, framework)을 설정하여 이해하고, 핵심적인 속성을 도출하여 거기에 부합하는 새로운 사업구조와 체제를 만들어 내는 것이다. 따라서 기업환경 변화에 대응하기 위한 비즈니스 모델 개발이 필요하다. 특히 성장둔화, 범용화, 경쟁격화 산업분야, 기업에게 신제품, 신기술 개발 없이 성과창출 기회를 제공할 수 있으며, 지속 가능한 성장의 동력 확보와 수익원 창출을 위해 비즈니스 모델 개발이 필요한 것이다.

제대로 된 비즈니스 모델을 수립하려면 고객문제해결과 니즈를 충족할 수 있는 솔루션을 제공하도록 하여야 한다. 이를 명확한 고객가치 제안(Customer Value Proposition)이라 한다.

고객가치는 고객문제와 고객의 니즈를 파악하고 해결해 주는 솔루션을 제시해야 한다.

고객의 가치는 시간이 흐름에 따라 '기능(제품) → 브랜드, 디자인(차별화) → 가격(범용화)'으로 변화하였고, 새로운 시장세분화 통해 충족되지 못한 니즈를 파악하고 사업기회를 포착하여야 한다. 또한 최근 IT발달에 따른 이용 편의성 증대, 저가의 제품 모델의 개발과 새로운 서비스 등 구성요소를 변화시켜, 기존에 가격이나 품질 등에 대한 불만 등으로 잠재고객이었던 비고객을 새롭게 신규고객으로 유도할 수도 있다. 매출 및 대금회수에 대한 다양한 방식을 고려하여 효과적인 수익 메커니즘(Revenue Mechanism)을 제시하여야 한다.

생산과 판매의 선순환 구조의 구축(Virtuous Cycle)을 통해 상호 상승작용을 극대화하여 경쟁력이 강화되도록 하여야 한다.

고객가치를 구체화함으로써 내부 가치사슬 활동과 연결되는 효과적 외부의 가치네트워크를 설계할 필요가 있다. 외부기업(가치네트워크)을 효과적으로 활용하는 것도 경쟁우위 확보를 가능하게 해주며, 유통과정을 생략하는 등의 유통채널의 재구성과 외부기업 활용을 통해 공급망을 효과적으로 분리하고 통합하는 데서 경쟁력을 확보할 수 있다. 고객가치 전달조직, 활동이 상승작용을 할 수 있도록 전략적으로 활동 구조화를 취해 점차 경쟁력을 강화하는 방향으로 설계한다.

또한 지속적인 경쟁우위 확보를 위한 진입장벽 구축과 독자적인 역량을 기반으로 모방 불가능성(Inimitability)을 높여야 한다. 지속적인 경쟁우위를 확보하기 위해 모방하려는 기업의 시도를 적극 차단할 수 있는 설계가 필요하다. 또한 기존 기업의 강점을 약점이 되게 하는 전략 구사가 신생 기업에는 효과적이다. 장기간이 소요되는 IT인프라, 공급망, 기 확보된 고객기반 등에 대해서는 독자적인 역량에 기반하여 모델을 구축하는 것이 중요하다. 또한 지속적 진화와 업그레이드를 실시하고, 사전에 계획적 설계를 철저히 할 필요가 있다.

명확한 고객가치 제안과 효과적인 수익 메커니즘, 선순환구조의 구축, 그리고 모방 불가능성을 확보하기 위해서는 다음의 방법을 통해 모델을 수립하도록 한다.

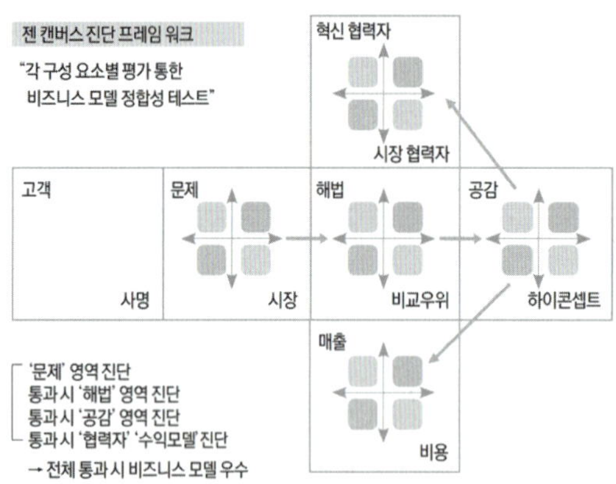

비즈니스모델 젠 캔버스(Business Model Zen Canvas)

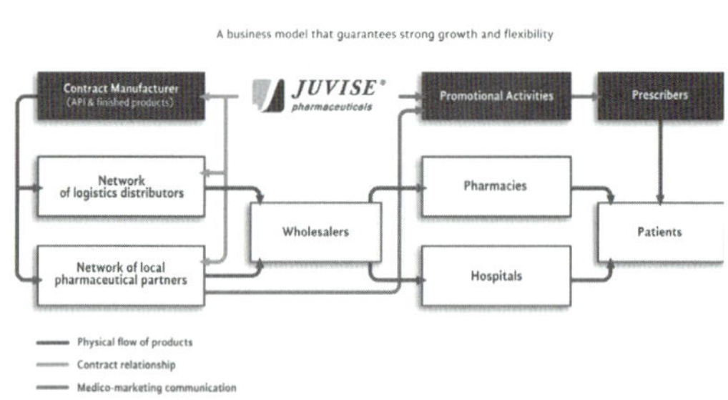

A decentralized business model

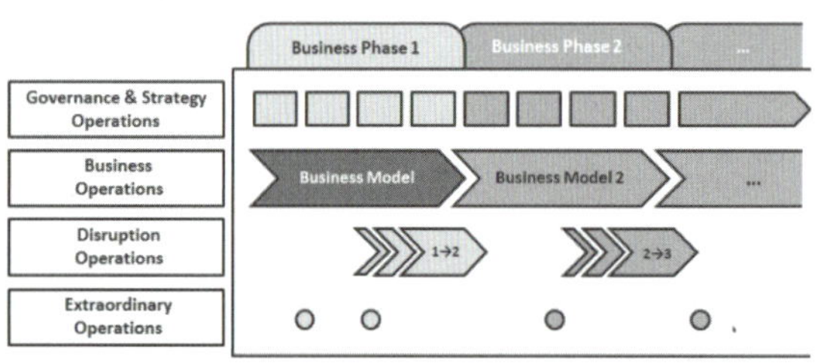

Bm² - Business Model Body Of Knowledge(BMBOK)

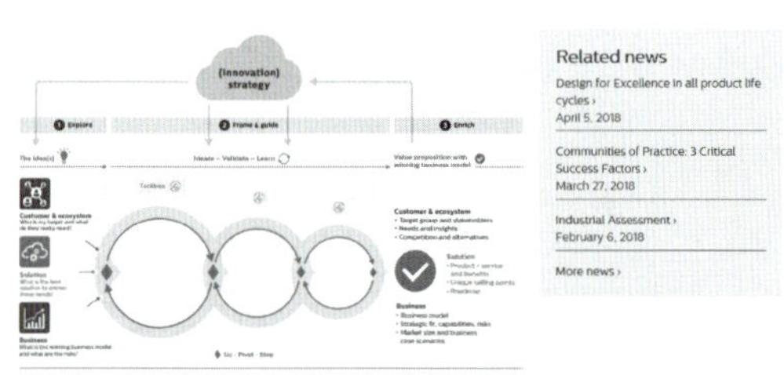

Innovations with winning business models

그림 3-1 다양한 비즈니스 모델을 위한 프레임워크

비즈니스 모델은 기본적인 구성요소를 갖추고 있다.

다양한 제공된 틀을 활용하여 비즈니스 모델을 수립할 수 있으나, 여기서는 대표적인 모델수립 프레임인 비즈니스 모델 캔버스(Business Model Canvas, BMC)를 통해 비즈니스 모델을 구체화하는 방법을 소개하겠다.

비즈니스 모델 캔버스에는 크게 9가지 기본요소로 구성되어 있는데, 그 요소는 다음과 같다.

그림 3-2 **비즈니스모델 캔버스9(Business Model Canvas9)**

① **고객 세분화**(Customer Segment), **목표고객**(Target Customer) **설정**: 누구를 대상으로 할 것인가?

② **가치제안**(Value Propositions): 어떤 고객가치(Customer Value)를, 솔루션을 제안할 것인가?

③ **채널**(Channels, Delivery Design): 커뮤니케이션, 물류, 판매경로 등 전달방식을 어떻게 설계할 것인가?

④ **고객관계(Customer Relationships) 구축**: 목표고객별로 다르게 특징적으로 구축하고 유지할 것인가?

⑤ **수익원(Revenue Streams)**: 목표고객에게 성공적 고객가치 전달의 결과로 수익흐름 확보를 지속할 것인가?

⑥ **핵심자원(Key Resources)**: 앞의 다섯 가지 실현을 위한 전제로 필요한 기초자산인 자원을 말한다.

⑦ **핵심활동(Key Activitiess)**: 앞의 다섯 가지 실현을 위한 전제로 필요한 필수적인 활동을 일컫는다.

⑧ **핵심 파트너십(Key Partnerships)**: 앞의 다섯 가지 실현을 위한 전제로 필요한 아웃소싱 또는 자원이 해당된다.

⑨ **비용구조(Cost Structure)**: 각 구성요소들의 기능수행을 가능하게 만드는 소요비용의 크기와 구성을 말한다.

<table>
<tr><td>9. 핵심 파트너</td><td>8. 핵심 활동</td><td>2. 제공하는 가치</td><td>5. 고객과의 소통</td><td rowspan="2">1. 고객 정의</td></tr>
<tr><td colspan="2">7. 핵심 자원</td><td>3. 제품/서비스</td><td>4. 유통/마케팅 채널</td></tr>
<tr><td colspan="2">10. 비용 구조</td><td colspan="3">6. 수입원</td></tr>
</table>

그림 3-3 스타트업 비즈니스 모델 캔버스[BMC9]

1. Customer Segments(고객 세분화 / 즉 우리의 고객 정의)
2. Value Propositions(가치 제안 / 고객에게 제공할 상품, 서비스, 브랜드 등 우리의 가치)
3. Channels(고객과의 소통 / 고객에서 가치를 전달하는 방법)
4. Customer Relationships(고객과의 관계 / 고객만족도 및 충성도 등의 관리)
5. Revenue Streams(수익구조 / 수익원, 매출 등 관리)
6. Key Resources(핵심 자원 / 가치 제안을 위한 내·외부 핵심 자원)
7. Key Activitys(핵심 활동 / 가치 제안을 위한 내·외부 핵심 활동)
8. Key Partners(핵심 파트너 / 가치 제안을 위한 내·외부 핵심 파트너)
9. Cost Structure(비용구조 / 운영에 필요한 모든 비용)

2. 개발프로세스

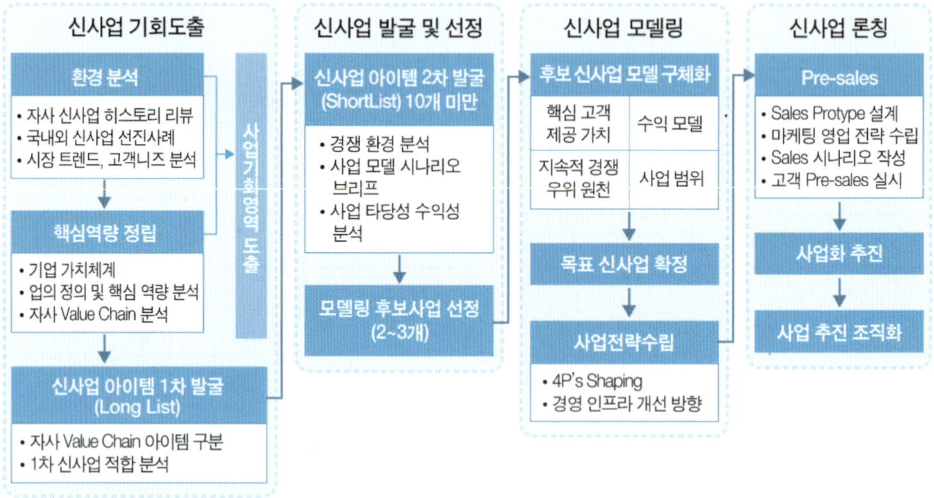

신규 사업을 추진할 때는 프로세스를 최소화해야 한다. 개발과정은 신사업 기회도출, 신사업 발굴 및 선정, 신사업 모델링, 그리고 신사업 사업화의 4개의 과정을 거친다.

순서대로 각 과정을 설명하면, 먼저 신사업의 기회를 도출하기 위해서는 환경분석과 핵심역량을 정립하고 신사업 아이템을 발굴하는 과정을 거쳐야 한다.

발굴된 1차 아이템들을 토대로 다시 2차 발굴과정을 실시하여 신사업으로서 가치가 있을 만할 대상을 선정한다. 후보가 된 아이템들은 모델링(modeling) 과정을 거친다. 사업 모델링은 핵심고객에게 제공할 가치, 수익모델, 지속적인 경쟁우위를 확보하기 위한 방안 등이 충분히 검토되어야 한다. 이러한 과정을 거친 후, 최종적으로 목표가 될 만한 신사업을 확정하고 그에 따른 사업전략을 수립한다. 수립된 사업전략은 신속히 예비사업을 진행하여 본다.

이 과정이 특히 중요한 이유는 계획한 사업이 실제 대상 필드(field)에서 어느 정도 사업적인 성과를 거둘 수 있는가를 측정해보고 진행될 사업의 성공 가능성을 예측할 수 있는 단계이기 때문이다.

이러한 예비사업과정을 통해 수집된 정보와 경험을 반영하여 사업전략을 수정한다. 이러한 과정을 반복하며, 개선된 사업전략을 토대로 최종적으로 사업화를 추진한다.

프록터 앤드 갬블(피엔지, P&G)[1]은 1880년 신제품 비누 아이보리를 출시했다. 아이보리는 기존 비누와 달리 물에 뜰 수 있도록 기능을 보강한 제품으로 당시로는 매우 혁신적인 것이었다. 아이보리 비누를 시작으로 피엔지는 지난 130여 년 동안 끊임없이 혁신을 통해 신제품을 개발해 왔고, 현재는 300개 이상의 브랜드를 가지고 있는 글로벌한 대표 소비재 기업이 됐다.

어느 정도 성장한 기업들이 기존 주력사업 외에 새로운 성장동력을 찾으려 할 때 가장 많이 생각해보는 게 신규 사업 진출이다. 하지만 신규 사업에 진출하고자 하는 기업들도 나름대로 충분한 조사를 거쳐 업종을 선택하고 새로운 사업을 시작한다 해도 통계적으로 볼 때, 성공확률은 그다지 크지 않다.

새로운 사업에서의 성공확률을 높일 수 있는 요인에 대하여, 베인 & 컴퍼니(Bain&Company)는 핵심 주력사업과 관계 깊은 사업의 추진, 고객의 세세한 요구와 패턴 파악, 성공요인을 공식화한 신속한 의사결정틀, 시장과 기업 특성에 맞는 진입방식, 신사업을 감안한 조직·문화 쇄신 등을 신사업을 성공시킬 수 있는

1) 프록터 앤드 갬블(영어: Procter & Gamble)은 미국의 다국적 기업이다. 비누, 샴푸, 칫솔, 기저귀 등 다양한 종류의 소비재를 제조 판매한다. 줄임말로 P&G라고 부른다.

5대 요인으로 꼽았다.

또 핵심 사업을 고려하지 않은 사업 다각화, 시장에 대한 지나친 낙관, 그리고 성공 가능성에 대한 과도한 자신감은 신사업을 실패로 이끄는 요소들이라고 평가했다.

새로운 사업이나 신제품 개발은 아이디어의 발굴부터 개발하는 과정을 거치는 창조적인 혁신업무 분야이다. 이 혁신과정은 중복되거나 빠진 것이 없는지와 챙겨야 할 것들을 확인하면서 동시에 프로세스나 템플릿을 최소화하는 것이 중요하다. 신제품·신사업 발굴을 위한 방법론은 기업마다 다를 수 있다. 중요한 것은 자사에 적합한 개발 방법론을 디자인해 단계별로 반드시 체크해야 할 사항들이 빠지지 않도록 세밀하게 확인하고, 이 과정을 통해 노하우(Knowhow)를 축적하는 것이다.

결국은 자신의 기업에 맞는 방법론과 템플릿 등을 새롭게 디자인해 사용하고 중요한 체크포인트(Check Point)들을 규정화하여 관리하는 것이 신규 사업의 성공확률을 높일 수 있는 기본적인 방법이 될 것이다.

최근 국내 기업들도 외부와의 협력을 통해 새로운 성장동력을 발굴하기 위해 노력하고 있지만 가시적인 성과를 내는 데는 어려움을 겪고 있다. 협업을 통해 서로에게 무엇이 도움이 되는지 가치제안(Value Proposition)을 분명히 하는 것이 필요하다. 또한 기술적 진보가 이룩한 최근 IT를 포함한 사물인터넷, 인공지능, 빅데이터(Big Data) 등 초고속 연결과 인공 지능화된 시대에 맞는 혁신적이고 혁명적인 지원체계를 글로벌 수준으로 끌어올려야 할 것이다.

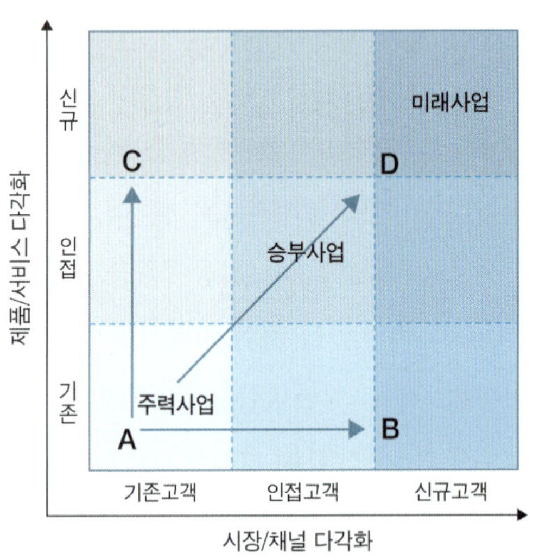

PART

2

경영의 실제

Chapter 4 경영과 기업문화

Chapter 5 인사관리와 조직관리

Chapter 6 창업마케팅 전략

Chapter 4

경영과 기업문화

1. 기업경영의 이해

1) 경영의 이해

경영이란 조직의 사명이나 경영목표를 달성하기 위하여 제반자원(인적 또는 물적자원)을 효율적으로 활용하는 과정을 의미한다.

(1) 경영의 의미(Management)

- 플래트(M. F. Fouelt): 경영은 사람을 통하여 일을 성취하는 기술이다.
- 드러커(P. Truker): 경영은 조직의 방향을 제시하고 리더십을 통하여 조직의 제자원을 어떻게 활용할 것인지를 정하는 것이다.
- 페이욜(Henri Fayol): 경영은 계획하고, 조직하며, 지시하고, 조정하며, 통제하는 작업이다.
- 버나드 & 사이먼(Barnard & Simon): 경영이란 조직을 형성하고 운영하는 것이며 의사결정의 과정이다.

(2) 경영활동 프로세스

계획 · 조직 · 지휘 · 조정 · 통제 → 경영(계획 · 실행 · 통제)

(3) 경영의 대상 = 경영자원 or 경영의 구성요소

과거에는 생산의 3요소인 토지, 자본, 노동이 대상이었다면 산업이 발전하면서 현대 경영에서는 사람, 정보, 자본, 전략 등을 대상으로 하고 있다.

- **사람**: 인적자원을 의미하며, 적절한 사람을 채용해서 적재적소에 배치하여 생산성 항상 도모한다(인적자원관리).
- **자본**: 기업을 창업하고 운영하는데 필요한 자금(재무관리)
- **정보**: 과거의 생산요소인 토지, 노동, 자본 이외에 정보의 중요성이 점차 증가하고 있으며, 현대 기업의 경쟁력은 정보력에 좌우한다(정보경영).
- **전략**: 기업이 미래에 수행해야 할 방향을 정하는 것이다(경영전략).

(4) 경영마인드

경영자가 기업의 목표를 달성하기 위해서 효과성(Effectiveness)과 효율성(Efficiency)을 가진 여러 가지 아이디어나 지혜를 적용하는 것을 의미한다.

① 유능한 경영자라면?

- 효과성을 높이기 위해 목표를 설정하고 이를 달성하기 위해 노력해야 함
- 적은 비용으로 최대의 효과를 거두기 위해 효율성을 따져야 함

② 효과성

- 기업이 설정해 놓은 목표를 어느 정도 달성하였느냐 하는 것
- 목표에 근접 또는 그 이상일수록 효과성이 높다고 함

③ 효율성

- 투입에 대한 산출의 비율
- 투입물에 비해 산출물이 많은 경우 효율성이 증가되었다고 함

2) 경영자에 대한 이해

(1) 경영자의 의미

- Manager: 조직에서 장기간에 걸쳐서 경영의 주요 기능을 실행하고 책임을 지는 사람

(2) 경영자의 역할

- 경영자의 역할: 대인관계 역할 / 정보전달 역할 / 의사결정 역할

① 대인관계 역할

- 기업의 내부 사람들뿐만 아니라 외부 사람들과도 자주 만나야 함
- 내부적으로는 부하 직원들에게 일은 분배하고 가르치며 열심히 하도록 함. 부추기기도 하고 타르기도 꾸짖기도 하며 조직을 진두지휘함
- 외부적으로는 조직목표를 효율적으로 달성할 수 있도록 협력업체, 경쟁사, 정부인사, 고객 등을 만나서 회사의 일이 잘 돌아가도록 함

② 정보전달 역할

- 회사의 모든 활동은 정보를 바탕으로 계획과 결정이 이루어진 뒤에 실행
- 일반 직원들은 각자 자기 맡은 일에만 충실하다 보면 얻는 정보도 없고 결정 권한도 적음
  - 경영자가 수시로 필요한 정보를 수집하여 필요한 사람들에게 제때 제공해야 함
- 경영자는 필요한 정보를 찾고, 수집된 정보는 선별분석 및 정리하여 언제라도 내부 조직구성원에게 공급할 준비를 갖추고 있어야 함

③ 의사결정 역할

- 경영자는 새로운 과업을 하기로 계획을 세우거나 과업을 보다 더 효율적으로 하기 위해 방법을 바꾸거나 새로운 전략을 도입하는 의사결정 역할
- 예기치 못한 문제가 발생, 예외적인 문제가 발생하였을 경우에도 일반 직

원은 경험과 정보부족, 재량권이 없기 때문에 적시적기에 대처하기 어려움
- 경영자가 정보와 권한을 갖고 이러한 문제점에 대처하고 해결하는 의사결정자로서의 역할을 하게 됨

(3) 경영자에게 요구되는 능력: 현장실무능력, 대인관계능력, 상황판단능력

① 현장실무능력

- 특정분야의 과정, 기술, 지식을 활용하는 능력
- 업무능력, 기술능력
- 실무기술이나 자기가 맡고 있는 전문분야의 업무에 능통해야 함

② 대인관계능력

- 개인적 또는 집단적으로 다른 사람을 이해하고 동기부여하며, 함께 일을 하는 능력
- 조직 구성원들과의 원만한 관계를 유지하면서 그들의 사기를 북돋아 주고, 서로 조정하며 협조를 이끌어내는 대인관계능력이 필수적임

③ 상황판단능력

- 모든 조직 내의 관심과 행위를 통합하고 조정하는 능력
- 전체의 관점에서 조직을 보면서 하나의 부서가 어떻게 다른 부서에 의존하는지를 이해하고, 어떤 부서의 변화가 전체에 어떤 영향을 미치는지를 평가하는 능력
- 조직 전체를 파악하고 조정해야 하는 최고 경영자에게 더욱 요구됨

– 존 번햄(J. Burnham) –

"소유자가 아닌 전문경영자들은 사회의 새로운 지배계층으로 자리 잡을 것이다."

– 경영자 지배사회 –

"자신의 경영능력에 의지하여 새로운 정책을 개발하고 추진함으로써 기업을 관리하기 때문에 기업을 통해여 이 세상에 영향력을 지배하는 자는 소유자가 아닌 전문경영자가 된다."

3) 기업의 개념과 형태

(1) 기업의 형태

경제적 행위주체로서의 기업이 설립목적을 달성하기 위하여 취하고 있는 기업의 종류나 법적 양식이다.

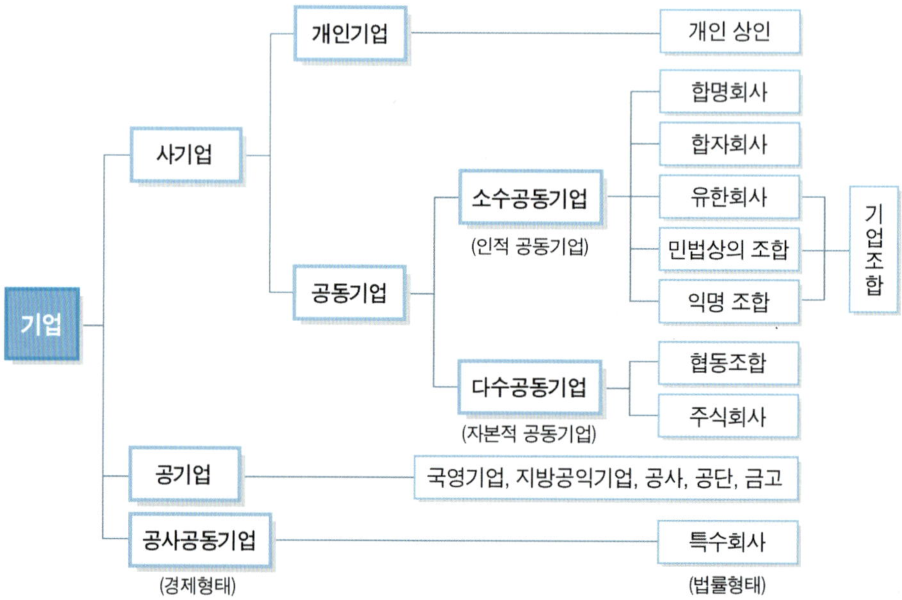

2. 스타트업 기업의 경영

창업이란 개인이나 법인이 사업을 하기 위해 기업을 새로이 설립하는 것을 말하며, 창업자가 이익을 얻기 위해 자본을 이용하여 사업 아이디어를 이용하여 재화나 서비스를 생산하는 조직 또는 시스템을 구축하는 행위와 사람이 사업아이디어를 가지고 자본을 동원하여 특정한 상품을 만들어 내는 것이다.

- 창업의 3요소
  - 창업자: 사업아이디어와 자금의 결합 사업계획 수립과 추진
  - 사업 아이디어: 창업자의 아이디어 타인의 아이디어
  - 자본: 자기자본, 타인자본

1) 창업의 유형

(1) 벤처기업

① 벤처(Venture): 모험, 위험부담을 지닌 행위 또는 불확실한 결과를 가져오는 일

② 벤처기업: 새로운 기술을 보유했지만 커다란 위험부담을 지닌 모험기업

- 새로운 아이디어와 기술을 가짐
- 새로운 사업에 도전하는 고위험과 고수익(High risk-high return) → 기술집약적 신생기업

③ 「벤처기업육성에 관한 특별조치법」: 벤처기업 확인제도

- 우리나라에서는 세계적인 일류기업으로 육성하기 위한 지원대상으로서의 기업의 성격이 강함

(2) 소자본 창업

① 의미: 적은 자본을 가지고 시작할 수 있는 다양한 일반적 형태의 사업

② 차이점

- 벤처 창업: 기술집약적인 첨단 신기술 사업
- 소자본 창업: 업종과 관계없이 적은 자본을 가지고 시작할 수 있는 모든 분야의 창업 → 새로운 기술이나 첨단기술로 승부하기보다는 기존 사업으로서 유망하다고 알려진 안정적 사업에 투자

2) 기업가 정신

(1) 정의

- 히스리취와 브러쉬: 위험부담과 그에 상응하는 보상을 전제로 하여 가치 있는 그 무엇을 창조하는 과정
- 카오(Kao): 사업기획의 인지, 위험부담의 적절한 관리, 적절한 자원동원이 기술을 통하여 가치를 창출하려는 시도
- 슘페터(Schumpeter): 기업가가 갖추고 있는 혁신능력과 신시장, 신상품, 신기술 개발을 위한 노력, 투자의욕
- 드러커(Drucker): 새로운 문제나 새로운 기획에 대해 적절히 대응해 나가는 경영관리의 적용, 그릭 이노베이션을 경영관리에 실천 → 환경이나 지원, 기술 등에 적절히 대응해서 변화를 가져오게 하여 새로운 상품과 새로운 시장을 개척해낼 수 있는 기업가적 역량요인

(2) 기업가 정신의 중요성

- 어려운 상황에서도 새로운 기회를 모색하고 위기에 도전하는 불굴의 정신력이 필요
- 대량생산위주의 산업사회 → 지식위주의 지식산업사회

- 급격히 증가하는 지식을 적절히 활용함은 사업성패에 중요한 영향
- 새로운 기술 지식 → 제품과 서비스 → 기술과 산업을 연결시키는 매우 중요한 역할

(3) 기업가의 과업

① 기회의 포착과 사업구상

남들이 인지하지 못하는 사업기획을 감지해내고, 사업화하기 위한 아이디어를 만들어냄 → 기업가의 창조적 사고력과 통찰력이 요구

② 사업의 실제수행

- 사업의 실제운영을 위한 실무를 담당 → 실무에 관한 지식과 활동능력이 필요

③ 대인관계

- 부족한 자원을 조달하기 위하여 은행, 대학, 정부 등으로부터 도움을 받아야 함
- 생산과 판매와 관련하여 고객과 공급자 등 외부 이해관계자들과도 좋은 관계를 유지

④ 리더십 발휘

- 종업원들을 고용하여 사업을 하는 경우 이들에게 비전을 제시
- 사업목표에 적합한 일을 열정적으로 할 수 있도록 동기부여
- 종업원들의 잠재력을 최대한 이끌어내도록 리더십을 발휘

(4) 기업가가 갖추어야 할 능력

① 강한 의욕

- 기업가의 강한 의욕은 사업과 일에 열정적으로 몰입하는데 도움을 줌
- 새로운 사업을 설립하고 운영하는 데는 많은 노력과 열정이 필요하기 때문에 개인특성은 중요한 역할을 함
- 열심히 일만 한다고 성공이 보장되지 않듯이 강한 의욕만으로는 부족 → 많은 경우 합리적인 계획과 판단이 결여된 채 의욕만 앞세운 결과 실패할 가능이 있음

② 정신적 능력

- 기업가의 정신적 능력: IQ와 지적 능력, 창조적 사고력, 분석적 사고력 등을 의미
- 기업가는 이러한 정신적 능력에 의하여 사업의 당면문제를 체계적으로 분석해 내고 창조적인 문제해결책을 제시하며 합리적인 일 처리 가능 → 능력은 기회를 포착하여 현실화하는 데 중요한 역할을 함

③ 인간관계능력

- 인간관계능력: 정서적 안정성. 대인관계의 기술, 사교성, 타인에 대한 배려도, 감정이입능력 등을 의미
- 기업가는 궁극적으로 고객이나 종업원 등 이해관계자들과 좋은 관계를 유지하여야 하기 때문에 인간관계 능력은 사업성공에 중요한 영향요인이 됨

④ 의사소통능력

- 의사소통 능력: 문서 또는 말로써 자신의 의사를 효과적으로 전달하는 능력
- 기업가는 사업을 원활하게 운영하기 위하여 고객, 종업원, 공급자, 채권자 등과 효과적으로 의사소통을 하여야 함 → 이러한 능력은 성공적 사업운영을 위해 필요한 요소

⑤ 기술적 지식

- 사업이 성공하기 위해서는 궁극적으로 시장에서 판매될 수 있는 제품과 서비스를 실제로 만들어내야 함 → 이러한 기술적 지식은 고객이 원하는 제품과 서비스를 만들어서 판매하는 과정에서 필요한 기술과 기법을 포함

⑥ 의사결정능력

- 기업가가 사업운영과 관련하여 정확한 의사결정을 시의 적절하게 내리는 것은 사업성공에 중요한 영향을 미침 → 이러한 의사결정을 통하여 회사는 여러 가능한 대안 중 가장 적절한 방향으로 나아갈 수 있음

⑦ 개념적(Conceptual) 능력

- 개념적 능력: 복잡한 현상의 핵심을 간파하고 구성을 간결한 형태로 재구성
- 기업가는 이러한 개념적 능력에 기초하여 아무도 간판하고 있지 못한 기회를 포착하고 효과적인 전략적 대안으로 제시가능
- 회사내부에 관한 문제에서도 전체 조직의 특성과 문제점을 파악하여 조직의 각 부분들이 사업성공을 향해 힘을 모을 수 있는 방법을 강구 가능

3) 경영활동의 기본과정

(1) 경영

- 재화를 주고 원료를 사서 제품과 서비스를 생산하여 판매하고 그 활동에 참여할 조직 구성원들을 채용하여 일을 시키는 생산, 판매, 인사, 재무활동을 하는 일
- 계획 → 실행 → 통제

(2) 의사결정활동

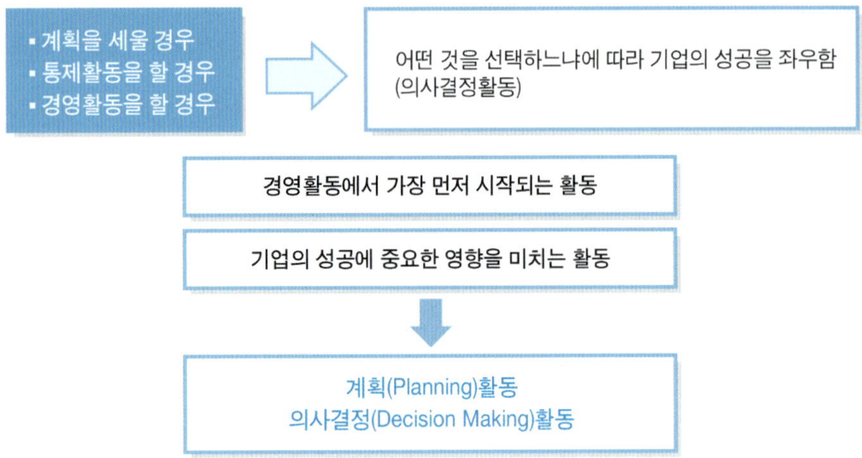

(3) 경영계획

- 기업이 추구하는 경영목표를 어떻게 달성할 것인가 하는 수단을 나타내는 활동
- 대기업뿐만 아니라 중소기업, 그리고 소규모 점포에서도 반드시 필요한 중요한 경영활동

(4) 계획활동

- 기업이 추구하는 목표를 원활하게 달성할 수 있도록 방향을 제시해주는 역할
- 경영환경이 급변하는 불확실한 상황에서는 멀리 내다보고, 안전하게 목표에 도달하기 위해 경영계획 활동은 필수적임

(5) 경영활동과 경영계획

① 경영활동

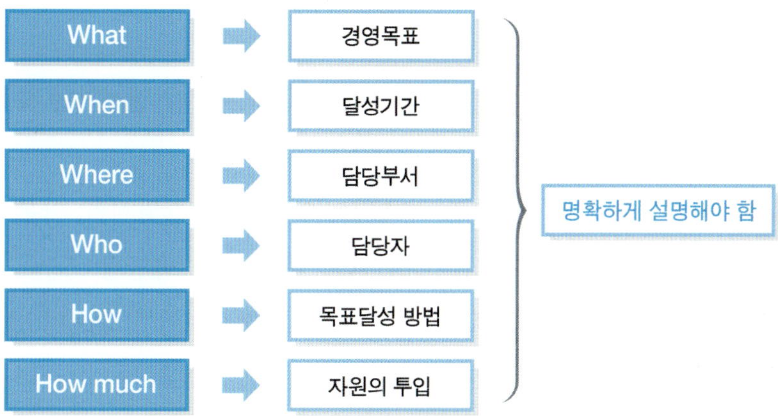

② 경영계획

- 최고경영자뿐만 아니라 중간경영자, 일선경영자, 모두에게 필요한 활동
  - 기업의 모든 경영활동을 포괄하는 청사진
- 사전적 · 미래지향적 경영활동
  - 계획을 현실경영에 실제로 활용하기 위해서는 기업마다의 특수한 상황을 고려하여 계획을 수립하되, 현실의 나침반으로서의 경영계획을 사용

4) 경영계획의 종류

(1) 전략계획

- 사업구조나 제품구조와 같은 경영구조 자체의 혁신이나 변혁을 가져오는 계획
- 장기간 동안 전사적이고 종합적이며 포괄적으로 계획을 진행함
  - 외부환경에서 얻을 수 있는 최대한의 정보를 활용하여 불확실성의 정도가 높은 비계량적이고 질적인 판단을 하게 되는 거시적 성격

- 최고경영자가 주축이 되어 장기적 생존과 성장을 위한 목적하에 수립되는 장기계획의 성격

(2) 운영계획

- 전략계획에서 채택된 기본방향에 따라 자원의 배분을 결정하는 부문별 세부계획
- 전략계획을 수행하기 위한 인력계획, 생산계획, 마케팅계획, 자본조달 및 운용계획, 신규사업계획, 연구개발계획 등이 이에 해당됨
- 주로 기능별 업무계획으로서 전략계획보다 혁신적이지 않으며 불확실성의 정도는 낮은 성격을 가지고 있음
  - 중간경영자가 주축이 되어 전략계획의 수행방법을 설정하기 위한 목적을 가지고 수립되는 중기계획이 성격을 가지고 있음

(3) 예산계획

- 전략계획과 운영계획이 실행될 수 있도록 자금을 편성하는 계획
- 일반적으로 1년 정도의 부문별, 항목별 예산금액을 나타내는 단기계획이므로 계량적 판단이 가능
- 해당기간 동안의 경영활동지침이 되는 성격을 가지게 됨
- 주로 일선경영자가 주축이 되어 중간경영자와 협조하여 작성하게 됨

5) 경영계획의 수립과정

(1) 1단계: 기회의 인식

- 계획수립의 예비적 또는 전체적 단계
- 문제 해결을 위한 계획의 필요소성을 인식하는 단계
- 문제를 해결하고 목적을 달성할 수 있는 계획수립의 필요성을 인식하는 계획이 첫 출발점

(2) 2단계: 목표의 설정

- 계획수립에 있어서 우선적으로 필요한 것은 목표의 설정
- 기업 전체에 대한 목표를 수립하고 이에 따라 각 부문별 목표를 세움
- 계획목표의 '명확화'라는 원칙에 의해서 실행
- 계획목표가 명확하지 않을 때 계획자체가 수립될 수 없음

(3) 3단계: 계획전체의 수립

- 계획설정의 기초가 되는 예측자료, 기존의 계획안 수집과 참조 등에 의해서 수립
- 예측자료는 계획 전체수립에 있어서의 가장 중요한 핵심
- 수립된 계획이 성공적으로 실행되기 위해서는 예비적 · 전체적 조건으로 기존 계획안이나 예측자료 등의 참조가 필요하며, 이에 따라 계획전체의 수립 단계에서는 많은 예측자료와 기존 계획안을 수집하여야 함

(4) 4단계: 대안의 모색 및 검토

- 계획을 성공적으로 수행하기 위한 방안으로서 바람직한 여러 대안을 모색하고 검토하는 단계

- 경영계획 수립에 도움이 되는 대안을 1안, 2안, 3안 등의 방법으로 정리하고 검토하는 단계

(5) 5단계: 대안의 평가

- 여러 가지 대안의 장단점에 관한 검토가 끝난 다음에 모색된 각각의 대안을 평가하게 됨
- 계획의 전체와 목표에 비추어 어느 대안이 실현가능하고 효율적인지를 평가하여 중요도를 순위로 정하는 단계

(6) 6단계: 대안의 선택

- 계획이 채택되는 시점으로 실제로 의사결정이 이루어지는 단계
- 계획이 구체적으로 수립되는 단계
- 많은 대안들 중에서 하나의 최선안을 선택

(7) 7단계: 파생계획의 수립

- 대안적인 행동과정이 선택되었다고 해서 계획수립이 완결되는 경우는 드묾
- 계획이 보다 철저하게 수립되고 실행되기 위해서는 이를 보완하고 지원할 후속적인 계획이 뒷받침되어야하기 때문
- 기본계획을 지원하고 보완하기 위한 파생계획을 수립

(8) 8단계: 예산의 수립

- 계획의 최종 단계는 계획을 예산으로 전환시키는 계량화 과정
- 계획이 예산으로 계량화됨으로써 그것 자체가 계획의 수행영부의 판단기준이 되기도 함

3. 경영전략

1) 경영전략의 이해

- 전략(Strategy)이란 단어의 어원은 그리스어 'Strategos'에서 유래된 것으로 군대(Army)를 의미하는 'Stratos'와 이끈다(Lead)의 의미를 가진 'agein'이 합쳐진 용어
- 경영전략(Management Strategy)이란 기업이 설정한 장기적인 목표를 달성하기 위해 각종 정책들을 수립하고 이를 통해 자원을 전략적으로 배분하는 경영활동을 의미
- 전략적 경영(Strategic Management)이란 체계적인 경영전략을 마련하고, 그 틀에 따라 경영을 수행해 나가는 것을 의미하며, 이는 경영전략의 실행임

경영자가 주어진 환경과 이용 가능한 내부조건하에서 기업목표를 전략적으로 최적화하는 과정이다.

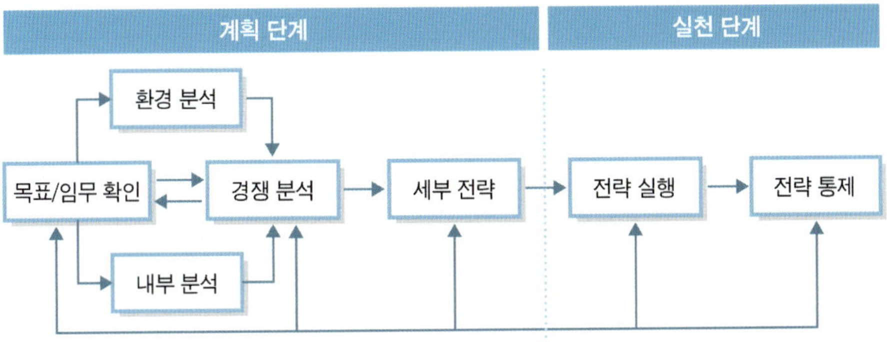

전략적 계획이 잘 수립되었다고 하더라도 효과적으로 전략의 실행이 이루어지지 못한다면 어떠한 것도 달성할 수 없기 때문에 전략의 계획과 실행의 연계성은 매우 중요하다.

2) 경영전략의 구분

(1) 전략적 경영

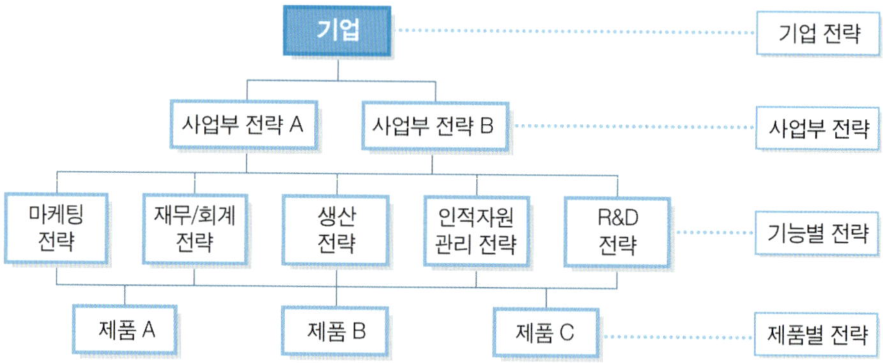

(2) 기업전략

- 주로 최고경영층에서 기업이 나갈 방향을 다룸
- 각 사업에 대한 목표와 기대는 무엇이며, 각 목표달성을 위해 자원을 어떻게 배분할 것인가를 결정
- 기업이 경쟁하는 시장과 산업의 범위를 결정하고 궁극적 목표를 결정

3) 기업전략의 구분

- 시장대응전략(시장상황에 잘 대응하기 위한 전략)
  - 제품수명주기전략
  - 포트폴리오전략
  - 제품/시장믹스전략
- 경쟁우위전략(다른 회사보다 경쟁에 앞서기 위한 전략)
  - 원가우위전략
  - 차별화전략
  - 집중화전략

4) 제품수명주기전략

(1) 제품수명주기(Product Life Cycle: PLC)

- 제품이 출시 초기의 도입기
- 매출이 성장하는 성장기
- 성장률이 둔화되는 성숙기
- 매출이 감소하는 쇠퇴기

(2) 제품수명주기의 중요성

- 제품수명주기 위치에 따라 광고, 가격정책 등 마케팅 수단의 형태가 각각 다르기 때문임
- 자기 제품의 제품수명주기 위치가 어디에 있는가를 판단하여 장래에 발생하는 사건을 예견하고 다가오는 변화에 가장 잘 대응할 수 있도록 준비

(3) 의의

- 제품의 성장과 발전전망을 검토하기 위한 개념적 근거 제공
- 경영계획을 수립할 수 있는 근거 제공

5) 포트폴리오전략

어떤 형태의 사업부 또는 제품을 어떤 비중으로 유지해야 하는가를 결정하기 위하여 사용하는 기법으로 보스턴컨설팅그룹에 의해 1970년대 초반 개발된 'BCG 매트릭스'가 있다.

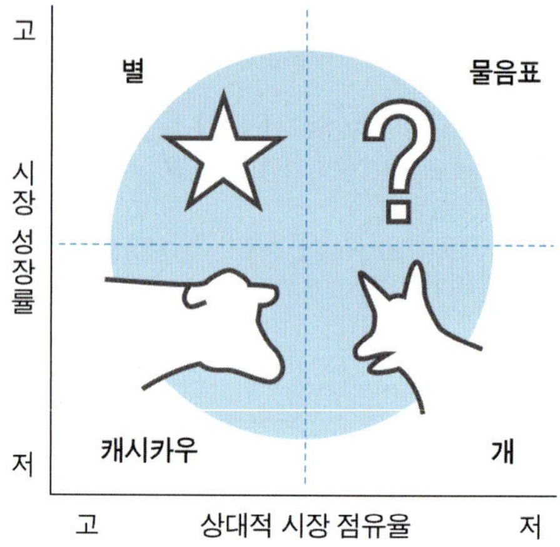

(1) 별(Star)

- 빛나는 별처럼 성장률도 높고 점유율도 높은 사업
- 현재 상태에서 자금을 자급자족할 수 있으나 보다 빠른 성장과 높은 시장 점유율을 갖기 위해서는 더 많은 투자가 필요
- 장기적으로 볼 때 많은 수입을 가져오는 사업이 될 것임
- 별 사업에 대해서는 시장점유율을 계속 늘리기 위해서 집중적인 투자 필요
- 수익성보다도 시장점유율이 더욱 중요한 목표

(2) 물음표(Question Mark)

- 현재 시장 내에서의 위치가 미약하기 때문에 점유율을 높여서 제품 단위당 원가를 내림으로써 경쟁성을 확보하기에는 많은 어려움이 따름
- 성공한다면 시장 자체의 성장성이 높기 때문에 좋은 수익성을 올릴 수 있는 가능성을 갖고 있음
- 사업을 유지 · 성장시키기 위해서는 많은 자금이 필요한 반면, 시장점유율이 낮은 까닭으로 조속한 시간 내의 자금회수는 곤란
- 가능한 한 빨리 별 사업으로 육성하는 전략이 필요

(3) 개(Dog)

- 성장률도 낮고 점유율도 낮은 까닭에 수익이 많지 않을 뿐 아니라, 앞으로 전망도 별로 없기 때문에 재투자도 그 가치가 없음
- 개에 해당하는 사업에 대해서는 가능한 한 빨리 처분을 하는 것이 유리

(4) 캐시카우(Cash Cow)

- 자금의 투입보다 자금의 창출이 더 큰 사업
- 대부분 과거 문제아 → 별의 과정을 거침
- 현재 시장점유율은 높으나 이미 제품수명주기상의 성장기를 넘어선 사업
- 캐시카우 사업에 대해서는 자금공급을 극대화하기 위하여 시설의 유지와 생산원가절감에 도움이 되는 투자만을 행함
- 연구개발, 광고, 신규 시설투자 등에 대한 투자는 일체금지
- 동시에 경쟁기업에 대하여 원가면에서 유리한 위치를 차지하기 위하여 고정비에 대한 감가상각을 빨리 끝내야 함

6) 제품/시장믹스전략

(1) 시장기회를 파악하는 방법

- 앤소프(H. lgor Ansoff)의 방법
  - 시장을 기존시장과 신시장으로 제품을 기존제품과 신제품으로 분류하여 시장기회를 파악

▶▶ 제품/시장전략

	기존제품	신제품
기존시장	기존시장 침투	신제품 개발
신시장	신시장 개척	다각화

- 기존시장 침투
  - 기존의 제품과 기존시장에서 시장점유율을 확대함으로써 성장하기 위한 전략
- 신제품개발
  - 기존시장에 신제품이나 기존제품을 개선한 제품을 출시하여 시장점유율을 증대시키려는 전략
- 신시장 개척
  - 기존의 제품을 새로운 시장에 출시함으로써 시장점유율을 증대시키는 전략
- 다각화
  - 신시장에 신제품을 개발하여 시장점유율을 증대시키려는 전략
  - 현재의 시장에서는 기업이 더 이상 성장할 수 있는 기회가 없거나, 새로운 시장에서 새로운 제품이 유리하게 매출을 증대시킬 수 있는 경우에 사용

7) 원가우위전략

기업이 처한 시장상황을 고려하여 어떤 사업을 계속할 것인지 포기할 것인지를 결정하는 전략이 포트폴리오 전략이라 한다면, 본원적 경쟁전략은 사업을 계속 하기로 한 사업의 경쟁력을 확보하기 위해서 어떠한 요소를 고려해야 하는지 결정하는 전략이다.

(1) 본원적 경쟁전략

- 산업 내에서 효과적으로 경쟁할 수 있는 일반적인 형태의 전략유형
- 마이클 포터(Michael E Porter): 원가우위전략, 차별화전략, 집중화전략이라는 세 가지 유형

<table>
<tr><td colspan="2"></td><td colspan="2">전략적 우위요소</td></tr>
<tr><td colspan="2"></td><td>원가우위</td><td>차별화</td></tr>
<tr><td rowspan="2">경쟁범위</td><td>넓은 범위</td><td>원가우위전략</td><td>차별화전략</td></tr>
<tr><td>세분 범위</td><td colspan="2">집중화전략</td></tr>
</table>

(2) 원가우위전략(Cost Leadership Strategy)

- 기업이 한 제품이 다른 경쟁기업의 제품에 비해 품질에는 그다지 손색이 없지만 가격을 현저하게 낮추어 고객에게 제공하는 전략
- 미국의 소매업체 월마트: 창업 초기부터 줄곧 원가우위전략을 추구

(3) 원가우위전략의 장점과 단점

① 장점

- 일반적으로 경쟁기업과의 경쟁에서 우위를 확보하기 위해서 가장 쉽게 취할 수 있는 전략이 원가절감에 위한 원가우위전략
- 어느 경우보다 강력한 경쟁우위 요소로 작용될 수 있음

② 단점

- 더 저렴하게 생산할 수 있는 경쟁기업이 나타나면 곧 고객을 잃게 됨
- 날로 발전하는 기술의 변화가 과거의 시설이나 노하우를 무용지물로 만들어 버릴 수 있다는 점 → 기술변화나 품질개선 등 전반적인 차원에서 시장을 주도해 가는 시장선도전략(Market Leadership Strategy)이 뒷받침되어야 함

8) 차별화전략

고객이 비싼 가격을 지불하더라도 구매하려고 하는 차별화된 요소가 제공되는 제품으로 경쟁우위를 확보하는 전략이다.

(1) 차별화된 요소

- 경쟁기업의 제품보다 품질이나 디자인에서 월등히 뛰어남
- 유명한 브랜드가 부착된 경우

9) 집중화전략(Focus Strategy)

세분화된 고객 중 어느 특정층을 겨냥하여 비용우위나 차별화를 통해 집중적으로 공략하는 전략이다. 또한 특정고객층, 특정제품, 특정지역 등 한정된 영역에 기업의 경영자원을 집중하는 전략이다.

- 원가우위전략 → 시장전체를 대상

- 차별화전략 → 시장전체를 대상
- 집중화전략 → 특정시장에만 집중 → 집중화 전략을 추구하는 기업은 보통 규모가 작기 때문에 원가우위와 차별화를 동시에 추구하기 어렵다.

(1) 원가우위전략

동일한 제품과 서비스를 경쟁사보다 낮은 비용에 공급하는 전략이다.

- 주요 전략요소
  - 효율적인 규모의 설비투자
  - 제작이 용이한 제품 디자인
  - 양적관리시스템
  - 엄격한 비용통제

(2) 차별화우위전략

다른 경쟁사와 차별화된 독특한 제품 또는 서비스를 제공하고 가격프리미엄(높은 마진)을 받는 전략이다.

- 주요 전략요소
- 브랜드, 디자인 광고, 서비스, 제품의 품질

(3) 집중화전략

특정고객, 특정제품, 세분화된 시장(니치마켓)에 기업의 경영자원을 집중하는 전략이다.

- 시용 가능한 상황
  - 비용우위에 기반한 저가시장에서도 가능
  - 차별화 우위에 기초한 고가제품 시장에서도 가능

4. 기업문화

기업문화는 구성원들의 행동, 받아들이는 방식, 사고방식, 느낌 등에 많은 영향을 준다. 그만큼 기업문화는 중요하다. 문화에 의해 결정되는 조직의 행동, 사고방식 등은 조직이 결과를 얻는 데 결정적인 역할을 하기 때문이다.

1) 기업문화의 본질

(1) 기업문화(corporate culture)

- 조직 구성원이 공유하고 있는 기업체 고유의 가치관, 신념, 규범, 관습 및 행동패턴
- 기업문화에 관심을 갖는 이유는 장기적으로 높은 성과기업들은 대체적으로 고유한 문화적 특성을 보유하는 경향이 있음

(2) 기업문화 구성요소

① 전략(strategy)
② 구조(structure)
③ 관리시스템(system)
④ 구성원(staff)
⑤ 관리기술(skill)
⑥ 행동 및 관리특성(style)
⑦ 공유가치(shared value)

(3) 기업문화의 평가

기업문화의 특성에 따라 그 특성을 조직이 어떻게 평가하는지에 따라 평가된다.

2) 기업문화의 유형

(1) 퀸과 킴벌리(1984)의 분류

① 계층적 문화(hierarchical culture): 인간의 안정과 안정욕구에 기초하는 문화,

관료조직에서 볼 수 있음

② 발전적 문화(developmental culture): 인간의 변화에 대한 욕구에 기초하는 문화, 유기적인 조직(특별위원회기구)에서 볼 수 있음

③ 합리적 문화(rational culture): 인간의 성과달성에 대한 욕구에 기초하는 문화, 미국

④ 집단적 문화(group culture): 인간의 친화에 대한 욕구에 기초하는 문화, 일본

3) 기업문화의 개발

(1) 기업문화의 변화요인

- 외적 변화요소: 외부환경요인의 변화
- 내적 변화요소: 외적 변화는 내적 변화를 유발

(2) 기업문화의 개발과정

① 새로운 기업문화의 탐색: 현재 기업문화 진단, 개발대상-공유가치

② 변화전략의 구상

③ 행동계획과 개입활동

(3) 기업문화의 세 가지 차원(Three levels of Culture)

에드거 샤인(Edgar H. Schein)에 의하면 기업문화는 세 가지 차원으로 나누어 볼 수 있다고 한다.

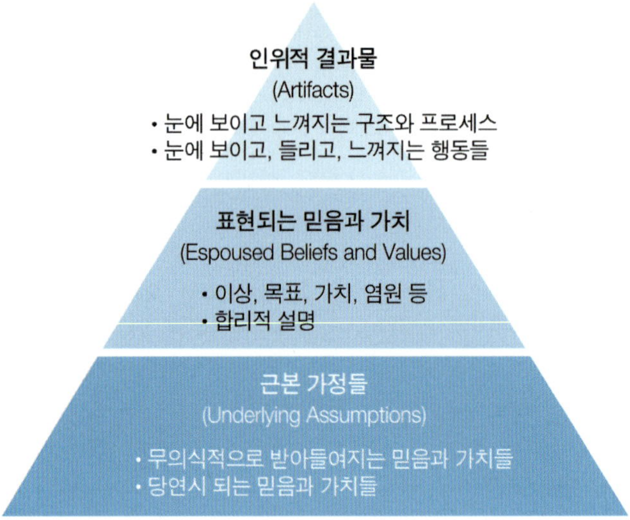

① 인위적인 결과물(Artifact)

기업문화를 구성하는 차원들 중 가장 표면에 있고, 눈으로 관찰할 수 있는 영역은 인위적인 결과물의 차원이다. 문화는 기업 내에서 사람들이 사용하는 언어, 상호작용 등 모든 행동과 제품, 계층 구조, 업무환경이나 방식 등 모든 구조와 프로세스를 통해서 볼 수 있다. 이런 인위적 결과물들은 일종의 문화적 증거라고 할 수 있다. 행동과 결과로 나타나는 인위적인 결과물들은 관찰하기 쉬우며, 기업문화 전반을 이해하기 위한 첫 단추이다.

인위적인 결과물들은 파악하기는 쉽지만 이것만 가지고 그 이면에 깔린 의미를 알아내기는 힘들다. 만약 단순히 인위적인 결과물들만 가지고 기업문화를 추측한다면 그것이 올바른 추측이 될 가능성은 매우 낮다. 왜냐하면 의미를 파악한다는 것은 그것을 누군가의 시각으로 해석한다는 것인데, 이 경우에는 해석하는 당사자의 선입관이나 느낌, 반응 등이 해석에 반영될 수 있기 때문이다.

기업문화를 이해하기 위해서는 보이는 행동과 결과들을 파악하는 것만으로는 부족하다. 더 깊이 있는 기업문화의 이해를 위해서는 구성원들과 그들의 행동에 있어서 무엇이 중요한지, 어떤 원칙을 따르고 있는지 이야기를 해보는 것이 필요하다.

② 표현되는 믿음과 가치들(Espoused Beliefs and Values)

기업문화의 두 번째 차원은 표방하는 가치, 즉 말해지는 가치이다. 대부분의 집단은 그들만이 표현하고 있는 믿음이나 가치가 있다. 많은 기업들이 고객 중심을 외치고, 투명성, 솔직함, 합리성, 협업 등에 가치를 둔다. 이러한 믿음과 가치들은 대부분 기업 초기의 창업자의 가치를 따르거나, 기업이 새로운 업무를 시작하거나 위기를 해치며 생성된 가치일 수도 있고, 효과적이라고 생각되어 따르는 가치일 수도 있다. 그리고 많은 경우 사람들은 자신들이 이러한 가치에 따라 행동한다고 이야기한다.

하지만 표현되는 가치만 가지고는 사람들의 행동을 설명하기가 쉽지 않다. 추구한다고 말하는 가치들이 행동 수준까지 반영된다면 좋겠지만 그런 행동들은 일부에 지나지 않는다. 일단, 대부분 표현 가치는 추상적인 경우가 많다. 따라서 그것을 항상 염두에 두고 행동으로 연결하는 것이 쉽지 않고, 어떤 행동이 그 가치를 추구하는 것인지 아는 것도 쉽지 않다. 뿐만 아니라, 추상적인 가치의 경우 받아들이는 사람의 상황이나 가치관에 따라 그 해석이 달라질 수 있어, 기업 내에서 실천적인 형태로 공유되기 어렵다. 게다가 표현되는 믿음과 가치들은 제대로 검증되지 않은 채로 추구될 때가 많아서 그 가치들이 서로 충돌하는 경우도 있다. 예를 들어, 최고의 성능과 최저의 비용을 함께 추구하거나 개인 책임과 도전을 가치로 보면서 빠른 보고 및 지시를 통한 효율성 또한 추구한다면, 이는 동시에 추구하기 힘든 믿음들과 가치들을 표현하고 있다고 볼 수 있다.

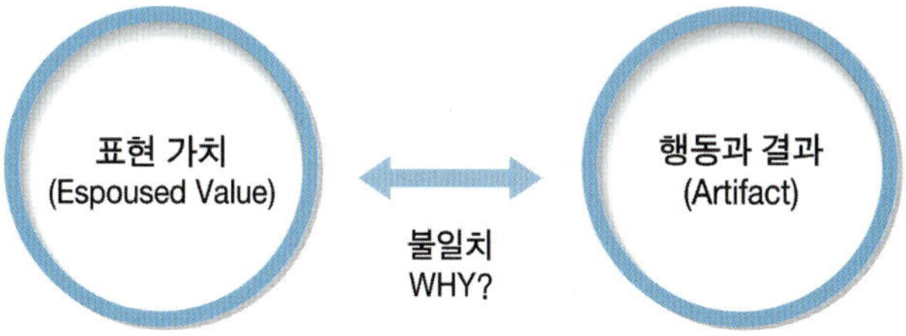

기업문화를 파악하는데 표현 가치가 무슨 의미가 있나 하겠지만, 이런 것들을 반드시 파악해야 하는 이유는 더 깊은 탐사를 위해서이다. 위에서 보았듯이 표방되는 가치는 그 자체로 기업문화의 기반이 될 수 없다. 하지만 사람들이 말하는 가치를 알게 되면, 첫 번째 차원인 행동과 결과들과의 비교를 통하여 둘 간의 불일치에 관하여 이야기할 수 있게 된다. 표현 가치를 알아야만 행동과 결과 이면에 깔린 진짜 믿음과 가치들에 관하여 탐구할 수 있는 것이다.

③ 근본적인 가정들(Underlying Assumptions)

기업문화의 세 번째 차원은 근본적인 가정들이다. 아지리스(Chris Argyris)의 표현을 빌리면 사용이론(Theory in use)이라고 할 수 있다. 조직 내에서 일어나는 행동의 이면에 깔린, 사람들이 실제로 사용하고 있는 믿음과 가치들이 기업문화의 세 번째 차원이며 실질적으로 기업문화를 결정하는 핵심적인 부분이다.

조직 안에서 어떤 방법이 반복적으로 잘 통한다면 그것은 점차 당연스럽게 받아들여진다. 이러한 당연스러운 범주 안에는 조직에 긍정적인 영향을 주는 것들도 있지만, 많은 경우 구성원들의 결점을 가리기 위한 방어적 사고들이 포함된다는 것이 문제이다.

근본적인 가정들이 믿음이 되고 가치가 되어 무서운 점은 사람들이 그 가정에 의거하여 행동한다는 것이다. 위의 조직의 경우 필요한 만큼만, 눈밖에 나지 않을 만큼만 일하면 된다는 생각과 그에 맞는 행동들이 나타났는데 이는 기업에 있어서 결코 바람직한 현상이 아니다.(자신들의 행동은 근본적인 가정 탓이고, 이러한 문제의 원인은 다른 사람에게 있다고 생각한다) 근본 가정들은 구성원들이 행동과 태도, 그리고 다른 사람들과 기업 내 사건에 대한 해석과 느낌을 결정한다. 하지만 이러한 믿음과 가치들은 논의되기가 힘들다. 대부분의 경우 당연스럽게 받아들여지고, 따라서 바꾸는 것도 쉽지 않다. 단순히 위의 예를 본다 해도 누가 저런 부정적인 관점에 관하여 이야기를 시작할 수 있을까? 말할 수 없기 때문에 기업의 문화가 되고 바뀌기 힘들어지는 것이다.

5. 경영자와 기업가 정신

1) 기업가 정신의 이해

보상과 위험을 가정하고 새로운 어떤 것을 창조하는 과정 또는 미래의 불확실성과 높은 위험에도 불구하고 모험정신(또는 혁신능력)을 발휘하여 새로운 가치를 창출하는 기업가의 의지 또는 활동을 기업가 정신이라 한다.

2) 기업가 정신이란?

기업가를 의미하는 'Entrepreneur'와 기업가 정신을 의미하는 'Entrepreneurship'은 '시도하다' 또는 '모험하다'의 프랑스어 'Entreprendre'에서 유래되었으며, 회사를 운영하는 사람을 뜻하는 기업가(企業家) 정신이 아니라, 새로운 가치나 일자리를 창출하는 사람을 뜻하는 기업가(起業家) 정신 라고 표현하는 것이 정확하다.

3) 기업가 정신에 대한 오해와 진실

(1) 기업가 정신을 발휘해야 하는 사업은 항상 고위험 사업이다?

- 위험성이 높으며 과거에 검증된 바가 없기 때문에 성공에 대한 불확실성이 큼
- 새로운 아이디어가 현실화되기 위해서는 많은 기간이 소요
- 대부분의 기업들은 기존 사업을 그대로 유지
- 안정적인 환경에서 위험을 최소화하면서 사업의 최적화를 추구
- 제한된 시장/산업의 경계 내에서 시장점유율 증가에 초점을 두는 전략을 추구

"미래에 도전하는 기업과 현재를 지키려는 기업은 위험을 보는 관점과 시각이 근본적으로 다를 수 있다."

세계적인 우량기업 → "기업가 정신이 발휘가 필요한 사업은 위험부담이 높다." 라는 일반적인 통념을 버리고 창의적인 사고, 발상의 전환을 통해 남들이 보지 못하는 새로운 성장 기회에 과감히 도전하는 회사이다.

(2) 기업가형 리더는 위험추구 성향이 강한 사람이다?

"불확실한 미래에 개의치 않고 고수익-고위험을 추구하는 사람으로 비춰진다." 이들은 갬블러가 아니라 어떤 경우에도 포기하지 않는 승부근성을 지닌 일종의 승부사라고 할 수 있다.

① 기업가형 리더가 되기 위해서는?

- 미래지향적 관점에서 새로운 기회를 탐색하는 역할 필요
- 포착한 기회를 과감하게 실행하여 최종성과를 이끌어내는 역할 필요

② 기업가형 리더의 역할

- 기회포착자(Opportunist)
- 과감한 Risk-Taking
- 기업가적 생각과 행동
- 사업전체 관점의 사고
- 미래지향적 관점
- 현실주의자(Realist)
- 실용적 사고와 행동
- 실제목표의 달성
- 필요자원의 확보/활용
- 구체적 행동지향

(3) 기업가 정신은 무에서 유를 창조하는 것이다?

"바이오, 나노, IT, 반도체 등과 같은 하이테크 제품을 떠올리고, 기업가들은 세

상에 존재하지 않는 새로운 것을 발명하거나 위대한 과학적 발견을 사업화하는 사람이라고 생각한다." → 시장에서 기회를 간파하는 가치(Value)통찰력이 필요하다.

(4) 기업가 정신은 벤처의 전유물이다?

- 기업가 정신이 충만한 기업은?
  - 소규모, 신생 · 벤처기업이 해당됨
  - 오랜 역사를 가진 대기업에서도 기업가 정신은 발휘될 수 있음
  - 중소기업보다 실패를 무릅쓰고 새로운 기회에 도전할 수 있는 유리한 위치에 있음
- 잭웰치(GE): "회사안에 작은 회사의 정신을 불어넣는 것이 자신의 목표"

4) 기업가의 개념과 역할

① 창업(비전과 꿈을 실현하는 실천자)

기업가 → 원래 일을 좋아하고 일에 온갖 정열을 쏟는 사람들이다.

② 창의성과 혁신

- 자수성가형 소유경영자에서부터 현대적 대기업을 경영하는 전문경영자에 이르기까지 기업가 정신의 근본적인 요소
- 슘페터(Schumpeter)
  - 새로운 상품의 개발
  - 생산방법의 이노베이션
  - 새로운 시장의 개척
  - 새로운 자원공급 개척
  - 새로운 조직개발(OD: Organization Development)

③ 모험성과 성취동기

- 기업가의 또 다른 특징은 모험 감수성, 자신감, 그리고 성취지향성이다.
- 실패를 하더라도 곧 다시 재기하는 인내심과 집념
- 위험을 무릅쓸 용기 없이는 불가능하기 때문에 창업기업을 벤처기업이라고도 함

④ 전문경영자와의 협동

- 패욜(Fayol)
- 기업가는 창업도 중요하지만 창업 이상으로 우수기업 만들기의 전문적 기능을 이해하고 또 전문경영인과 협동하는 것이 필요함
- 창업은 단지 시작일 뿐이며, 기업을 망하지 않고 꾸준히 성장 및 발전시킬 수 있는 길은 전문경영인과 협동하여 경영의 전문성을 키워나가면서 우수기업 만들기를 해야 함

⑤ 사내기업과 정신과 변혁적 리더십

- 기존 기업들도 자수성가형 기업가 정신에서 한 걸음 더 나아가 우수기업 만들기를 성장전략의 핵심적 요소로 수용해야 함
- 피터 드러거: 조직적 기업가 정신
- 핀쇼트(Pinchot): 사내 기업가 정신
- 번스(Bums): 기업이나 최고경영자들에게는 종업원을 잘 성장시키는 성숙지향적 인재개발과 새 기업문화를 배양하는 리더십이 필요하다. 번스는 이를 '변혁적 리더십'이라고 하였으며, 조직 내의 구성원들을 성숙한 인물로 성장시키는 도덕적 책임이 우수기업 만들기의 길이라는 현대적 경영개념을 제시하였음

⑤ 사업수행의 2가지 수단

기업가로서 필요한 능력과 특성을 고루 갖추었다고 하더라도 실제 창업을 하여 성공적으로 사업을 수행하기 위해서는 기본적으로 두 가지 수단이 요구된다.

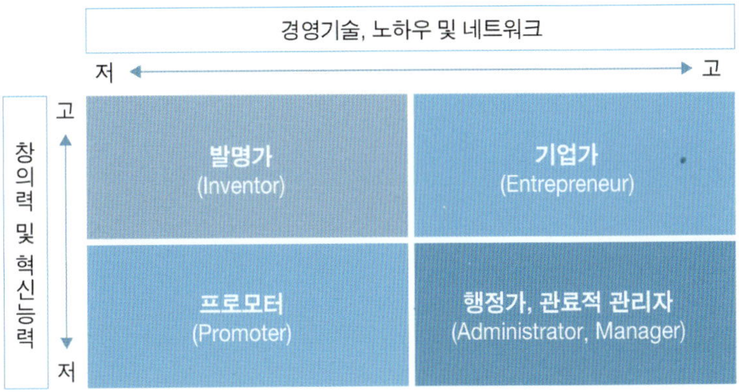

Chapter

5 인사관리와 조직관리

1. 인사관리

1) 인적자원관리의 이해

(1) 인적자원관리

- 경쟁력 수준을 높이기 위한 방법 → 경영자원의 수준을 높여야 한다.
- 경영자원 중에서 가장 중요한 것은 사람이다.
- 경영자원을 다루는 것은 결국 사람이다.
- 인적자원관리(HRM: Human Resources Management)
  - 예전에는 인사관리(Personnel Management)로 불림
  - 조직이 필요로 하는 인력을 확보, 유지, 훈련, 보상과 관련된 제반활동을 계획하고 조직하며 통제하는 관리활동의 체계

2) 인적자원의 관리과정

(1) 인적자원 관리과정

인적자원 계획 수립 → 모집 → 선발 → 교육훈련/경력개발 → 업적평가 → 보상관리 → 인원교체 → 이직관리

① 인적자원 계획수립

- 현재와 미래의 인력수요를 분석, 예측

- 수요를 충족시키기 위해 종업원을 확보하는 과정
- 최적의 인적자원규모를 결정하여 최적의 시기에 최적의 위치에 배치하는 데 중점을 두어야 함
- 적정인원계획: 세부조직별로 필요한 전문기술을 가진 인적자원이 얼마나 필요한가를 파악하는 활동
- 인원수급계획: 세부조직별로 현재의 종업원과 필요한 종업원 간의 수급불균형을 어떻게 맞출 것인가를 계획하는 활동
- 구인 및 해고계획: 필요한 인적자원을 채용하는 구인계획과 불필요한 인적자원을 줄이는 해고계획을 수립하는 활동
- 인적자원 계발계획: 종업원 능력을 개발하기 위한 인적자원 개발계획을 수립하는 활동
- 효율적 수립을 위해 → 체계적인 직무분석, 직무기술서, 직무명세서

② 모집활동

- 능력 있는 인력을 기업으로 유인하는 과정
- 기업에서 필요로 하는 사람들이 적극적으로 지원하도록 정보를 제공하고 동기를 유발하는 활동
- 사내모집: 자격을 갖춘 기업 내부의 종업원 중에서 승진이나 이동배치를 통해 인력을 충원하는 방법으로 절차가 간편하고 종업원들의 사기에도 좋은 영향을 미치는 좋은 점이 있음
- 사외모집: 조직 외부에서 충원하는 방식으로 광고, 직업소개소, 교육기관 추천, 현 구성원의 추천, 노조의 추천, 친지의 등용 등의 방법이 활용

③ 선발활동

- 응모한 많은 사람들 중에서 기업에서 필요로 하는 자질을 갖춘 인력을 선발하는 과정
- 선발을 잘못하면 이로 인해 직·간접적으로 기업이 받는 손실이 크다는 점에서 선발결정은 매우 중요한 기능

- 선발순서
  - 지원서 작성
  - 조기스크린 면접
  - 테스트
  - 배경조사
  - 선발면접
  - 신체검사
  - 채용

④ 교육훈련

- 급변하는 경영환경에 적응하기 위해서 인적자원의 능력이나 직무관련 기술수준을 지속적으로 향상시키고 개발하는 과정
- 직무현장 교육훈련
  - OJT(On the Job Training): 직무현장에서 상급자가 직접 직무를 수행하는 방법을 교육 훈련시키는 방법
  - 코칭과 도제제도(Apprenticeship)
- 직무현장의 교육훈련
  - Off JT(Off the Job Training): 직무현장 이외의 장소에서 강의나 시청각도구, 사례연구, 역할연기 등을 통해서 이루어지는 교육훈련
- 경영자 계층별 교육훈련
  - Management Training
  - 경영자를 육성하기 위한 교육훈련 프로그램을 통해 경영층마다 필요한 자질을 갖추도록 교육훈련시키는 것

⑤ 경력개발

- 기업의 요구와 개인의 욕구가 일치될 수 있도록 각 개인의 경력을 개발하는 활동
- 개인의 욕구 → 연계 → 기업의 목표달성

- 외부의 교육기관과 연계를 맺어 프로그램을 운영
- 내부에 사내대학 등을 개설

⑥ 업적평가

- 종업원들이 얼마나 만족하며 성공적으로 직무를 수행하고 있는가를 판단하는 활동
- 업적평가의 목적
  - 종업원이 직무에 만족하고 또한 성공적으로 수행하고 있는지를 판단
  - 종업원의 직무수행능력이나 관리능력을 더 개발하도록 촉구하기 위한 기초자료로 활용
  - 종업원의 임금, 승진, 해고, 포상 등을 결정하기 위한 기초자료로 활용
  - 종업원의 근로의욕을 고취하고 계층 간의 이해를 증가시키는 자료로 활용
  - 훈련과 개발이 이루어져야 할 부분을 결정하는 실제 자료로 활용

⑦ 보상관리

- 업적평가를 통해 기업목표 달성에 크게 기여한 종업원에 대해서는 각자의 기여도에 상응하는 보상이 이루어져야 함
- 금전적 혜택
  - 기업측에서는 동기부여 수단(기업은 낮추려)
  - 개인적 목표실현에 필요한 소득(개인은 높이려)
  - 양자를 만족시키고 절충시킬 수 있는 경영이 필요 → 보상관리

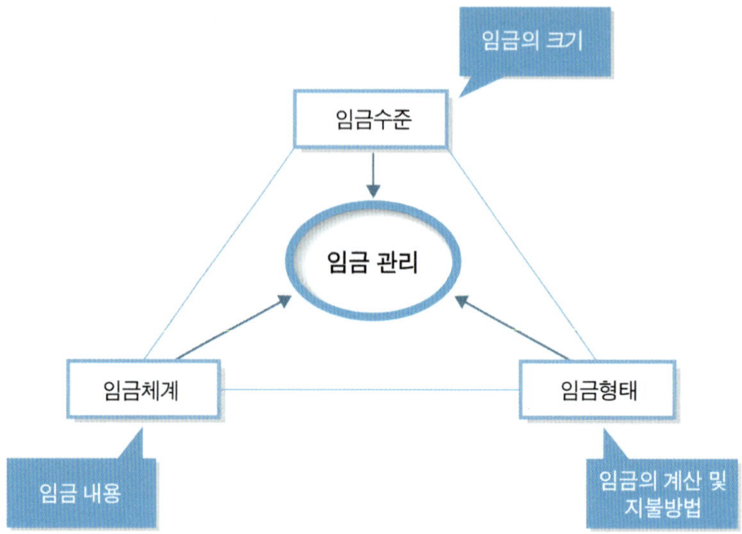

⑧ 인원교체

- 승진(Promotion)
  - 종업원의 직무서열 또는 자격서열의 상승을 의미
  - 직위의 상승과 더불어 보수, 권한과 책임의 확대가 수반
  - 개인에게 자아발전욕구를 충족시켜 주는 수단
  - 기업의 입자에서는 효율적인 인적자원관리의 근간
- 전근(Transfer)
  - 동일하거나 비슷한 계층의 다른 직무로 이동하는 것
  - 전근을 통해 종업원들은 자신의 경험을 넓힐 수 있음
  - 새로운 기술을 배울 수 있어 개인적으로는 성장의 기회가 될 수 있음

⑨ 이직관리

- 이직발생의 배경 및 이유 등에 대한 이해를 바탕으로 조직의 인력 수급을 원만히 할 수 있음
- 아웃플레이스먼트(Outplacement): 구조조정에 따른 명예퇴직이나 정리해고 등으로 기업을 떠나는 종업원에 대해 전직이나 창업을 지원해주는 제

도로서, 종업원으로 하여금 미리 이직을 준비할 수 있게 함으로써 심리적 인 충격을 줄일 뿐만 아니라, 기업에 대한 긍정적인 이미지를 심어주는 데도 크게 기여

3) 노사관계관리

(1) 노사관계관리란 무엇인가?

노동조합과 기업, 그리고 이에 영향을 미치는 정부를 대상으로 하여 노사협조 또는 산업평화 분위기를 구축하는 것이다.

- 노사협조가 원활하게 이루어짐으로써 기업은 생산성을 제고가능
- 노동자는 생활개선과 지휘향상 가능

(2) 노동조합

임금 노동자들이 노동조건 개선을 목적으로 조직한 영구적 단체이다.

- 노동조합의 기능
  - 경제적 기능: 노동력의 판매자로서 흥정, 교섭기능을 하면서 임금인상, 근로조건 개선 등을 추구
  - 공제적 기능: 조합원 상호 간의 상호부조 활동으로 공제조합, 공동구매 조합, 탁아시설 운영
  - 정치적 기능: 노사 간 교섭과 분쟁을 유리한 방향으로 해결하기 위한 법률의 제정과 제도개선을 위해서 정치적 기능도 필요하며, 사회복지, 물가정책, 보험 등 노동자 계층에 유리한 정부의 지원을 얻기 위해서 입법화운동, 정치자금후원회 등을 운영

(3) 단체교섭

- 노사가 대등한 입장에서 노동조건을 놓고 타협을 벌여 결정을 하고 계약

된 사항을 실행해 나가며 관리하는 일련의 과정

- 협상결렬 → 노동쟁의가 해결되지 않을 때 → 정부가 중재(중재자 또는 사업기관을 통해 조정의 단계) → 단체협약(Collective Agreement)이란 계약서가 만들어지고 이를 쌍방이 성실히 이행

2. 조직관리(조직화)

1) 조직화에 대한 정의와 개념

(1) 조직화

기업의 목표를 최상의 방법으로 실현할 수 있도록 어떠한 형태로 조직을 구성할 것인가를 결정하고, 각종 경영자원을 배분하고 조정하는 활동이다.

- 각 담당자별 업무구분
- 업무수행부서 결정
- 각 부서별 책임과 권한 부여
- 업무와 부서의 전체적인 조정

(2) 조직활동

- 어떤 업무가 이루어져야 하는가?
- 누가 그것을 수행할 것인가?
- 업무분류는 어떤 식으로 이루어지는가?
- 업무보고는 누가 하는가?
- 의사결정이 어디에서 이루어지는가?

(3) 조직설계(Organization Design)

조직화하는 과정에서 조직의 틀을 어떻게 구성할 것인가를 결정하는 것이다.

(4) 조직구조(Organization Structure)

조직설계의 결과로서 나타난 조직의 틀을 뜻한다.

2) 조직화가 이루어지는 과정

(1) 조직화 단계

① 1단계: 각 담당자별 업무구분

- 업무를 가능한 한 세분화하여 단순화시키고 전문화시키는 과정이 필요
  - 분업의 원칙: 해야 할 일을 보다 작고 간단하게 분리하는 것
  - 전문화 원칙: 비교적 단순화된 일을 반복적으로 처리하도록 하는 것 → 조기화의 첫 번째 단계는 해야 할 일에 대한 분업화와 전문화 활동

② 2단계: 업무수행부서 결정

- 수행할 업무를 집단화, 단위화하는 활동을 부문화 또는 부서화라고 함
- 부서화: 기능별 부서화, 사업별 부서화, 매트릭스형 부서화 등의 방식으로 구분
  - 기능별 부서화: 기능적으로 서로 관련이 있거나 동일한 작업이나 업무를 담당하는 사람들을 한 부서에서 일하게 하는 것으로 가장 일반적인 형태
  - 사업별 부서화: 동일하거나 유사한 성격의 상품을 생산, 판매하는 종업원, 동일한 지역 내에서 활동하거나 동일한 고객을 상대로 하는 종업원들을 한데 모아서 집단화하는 방법
  - 매트릭스형 부서화: 기능별 부서화와 사업별 부서화를 결합하여 각각의 장점을 살리고 단점을 보완하는 방법

③ 3단계: 각 부서별 책임과 권한 부여

- 담당부서가 확정되면 각 조직의 구성원들에게 수행할 업무의 책임과 권한을 부여
- 권한은 기업이 개인에게 합법적으로 부여한 의사결정권을 의미
- 권한분배의 원칙
  - 명령연쇄의 원칙: 최고경영자로부터 현장 종업원까지 모든 계층이 하나의 명령체계에 의해 연쇄적으로 연결되어야 한다는 원칙
  - 명령일원화의 원칙: 모든 종업원들은 오직 한 사람의 상급자에게 명령을 받아야 함. 이에 대한 결과는 상급자에게 보고해야 함
  - 통제범위의 원칙: 상급자 한 사람이 적정수의 하급자를 통제하도록 해야 효과적으로 기업을 경영할 수 있다는 것
  - 책임-권한 등등의 원칙: 확정된 업무를 수행하기 위해 일정한 기준에 따라서 부서별로 업무를 나누고 업무담당자는 이를 수행해야 할 책임을 지게 됨

④ 4단계: 업무와 부서의 전체적인 조정

- 조정(Coordination)
  - 전문화되어 분업화된 개인이나 집단의 직업활동을 상호 연결시키는 활동
- 업무수행부서 결정
  - 업무가 확정되고 나면 기업의 목표를 효율적으로 달성할 수 있도록 분업이나 전문화에 의해 세분화된 여러 직무활동을 전체적으로 통합할 필요가 있음
  - 조정활동을 위해서는 적절한 의사소통이 이루어져야 하며, 서로간의 활동을 이해하고 작업의 흐름 속에서 협동이 이루어지도록 해야 함
  - 경영자는 각 부서의 주력분야나 업무의 중요성 등을 잘 조절하여 기업 전체의 목표가 효율적으로 이루어지도록 조정과 통합의 역할

3) 조직 구조의 다양한 유형과 장점과 단점

(1) 라인-스텝 조직

① 라인조직(Line Organization)

- 최고 경영자에서부터 하위계층에 이르기까지 명령권한이 직선적으로 연결되는 조직구조
- 직계조직 또는 군대식 조정
- 업무의 분화가 이루어지지 않아 매우 단순함
- 초보적인 조직형태로서 소규모 기업이나 중소기업의 조직에 있음

② 스텝조직(Staff Organization)

- 기업목표를 달성하는 데 필요한 핵심적인 활동을 수행하는 단순한 라인조직 이외에 지식이나 기술을 가지고 라인의 활동을 도와주는 조직

③ 라인-스텝조직(일반적인 모든 기업의 형태)

- 라인조직 이외에 스텝기능을 하는 스텝조직이 결합된 형태의 조직
- 라인-스텝 조직 관련 예
  - 생산직의 작업자는 반장-조장-팀장-공장장-최고경영자: 라인기능
  - 기획조정실에서는 생산성을 높일 수 있는 방법이나 장기적 발전방향 등을 연구·검토하여 최고 경영자를 지원: 스텝기능
- 사장 → 생산부, 영영부, R&D, 총무(중간에 기획조정실)

(2) 사업부제 조직

기업규모가 커지고 제품과 시장이 복잡해짐에 따라, 제품이나 시장 또는 지역을 기초로 부문화하여 만들어지는 조직형태이다.

- 세계적인 대기업들이 지역적으로 분산되어 있는 자회사들을 경영하기 위하여 가장 보편적으로 채택
- 일반 기업들이 사업부 간의 경쟁을 유발하고 사업부별 성과에 따라 보상하기 위하여 채택

① 장점

- 사업단위별로 사업부의 책임자에게 권한과 책임을 부여함으로써 시장 요구에 발빠르게 대응가능
- 사업의 성패에 책임소재가 명확함

② 단점

- 사업부마다 중복부서가 존재하게 되어 자원의 낭비를 초래
- 각 사업부간의 지나친 경쟁을 유발하여 기업 전체의 목표달성을 저해

(3) 매트릭스 조직

기능별 조직과 사업부제 조직을 결합한 형태로서, 각각의 장점은 살리되 단점은 극복하기 위해 고안된 조직구조이다.

매트릭스 조직 내에서 종업원은 동시에 둘 이상의 조직에 속하므로 둘 이상의 상사에게 보고한다.

① 장점

- 인적자원을 효율적으로 사용
- 시장의 새로운 변화에 융통성 있게 대처가능

② 단점

기능별 상급자와 사업부별 상급자라는 두 명 이상의 상급자를 갖게 되므로, 이들로부터 서로 다른 명령을 받을 경우에는 혼란이 발생한다.

▶▶ 매트릭스 조직구조

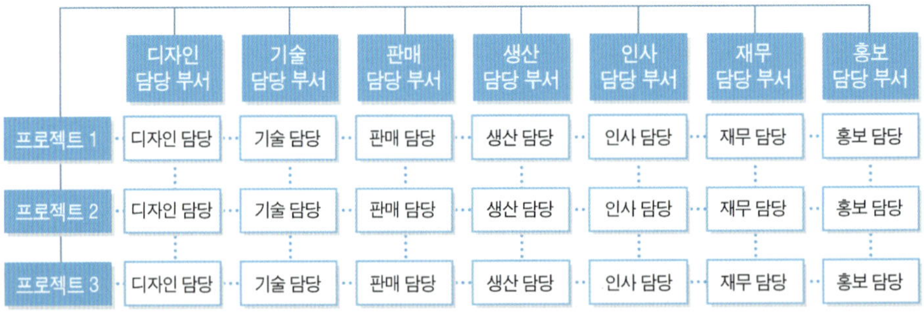

사례

ABB사의 성공을 이끈 매트릭스 조직

- 이익센터 운영이 적절함
- ABB 지역관리자와 사업관리자에게 완전히 동일한 권한을 주되 분야를 나눔
- 지역관리자는 마케팅·고객 니즈에 대응하는 역할

(4) 팀조직

상호 보완적인 기술이나 지식을 가진 소수의 구성원들이 자율권을 가지고 기업의 목표를 달성할 수 있도록 구성된 조직이다.

① 장점

- 업무추진에 있어서 불필요한 부서 간의 벽을 없앨 수 있으며, 신속한 의사결정체계를 갖출 수 있을 뿐만 아니라 매트릭스 조직의 이중적인 명령·보고 체계를 탈피 가능
- 조직구성원들의 의사가 최고경영자에게 그대로 전달될 수 있어 의사결정이 빠르게 이루어질 수 있으며, 성과에 대한 평가가 쉽기 때문에 동기부여가 잘됨

② 단점

- 팀 조직은 각 구성원들의 능력에 크게 의존할 수밖에 없으므로 유능한 구성원으로 팀을 구성하면 효과적일 수 있지만, 그렇지 못할 경우에는 오히려 다른 형태의 조직보다 성과가 못할 수 있음

③ 팀 조직: 업무 단위형과 프로젝트 형이 있음

- 업무단위형
  - 기업 전체의 업무를 일정한 기준으로 세분화하여 작은 단위를 하나의 팀으로 형성하는 것

- 사업부제 조직 안에서 작은 단위로서 형성되어 지속적으로 운영되어 가는 것

• 프로젝트형

- 테스크포스 조직

어떤 구체적인 문제를 다루기 위해 만들어지고 일단 문제가 해결되거나 임무가 완성되면 해체되어 버리는 조직. 어떤 특수한 업무를 단기간 내에 수행해야 하는 경우 그때마다 기능별 조직에서 파견 받아 형성함. 일시적인 특수업무를 수행하기 위해 조직 전체를 대대적으로 재개편하지 않아도 됨

- 팀 조직

▶▶ 업무단위형 팀 조직

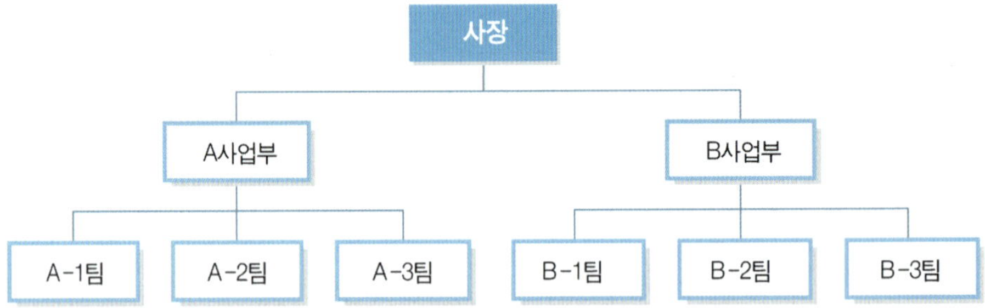

▶▶ 프로젝트형 팀 조직

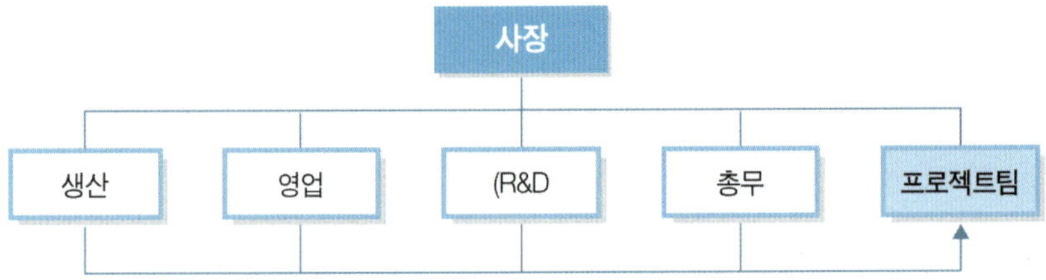

3. 스타트업의 인사와 조직

창업을 하기로 마음먹고 회사를 설립했다면 동업자든 직원이든 함께하게 된다. 1인기업 형태로 혼자할 것이 아니라면 법적으로 지켜야할 것이 다수 존재하게 되는 것이다.

직원을 뽑은 다음에 처리해야 할 사항이 많다. 직원의 근로계약서를 작성해야 하고, 매달 1회 이상 최저임금 이상의 월급을 일정한 날짜에 지급해야 하고, 1년 이상 근무한 직원이 퇴사했을 때는 퇴직금도 지급해야 한다. 또한 4대보험 처리를 해야 하고 직원의 근로계약서 작성 및 교부, 근로계약서 교부대장 작성 등 서류작업도 해야 한다. 이를 지키지 않고 잘못된 운용을 하면 노동부에 적발되어 제재를 당하거나 사용자와 근로자 간 분쟁이 발생할 수 있다. 문제는 스타트업을 비롯한 소규모사업자, 신생업체들 중 일부는 자신들이 위법한 수준에 해당한다는 것조차 모르는 경우가 많다는 것이다.

1) 상시 근로자 수에 따른 근로기준법 적용범위

세무사나 노무사 등에 문의를 할 때도 우선적으로 확인하는 것이 근로자가 몇 명 있는지이다. 4인 미만, 5인 이상, 10인 이상, 30인 이상 등 상시근로자가 몇 명이냐에 따라 적용 범위가 다르기 때문이다. 근로기준법은 상시 5인 이상 사업장부터 적용된다. 10인이 넘어가면 취업규칙을 의무적으로 만들어서 제출해야 하며, 30인 이상은 노사협의회 등 노조성립 인원 수이다.

5인 이상 근로자가 근무하는 기업에 적용되는 「근로기준법」에는 해고의 제한, 연차-생리휴가 부여, 근로시간의 제한, 연장-야간-휴일근로에 따른 할증임금, 휴업 수당 등을 지켜야 한다. 즉, 특별한 제한 없이 임의로 근로자를 징계, 해고할 수 없을 뿐만 아니라, 출산휴가기간 및 그 후 30일, 산재요양기간 및 그 후 30일은 어떠한 이유로도 해고할 수 없다. 또한 5인 이상 기업은 연차, 생리휴가를 부여해야 하며, 1일 8시간, 1주 40시간의 법정 근로시간제가 적용되며, 연장근로에 대한 제한이 있다.

「근로기준법」에서 정한 법정기준근로시간(1주 40시간, 1일 8시간)을 초과하는 근로 했을 때(1주 40시간을 초과하지 않더라도 1일 8시간을 초과하는 경우, 1일 8시간을 초과하지 않더라도 1주 40시간을 초과하는 경우 각각 연장근로에 해당), 오후 10시부터 익일 오전 6시까지 사이의 야근근로를 했을 때, 법정휴일 및 약정휴일에 일하는 휴일근로를 했을 때 회사는 통상임금의 50%를 가산수당으로 지급해야 하며, 연장-야간-휴일근로가 중복되는 경우 중복 가산된다.

2) 4인 이하 스타트업이라면?

하지만 4인 이하 기업의 경우 해고제한, 연차-생리휴가, 근로시간의 제한, 연장 근로에 따른 할증임금, 휴업수당의 법적 제한이 없다. 4인 이하 사업장은 정당한 이유가 없어도 근로자를 해고할 수 있으며, 연차-생리휴가를 주지 않아도 된다. 더불어 근로시간에 대한 제한이 없고, 연장-야간-휴일근로에 따른 할증임금 및 휴업수당을 지급하지 않아도 된다. 하지만 출산휴가, 임산부 야간 및 휴일근로 금지, 휴게시간, 임금대장 작성 및 보존, 육아휴직, 퇴직금제도 등은 4인 이하 기업을 포함해 모든 기업에 적용된다.

4인 이하 기업은 「근로기준법」 적용범위 밖에 있지만 「근로기준법」의 일부 규정을 적용할 수 있다. 해고를 결정했을 때, 일정기간 전에 해고 예고는 해야 한다는 규정 등이 이에 속한다. 유의할 점은 회사 복지차원에서 휴가나 수당 등을 꾸준히 적용해 지급하면 관행이 되기에 나중에 바꾸기 어렵다. 좋은 조건으로 정립되면 그 기준대로 가야 한다.

- 해고 관련 사항: 부당해고 문제 미발생, 다만 해고 예고는 적용됨
- 연장, 야간, 휴일 가산수당 미적용: 추가 근로에 대한 가산수당을 지급할 의무없음
- 연차유급휴가 미적용: 연차휴가를 법적으로 강제하지 않음
- 휴업수당 미적용: 사용자(회사)의 사유로 휴업해도 수당을 지급할 의무없음

3) 근로계약서 필수 작성

근로계약은 근로자가 사용자에게 근로를 제공하고 사용자는 이에 대해서 임금을 지급하는 것을 목적으로 체결된 계약(근로계약서 제2조 제1항, 제4호)을 뜻한다. 근로계약은 구두로 했든 서면으로 작성했든 간에 효력이 발생한다. 하지만 이후 있을지도 모르는 법적 분쟁에 대비하기 위해 서면으로 남기는 것이 권장된다. 근로계약 시 근로조건을 명시하되 주요사항은 서면으로 명시하고 근로자에게 교부하여야 한다. 이를 위반하는 경우 벌금이 부과된다.

(1) '시용'과 '수습'의 차이

실무에는 '시용'과 '수습'을 혼동하여 사용하는 경우가 많다. 수습이라 생각하지만 시용인 경우가 많다. 시용은 본채용 또는 근로계약(정식채용)을 확정하기 전에 일정기간을 설정하여 그 기간 내에 근로상황 등을 고려하여 근로자의 직업적성과 업무능력 등을 판단하려는 일정한 기간(시험적 사용기간)을 뜻한다. 반면에 수습은 '정식 채용된' 근로자의 작업능력이나 사업장에서의 적용능력을 키워주기 위한 근로형태다. 현재 수습근로자에게도 노동법이 전면 적용되고 있다. 다만, 3개월 미만인 수습근로자에 대해서는 해고예고가 적용되지 않는다.

참고로 10인 이상 기업은 취업규칙이나 단체협약에 시용제도가 설정되어야 하고, 근로계약에서 사용근로자 여부가 명시되어 있어야 한다. 취업규칙에 선택적으로 정하고 있거나 근로계약에 명시되지 않은 경우에는 계약이 체결된 것으로 간주된다. 시용은 시험적 사용을 전제하는 것이므로, 시험적 사용을 평가할 수 있는 조치가 있어야 한다.

수습은 수습기간 동안 정식사원과 급여에서 차등을 두지 않는다면 근로계약에 명시하지 않아도 무방하지만, 시용은 취업규칙에서 선택적 요건으로 규정하고 있는 경우에는 근로계약에 반드시 시용기간을 명시해야 한다.

수습의 경우 수습기간이 만료되면 자동적으로 정규사원이 되지만, 시용의 경우에는 시용기간이 만료되면 사용자가 정색채용 여부를 결정하여야 한다.

Tip

수습기간 운영 시 주의점

- 계약서에 시용기간으로 명시
- 본 채용거부 시 이에 대한 명확한 근거 필요
- 일방적인 통보보다는 협의에 의한 본 채용거부 필요

4) 스타트업의 인센티브, 상여금제도

스타트업과 같은 초기기업은 중견기업에 맞춰 연봉을 책정하기에 부담스럽다. 이때 흔히 등장하는 것이 인센티브나 스톡옵션이다. 인센티브와 같은 상여금은 보너스 개념이다. 「근로기준법」에도 별도의 규정이 없다. 10인 이상 기업이라면 취업규칙이나 단체협약에 지급액, 지급대상, 지급방법 등을 규정해 시행한다.

다만 인센티브 등 상여금은 임의적으로 주는 것은 상관없지만, 정기적으로 지급하고 금액이 정해져 있으면 임금에 해당되기에, 특별한 사유 없이 원래 계약한 임금을 바꾸는 것이 어렵다. 그간의 지급 관행에 따르기 때문이다. 바꾸려면 노동자의 동의를 얻어야 한다. 하지만 취업규칙 등에 단서규정을 두는 경우에는 강제성이 없다.

또한 인센티브 등 상여금은 퇴직금 산정에 기초가 되는 평균임금에 포함된다. 따라서 미지급상여금이 퇴직금에 가산되지 않은 경우 체불임금에 해당된다. "잘되면 더 준다"식의 구두로 한 인센티브 약속은 법적으로 효력을 인정받기 어렵다.

근로시간	근로자가 사용자의 지휘, 감독 하에서 일을 하는 시간으로 실제 근로시간뿐만 아니라 대기시간과 작업에 필요 불가결한 시간을 포함한다. (근로시간 = 실제근로시간 + 대기시간 + 작업에 필요 불가결한 시간)
법정근로시간	「근로기준법」 등의 법률에서 정한 기준 근로시간을 말한다. 사용자는 원칙적으로 이 기준 근로시간 내에서 근로자에게 근로를 시킬 수 있고, 그 이상 근로를 시키려면 법에서 정한 요건과 절차를 갖추어야 한다. 또한 기준 근로시간을 초과한 근로시간에 대해 연장근로수당을 지급해야 한다.

소정근로시간	법정근로시간 범위 내에서 노사 간에 정한 근로시간을 말한다. 소규모 기업에서는 법정근로시간보다 더 많은 시간을 근무시간으로 정하는 경우가 많다. 즉, 소정근로시간은 상호된 약정의 근로시간으로 실제 근로시간과는 관계가 없으며, 연장근로수당, 휴일근로수당, 연차수당 등을 산정할 때나 법률상 시간당 통상임금을 산정할 때 중요하다.

5) 계약기간 내 퇴사

스타트업은 이직이 잦은 편이다. 별다른 계약관계가 아니고, 기간이 짧다면 크게 상관없겠지만, 어느 정도 근속한 직원을 회사측에서 일방적으로 퇴사시키는 것은 분쟁의 소지가 있다.

(1) 근로자의 퇴사 시

근로자에 의한 근로관계 종료(사직) 시 사직서를 작성해야 한다. 계약기간 중 퇴사 시 근로계약서상 내용을 상기시켜야 하며, 사직을 이유로 임금 및 퇴직금 미지급은 절대로 해서는 안 되는 일이다. 도의적인 부분도 있지만 분쟁발생 시 회사측에 손해다.

(2) 직원해고 시

근로관계 유지 불가능 시 우선 권고사직 조치 후 근로자가 거부 시 최후의 수단으로 회사측이 내놓은 방안이 해고이다. 부당해고 문제를 예방하려면, 해고 시 필히 해고 통지서 작성 후 통보를 해야 하며, 해당 근로자의 비위행위에 대한 근거 확보를 해야 한다.

(3) 퇴직금

퇴직금 지급 대상자는 1년 이상 근무한 근로자로, 퇴직금 산정방식은 퇴사직전 3개월간의 '평균임금 × 30일 × 계속근로년수(근속일수/365)'다. 여기서 평균임금이란 정산사유 발생 시 3개월간 지급된 임금총액을 일수로 나눈 금액이다. 평균 임금은 퇴직금, 휴업수당, 연차유급휴가수당, 재해보상금 등의 산정 기초가 된다. 회사의 대표이사 및 이사 등 임원은 상법 382조에 의해 민법상 위임에 관한 규정을 적용하므로 법정퇴직금 지급대상이 아니다.

Tip

퇴직금과 관련된 체크포인트

- 퇴직금은 세전금액으로 계산하는 것이 원칙이다.
- 근로자가 요구하더라도 1년 단위 정산은 금지되어 있다.
- 급여 속에 퇴직금을 포함하여 지급하더라도 법적으로는 인정되지 않는다.
- 퇴직금과 관련된 회사의 부담부분을 완화하기 위한 조치가 필요하다(퇴직연금 가입 또는 퇴직보험 가입).
- 근로자가 퇴직하는 경우, 퇴직금을 포함한 미지급 금품은 14일 이내 청산해야 한다. 퇴직금을 14일 이내에 청산하지 않으면 자연이자가 발생된다. 회사 사정으로 14일 이내 지급이 어려울 경우 근로자와 합의하여 지급 기한을 연장할 수 있다. 단 이때 금품청산지 연합의서 작성이 필요하다.

6) 두루누리 사회보험 제도

두루누리 사회보험 지원사업은 10명 미만 소규모 사업장에 고용보험과 국민연금의 보험료 일부를 지원하는 사업이다. 지원대상은 사업장 기준 근로자 수가 10명 미만인 사업장이며, 월 평균 보수가 140만 원 미만인 근로자가 대상이다. 지원금액은 사용자 및 근로자에게 고용보험, 국민연금 보험료를 최대 60%까지 지원한다. 신규 가입 근로자의 경우 보험료 부담분의 60%를 지원하며 기존 가입자의 경우 사용자 및 근로자 보험료 부담분 40%를 지원한다.

4. 인사평가와 보상체계

1) 인사고과의 의의와 기초개념

(1) 인사고과의 의의

① 인사고과의 의의

- 종업원의 능력과 상대적 가치를 결정하는 활동
- 종업원의 현재적 내지 잠재적 유용성을 파악하는 활동
- 종업원에 대한 능력정보, 가치관, 행동방식, 업적에 대한 정보를 산출하는 활동

② 인사고과의 중요성

- 인적자원관리의 근본기초
  - 정확하고 공정한 인사고과는 종업원에 대한 기초정보를 산출하여 제반 인적자원관리 활동의 기초근거자료로 사용됨
  - 보상(처우)관리, 경력개발, 승진, 전환배치, 교육훈련의 기초근거자료 산출활동
  - 그 사람이 어떤 자질을 보이는가, 어떤 행동을 보이는가, 어떤 태도를 보이는가, 어떤 능력을 갖추었는가, 어떤 경험을 가지고 있는가에 관한 것들을 정확하게 공정하게 평가함
  - 인적자원관리에는 정확한 정보 파악이 기초가 됨
- 인적자원 관리활동을 위한 기초정보를 산출
  - 개인과 담당직무 간의 적합관계를 평가하여 적합한 인력을 선발 배치했는가, 직무담당자는 직무요건에 적합한 능력과 자질이 있는가, 직무표준에 부응되는 성과를 낳고 있는가를 평가함
  - 선발도구의 동시타당성 검증은 현직 종업원의 인사곡과점수와 선발점수간의 상관관계로 계산됨

- 교육훈련의 필요성은 근무평정을 통해 개인의 강약점에 대한 세부적인 정보파악
- 메리트 임금이나 차별성과를 결정하는데 이용함

• 조직이 중시하는 가치에 대한 정보제공

• 조직의 전략적 목표와 종업원의 행위 연계

• 합리적이고 공정한 인사고과관리

- 직원 개인에 대한 동기부여와 능력개발
- 기업의 목표달성

(2) 인사고과의 기초개념

① 인사고과의 개념적 모형

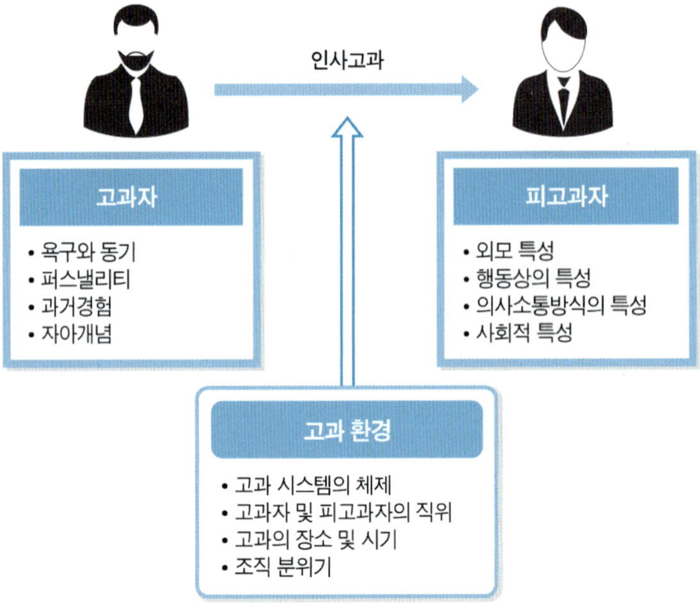

• 고과자

- 개인적인 이해관계나 사적인 감정 때문에 우수한 능력을 가진 직원을 낮게 평가할 수도 있음

- 고과자가 낙천적이냐 비관적이냐에 다라 고과결과가 달라질 수 있음
- 평소 신경질적인 직원이 어느 날부터 친절해지더라도 고과자는 과거에 그의 신경질적인 모습을 보았기 때문에, 변화에도 불구하고 그 직원을 부정적으로 평가할 수 있음
- 자신이 활발하다고 생각하는 사람은 활발한 피고과자에 높은 점수를 줄 수 있음

• 피고과자
- 피고과자의 생김새, 나이, 키, 체중, 옷차림 등 외모상의 특성이 고과자의 평가행위에 여향을 줄 수 있음
- 피고과자는 자신에게 부정적인 이미지를 줄 수 있는 사건이 발생했을 때 사과나 변명 등의 행동을 보여 고과자에게 자신의 행동을 사회적으로 바람직한 것으로 인식되도록 행동하기도 함
- 피고과자의 어투나 몸짓 같은 의사소통방식이 평가에 영향을 미침
- 피고과자의 학력이나 지위 또는 종교가 고과자의 평가에 영향을 미침

• 환경고과
- 고과시스템이 잘 정비되어 있는 경우에는 보다 합리적이고 객관적인 평가가 가능하며, 그렇지 않은 경우에는 고과자나 피고과자의 특성에 의해 평가결과가 좌우될 수 있음
- 팀에 따라, 즉 마케팅 팀에서는 활발한 성격이 긍정적으로 적용할 수 있으나 연구개발팀에서는 부정적으로 작용할 수 있음
- 건설회사와 벤처기업에서 긍정적으로 평가하는 인재상이 다르듯, 조직 분위기에 따라 평가가 다를 수 있음

2) 경력개발의 이슈와 과제

(1) 인사고과 관리상의 이슈

① 고과자의 평가오류 문제: 고과자의 편견

- 상동적 태도: 어떤 대상을 놓고 보았을 때 그 사람이 속한 집단을 기준으로 피고과자를 평가하는 것
- 현혹효과: 그 사람의 사회적인 배경을 가지고 그 사람의 능력을 평가하는 것
- 선택적 지각: 자신이 원하는 정보만을 선택해서 보고 평가하는 ㄱ것
- 점수의 관대화, 중심화, 가혹화 경향
  - 관대화 경향: 평가점수를 전체적으로 후하게 주는 경향
  - 중심화 경향: 특정 점수에 점수가 몰리는 경향
  - 가혹화 경향: 점수를 매우 낮게 주는 경향

② 고과제도상의 문제

- 고과항목의 문제: 어떤 항목을 평가할 것인가에 대한 문제
- 고과자 선정 문제: 피고과자를 평가할 때 어떤 사람이 가장 잘 평가할 수 있는가를 고려하여 고과자를 선택하는 것에 대한 문제
- 고과시기 문제: 연초에 평가할 것인지, 연말에 평가할 것인지, 수시로 평가할 것인지 들에 대한 문제
- 고과결과의 조정 및 피드백 문제: 고과결과의 조정은 어떻게 할 것인지, 피드백은 어떻게 줄 것인지에 대한 문제

③ 조직 분위기 문제

- 고과무용론의 팽배: 고과는 할 필요가 없다는 인식
- 부문 이기주의 풍토: 자신의 부서만 평가 결과를 좋게 하려고 하는 풍토
- 피평가자의 정치적 행동: 평가를 잘 받기 위해 고과자에게 뇌물을 준다거나 고과자 앞에서만 열심히 하는 척하는 행동

④ 기타 현실적인 문제

- 피드백과 의사소통의 부족으로 불신을 받는 경우가 많음
- 평가자에게 많은 피 평가자를 관찰하고 판정하도록 과중한 요구를 하는 경우가 있음
- 동일한 평가기준, 평가요소를 너무 광범위하게 적용하여 타당성을 갖지 못하는 경우가 많음

(2) 평가요소

무엇을 평가할 것인가의 문제로, 종업원의 기대와 행위를 촉진할 수 있다.

① 투입요소(자질)평가

- 행동을 관찰할 수 없을 경우
- 피평가자의 능력이나 개인적 특성에 대한 평가 종업원이 어떤 자질을 갖추고 있는지에 대한 평가
- 예) 의사결정 능력, 회사에 대한 충성심, 의사소통능력, 주도성 등에 대한 평가

② 과정요소(행동)평가

- 업적 측정이 곤란하거나 기준이 모호한 경우
- 피평가자가 직무상의 표준적인 행동을 얼마나 부합하게 행동하는가에 대한 평가
- 자질평가보다 타당성이 높음
- 문제점
  - 직무성과를 가져오는 행동이 여러 가지가 있을 때 어떤 행동을 평가할 것인지 문제가 될 수 있음
  - 평가하는 행동이 직무성과를 산출하는 요인이 아닐 수 있음

③ 결과요소(업적)평가

- 가장 이상적 평가요소
- 직원의 행동과 관련이 있는 구체적인 성과지표를 평가의 대상으로 선정
- 업적평가는 유효한 성과를 낳은 여러 가지 직무행위가 존재하는 경우에 적합한 방법
- 업적평가는 직무행위가 낳은 생산성, 품질, 매출액 등 객관적인 성과에 대한 평가
- 문제점
  - 서비스와 같이 결과를 측정하기 곤란한 업무들이 존재함
  - 직원들로 하여금 과정보다는 평가대상이 되는 결과에만 관심을 갖게 함
  - "타당성 결여로 직원들의 반발 우려"

3) 인사고과 기법

(1) 인사고과 기법

① 행위기준 고과법

- 유의미한 주용행동지표들을 추출하여 몇 개의 범주로 나누고 각 범주의 주요사건을 척도에 의해 평가하는 방법
- 장점: 업무수행과정에서 구체적으로 어떻게 행동했기 때문에 몇 점이라는 것을 설명하면서 피평가자들 지도할 수 있으므로 육성형 기능을 발휘할 수 있음
- 단점: 척도를 개발하는 과정에서의 주관적 오류 개입의 가능성이 많음

② MBO

- 상하 간 면담을 통해 목표를 설정하고 이에 비추어 평가하는 참여적 고과 방법
- 장점: 직무관련성이 높고 직무개발과 인재 육성이 용이하다는 장점과 성

과를 향상시키는 데 효과적임

- 단점: 피고과자가 업적달성과 뚜렷한 관련이 없으면 적용하기가 어려움

③ 평정센터법

- 평정센터법은 특별히 훈련된 평가자들이 복수의 피고과자들을 동시에 평가하는 방법
- 장점: 여러 평가기법과 다수의 평가자가 동원되기 때문에 신뢰도가 높고, 피고과자의 업적이 아니라 잠재능력과 적성 등에 초점을 맞추어 승진의사결정이나 교육훈련 및 인력공급 예측에 적합함
- 단점: 비용-효익의 측면의 경제성이 의문시됨

④ 서열법

- 가장 간단한 평가제도로, 피고과자의 업적이나 가치에 대해 서열 또는 순위를 매기는 방법
- 장점: 일반적으로 평가가 용이하며 관대화 경향이나 중심화 경향과 같은 평가오류를 제거할 수 있음
- 단점: 평가대상자가 많아질 경우 평정이 어려워지며 너무 인원수가 적을 때에는 순위를 매기는 것에 별 의미가 없음

⑤ 강제할당법

- 사전에 고과결과의 범위와 수를 결정해 놓고 피고과자를 일정한 비율에 따라 강제로 할당하여 고과하는 방법

⑥ 평가척도법

- 피고과자의 업적과 능력을 일련의 연속척도 또는 비연속척도에 의해 평가하는 방법으로 직무성과와 관련 있는 일반적인 인적 자질을 평가
- 장점: 평가가 쉽다는 점에서 광범위하게 활용됨
- 단점: 척도를 이용하여 평가할 때 여러 가지 평가 오류의 발생 가능성이 높음

⑦ 대조법

- 성과나 평가항목에 대한 실무능력을 중심으로 이에 대한 가부를 표시함으로써 피고좌자를 평가하는 방법

⑧ 중요사건 서술법

- 고과기간 동안 발생한 중요한 사건, 즉 성공적인 업적 또는 실패한 업적을 관찰기록하여 두고, 이를 토대로 평가하는 기법
- 장점: 중요 사건이 일어난 시점에서 구성원과 토의할 수 있으므로 정확한 정보가 제공되어 피평가자의 직무태도와 업무수행능력을 개선하도록 유도한느 효과를 기대할 수 있음
- 단점: 많은 시간이 소요되며 평가결과의 계량화가 어렵기 때문에 비교와 서열화가 어려움

⑨ 자기신고법

- 자신이 업적이나 가치에 대해 스스로 평가하는 방법
- 장점: 남들이 알지 못하는 개인의 업적을 모두 평가에 반영할 수 있음
- 단점: 자기가 신고하는 방법이므로 정보가 부정확할 수 있음

⑩ 평가자의 선정에 따른 평가기법

- 상급자에 의한 평가
  - 가장 일반적인 기법
- 자기평가
  - 능력개발을 목적으로 하며 개인이 가진 결함의 파악과 개선에 효과적임
  - 관리층 즉 상사의 평가에 보충적 기법으로 쓰임
- 동료평가
  - 평가오류가 상대적으로 적고 보다 다양한 측면에서 평가할 수 있음
  - 성과와 노력을 잘 구분할 수 있음
- 부하평가

- 부하가 상사를 평가하는 것
- 상급장가 리더십을 개발하는 데 도움이 됨

• 고객평가
  - 고객의 관여도가 높은 서비스 업무에서 활용이 가능한 고과기법
  - 고객이 평가에 참여함

• 인사관리자 전문가평가
  - 평정센터법: 특별히 훈련된 평가자들이 복수의 피고과자들을 동시에 평가하는 방법
  - 일반 고과자의 평가 결과보다 평가오류가 적어질 가능성이 있음

⑪ 고과결과의 피드백기법

• 고과결과를 공개하겠다.
  - 직원의 개발 방향이나 개발 방법을 제시해주며 피드백 제시
  - 긍정적인 정보를 먼저 이야기해 주고 부정적인 정보는 적게 이야기하여야 함

• 일방적 피드백
  - 상사가 평가결과를 부하에게 들려주고 부하로 하여금 평가결과를 수락하도록 설득하는 기법

• 청취형 피드백
  - 상사가 부하들에게 평가결과를 들려주고 부하들이 설명할 수 있는 기회를 부여하는 기법

• 쌍방형 피드백
  - 피평가자인 부하가 자신의 성과를 스스로 평가하고 미래의 계획을 수립하며, 상사는 이때 조언자로서의 역할을 하도록 하는 기법

4) 보상 기법

(1) 임금수준의 결정과 결정요인

① 임금수준의 관리전략

- 선도전략
  - 경쟁사보다 높은 수준을 선택하는 경우
- 동행전략
  - 경쟁사와 동일하게 설정하는 경우
- 추종전략
  - 경쟁사보다 낮게 설정하는 경우
- 혼합전략
  - 직군별로 3가지 전략을 차별 적용
  - 임금과 복리후생에 대해서 상이한 수준의 전략을 채택하는 경우

② 임금수준의 결정요인

- 최저생계비와 물가(하한선)
- 기업의 지급능력(상한선)
- 사회 일반의 임금수준
- 노동생산성
- 정부의 임금정책
- 단체교섭노조

(2) 임금수준의 조정기법

① 승급

- 기업 내에서 미리 정해진 임금기준선을 따라서 연령, 근속년수, 또는 능력의 신장, 직무의 가치증대에 의해 기본금이 증대되어 나가는 것
- 임금상승폭은 크지 않음

② 승격

- 직무나 직능의 질이 향상된 것을 이유로 행해지는 것
- 담당하는 작업 내용의 향상과 사회적 위치의 상승을 수반하는 것으로 이해됨

③ 베이스 업

- 연령, 근속년수, 직무수행능력이라는 관점에서 동일조건에 있는 자에 대한 임금의 증액
- 임금곡선 자체를 전체적으로 상향 이동시키는 것

(3) 임금체계의 종류

① 연공급

- 근속연수, 연령, 학력 등 속인적인 요소들을 기준으로 하여 매년 정기 승진 제도로 임금제도를 운영하는 것
- 배경 → 근속연수가 숙련도를 측정하는 척도
  - 가부장적 사고
  - 숙련된 근로자의 부족
  - 공업 기술의 근대화 지연
- 연공급의 특징
  - 특별한 고과 없이 근무연수가 지나면 자동승급이 되며, 근속요소를 중시함
  - 고용을 안정시키고 노동력의 정착화를 위해서는 효과적인 제도
  - 임금체계관리가 수월함
  - 기술축적과 생산성 향상을 위한 장기 근속의 유도가 쉬움
  - 새로운 변화라는 측면에서 불합리성과 비효율성을 내포하고 있음
  - 지식, 기능의 진부화가 될 가능성이 있음

② 직무급

- 직무분석에 의해서 직무의 내용을 명백히 하고, 직무평가에 의해서 직무 상호 간의 상대적인 가치를 정하고 그에 따라 임금이 결정되는 임금체계
- 배경 → 직무내용의 과학적 평가
  - 생산방법의 발전
  - 생산의 대규모화
  - 노동과정의 세분화
- 직무급의 특징
  - 각 직무의 가치 서열을 확립해야 하고, 이를 위하여 직무분석과 직무평가가 필요함
  - 직무중심의 인력 운영으로 조직의 효율성을 증대시킴
  - 직무가치의 서열이 확립될 수 있음
  - 직무분석과 평가가 난해함
  - 주기적인 직무 재평가를 위하여 비용과 시간이 많이 소비됨

③ 직능급

- 직무수행능력을 기준으로 한 임금형태의 하나로, 근로자 자신의 직무수행능력을 인사고과에 의해 평정하고, 그 평정결과에 의한 서열에 따라 임금을 결정하는 체계
- 배경 → 능력 및 실적 주의
  - 경영환경 악화와 경쟁격화
  - 인재의 유동화와 다양화
  - 사원의 중·고령화
- 직능급의 특징
  - 능력주의 인사제도의 시행방안으로 널리 쓰임
  - 연공급과 직무급의 장단점을 수정/보완한 유형
  - 근로자의 직업능력개발을 임금을 통하여 유도할 수 있다는데 의의가 큼

- 능력 신장에 대한 사원의 노력을 자극함
- 개인의 능력평가가 복잡하고 난해함

④ 성과급

- 종업원들의 노동성과를 측정하여 그 성과에 따라 임금을 산정하고, 지급하는 제도
- 성과급이 가능한 경우
  - 생산단위의 측정이 가능한 경우
  - 작업자의 노력과 생산량과의 관계가 명확한 경우
  - 직무가 표준화되어 있고 작업의 흐름이 정규적일 경우
  - 각 작업자에 대한 감독을 철저히 할 수 있는 경우
  - 사전에 단위 생산비 중 노무비가 결정되어 있을 경우
- 성과급의 특징
  - 임금은 성과와 비례함(작업시간은 고려하지 않고 작업성과의 수량만 계산하여 임률을 계산함)
  - 근로자에게 합리성과 공평감을 줄 수 있음
  - 임금을 많이 받으려는 근로자는 무리하게 노동하여 심신의 과로를 가져올 수 있음
  - 임금이 확정적이지 않으므로 불안감을 느낄 수 있음
  - 작업량에만 치중하게 되어 품질이 조악하게 될 수 있음

⑤ 연봉급

- 임금이 1년 단위로 결정되는 제도. 종업원이 자신의 과거 업무성과와 잠재적 능력을 기준으로 한 해 동안 받을 수 있는 총임금을 말함
  - 연공급체계, 직무급체계, 능력급체계, 성과급체계 등의 임금체계 중 어느 것을 기준으로 하여도 가능
  - 몇 가지의 기준을 결합할 수 있음
- 인건비 비중 증가

- 성과가 높은 사람에 대한 시장가치의 대우
- 고급인력 확보의 필요성
- 연봉급의 특징
  - 임금의 통합성으로 합리적인 임금관리가 용이함
  - 종업원들에게 동기부여의 수단이 됨
  - 능력 있는 인재를 과감하게 기용하는 것이 용이함
  - 감봉되는 경우 종업원들의 사기저하 가능성이 있음
  - 평가결과의 객관성, 공정성, 신뢰성, 확보의 문제가 있음

Chapter 6

창업 마케팅 전략

1. 마케팅 개념

1) 마케팅의 정의

(1) 마케팅의 정의

① 미국마케팅학회

- AMA: American Marketing Association
- 마케팅은 개인과 조직의 목적을 충족시켜 주는 교환을 가져오기 위해 아이디어, 제품 및 서비스에 대한 발상, 가격결정, 촉진 그리고 유통을 계획하고 실행하는 과정이다.

② 한국마케팅회

- 마케팅은 조직이나 개인이 자신의 목적을 달성시키는 교환을 창출하고 유지할 수 있도록 시장을 정의하고 관리하는 과정이다.

③ Kotler

- 마케팅은 교환과정을 통하여 필요와 욕구를 충족시키려는 인간활동이다.

④ 공통적으로 강조

- 교환 → 거래/교환(마케팅의 본질)

2) 마케팅 관련 기초개념

(1) 기본적인 개념

① 마케팅의 주체

- 마케팅의 주체 = 마케터
- 초기: 마케팅을 기업이 수행하는 경영활동 중의 일부로 파악
- 최근: 개인, 기업을 포함한 비영리조직, 국가도 마케팅의 주체

② 욕구(Needs/Wants)

㉠ 필요

- 사람이 살아가는 데 필요한 본원적인 것들의 부족에서 느끼는 요구
- 근본적 요구(배고픔, 의식주에 대한 욕구 등)

㉡ 욕구

- 필요를 해결하기 위한 구체적인 수단에 대한 욕구
- 구체적 요구(배고픔을 해소하기 위해 소비자는 취향에 따라 설렁탕을 선택하거나 햄버거를 선택함)
- 필요(Needs)는 누구에게나 동일
- 욕구(Wants)는 소비자의 취향이나 그가 속한 사회의 문화에 따라 다름

㉢ 수요(Demands)

- 욕구가 구매력과 구매의지에 의하여 뒷받침된 것을 의미
- 소비자가 어떤 제품에 욕구가 있다고 해서 반드시 구매로 이어지는 것은 아님 → 그러한 욕구가 구매력과 구매의지에 의해 뒷받침되어야 제품에 대한 구매가 이루어짐
- 경제적 능력이 없거나 구체적인 구매의지가 없을 경우는 단순히 욕구의 수준

③ 시장(Market): 자사 제품에 대해 구매욕구와 구매력이 있는 사람들의 집합으로 고객의 구매목적이나 국경에 따른 분류

- 소비자시장
  - 소비를 목적으로 제품이나 서비스를 구매하는 개인과 가정으로 구성
- 산업시장
  - 다른 제품이나 서비스를 생산할 목적으로 제품이나 서비스를 구매하는 기업들로 구성
- 재판매시장
  - 다시 판매할 목적으로 제품과 서비스를 구매하는 유통업자들로 구성
- 정부시장
  - 공공서비스를 제공하기 위하여 제품이나 서비스를 구매하는 정부기관들로 구성
- 국제시장
  - 외국인이나 외국기관이 제품이나 서비스를 구매하는 경우

④ 제품(Products)

- 승용차나 MP3, TV 등과 같은 유형의 제품
- 법률서비스나 컨설팅 등 무형의 서비스
- 소비자들은 욕구를 충족시키기 위해선 제품을 구매하고 사용
- 소비자가 구매하는 것은 제품 자체가 아니라 제품으로 얻게 되는 편익
- 뉴욕타임즈 설츠버거 회장

  "우리는 종이를 파는 것이 아니라 뉴스를 판다."
- 잭 웰치회장

  "우리는 제품을 파는 것이 아니라 해결방안을 판다."

⑤ 고객가치(Customer Value)

- 가격을 내고 제공받는 상품이나 서비스를 사용하면서 고객이 주관적으로 느끼는 값어치

- 고객이 특정제품이나 서비스로부터 기대하는 여러 가지 혜택의 묶음과 그들이 지불하게 될 총비용 사이의 차이
- 총고객가치
  - 제품가치 – 서비스가치
  - 품질가치 – 이미지가치
- 고객은 적절한 제품품질, 적절한 서비스품질, 합리적인 가격을 그들 스스로 결정
- 고객가치의 기대는 경쟁사의 제품과 비교하여 상대적으로 형성

⑥ 고객만족

- 제품을 구매한 후 소비자들이 제품에 대한 느끼는 만족 또는 불만족 반응
- 구매 이전의 기대와 구매 후 지각된 제품성과의 일치정도에 따라 만족과 불만족의 반응을 보임

(2) 마케팅의 목적

기업의 목적은 이윤추구. 이윤추구는 결국 고객만족을 통해 얻어질 수 있다.

마케터	교환	시장
기업	좋은 제품/서비스	소비자
	서비스	
구청	올바른 행정	구민
	지지	
여행사	안락한 여행	여행객
	여행비 지출	
학원	지식	학생
	학원비 지출	
방송사	뉴스/오락/정보	시청자
	시청료	

2. 마케팅 전략과 경영

1) 마케팅 프로세스

[리서치]	[STP]	[마케팅믹스-4P]	[실행]	[컨트롤]
▶ 정보수집 및 분석	▶ MKT 전략적 계획	▶ 전술적 MKT	▶ MKT 전략의 실행	▶ 통제, 평가
• 고객이 누구인가? • 고객의 Needs는? • 경쟁자는 어떠한가? • 시장 환경은? 등을 분석하고 관련 자료를 수집하는 단계	• Segmentation (시장세분화) • Targeting(타겟팅) • Positioning(포지셔닝) 예) "누구에게 어떠한 혜택을 줄까?"	• Product(제품) • Price(가격) • Place(장소, 유통) • Promotion(프로모션) 정리해둔 MKT 전략이 현실화되기 시작하는 단계	시장환경의 분석에 따른 전략의 방향성에 의거하여 작성한 플랜의 실행	앞서 세워놓은 MKT 전략의 실행 효과 측정의 피드백을 통해 전략의 방향성이나 콘셉트의 재검토, 플랜의 추가, 수정 작업 진행

• 필립 코틀러는 마케팅 프로세스를 "R-STP-MM-I-C"로 표현한다.

(1) 마케팅 프로세스

① 마케팅 프로세스 1 – Research "분석"

• 현재 상황과 환경을 분석하는 것

• 우리의 고객이 누구인지, 고객의 니즈(Needs)는 무엇인지, 우리의 경쟁자와 시장 환경은 어떤지 등을 분석

② 마케팅 프로세스 2 – STP "마케팅 전략적 계획"

• Segmentation – 시장 세분화

: 관련 시장을 세분화 시켜 전체 시장을 분류하는 것

– 국내, 해외, 연령, 성별 등으로 나누어 분석하여 공략할 시장을 선택

– 관련된 시장 전체를 공략하는 것은 어려우므로 시장을 세분화하여 목표 시장을 설정

- Targeting – 타깃팅

: 시장 세분화가 진행된 후 목표시장을 선택하는 두 번째 단계

– 시장 타깃의 특징과 같은 구체적인 목표를 설정

– 목표 시장을 너무 넓게 잡으면 마케팅 효율성이 떨어지고 너무 좁으면 마케팅 효과가 줄어들 수 있으므로 마케팅 범위를 조절하는 것이 중요 타켓팅을 "목표시장 선정"이라고 부르는 이유

- Positioning – 포지셔닝

: 기업이나 제품의 위치를 시장에서 명확하게 자리잡게 하는 과정이며, 타깃팅을 진행한 고객들에게 긍정이미지를 심어주는 단계

– 소비자에게 기업 혹은 제품의 이미지가 한번 성립되면 다시 바꾸기가 어렵기 때문에 초기 포지셔닝은 매우 중요

③ 마케팅 프로세스 3 – Marketing Mix "마케팅믹스 – 4P"

: 4P 분석의 진행으로 STP를 현실화

- 4P(제품, 가격, 장소, 프로모션)를 통해 고객에게 실제적으로 드러나게 되는 과정이라 하여 전술적 마케팅이라고 불림
- 물질적인 재화를 포함하여 제품의 품질, 패키지, 브랜드, 서비스 등 고객의 만족도를 높일 수 있는 방안을 모색해야하는 개념
- 4P에 해당하는 목표를 달성하기 위한 마케팅 전략을 마케팅 믹스라고 함

④ 마케팅 프로세스 4 – Implementation "실행"

: 최종 전략의 방향성에 의거하여 작성한 플랜을 실행하는 단계

⑤ 마케팅 프로세스 5 – Control "통제, 평가"

: 필립 코틀러의 마케팅 프로세스의 마지막 단계인 컨트롤(Control)은 실행한 마케팅 전략을 평가하는 과정

- 플랜의 실행과 효과를 측정하며 시행착오를 반복하며 계속해서 좋은 플랜을 만들어나가는 노력이 필요함

2) 마케팅 환경분석

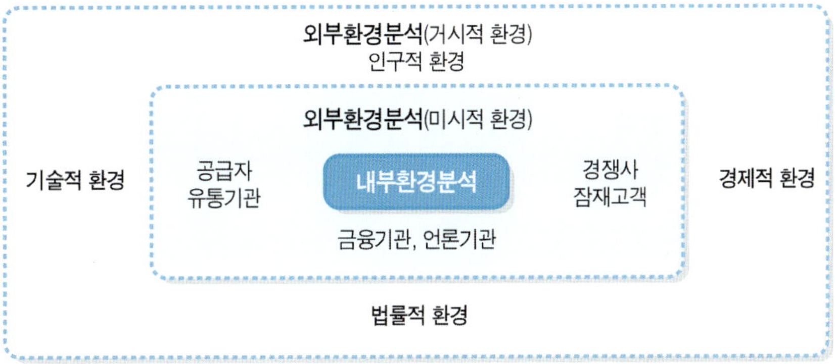

(1) 거시적 환경

① 거시적 환경이란?

- 인구적, 경제적, 기술적, 법률적 변화 등과 같이 기업이 속한 산업의 밖에서 발생하여 마케팅 활동에 영향을 미치는 요인
- 기업이 통제할 수는 없지만 장기간에 걸쳐 기업에 영향을 미치는 환경요소

② 인구통계적 환경

- 전체 인구의 규모나 성별, 연령별 인구구성의 변화 등과 같이 인구와 관련된 환경의 변화
- 우리나라의 인구통계적 특성으로는 출산율 저하와 노인 인구의 증가를 들 수 있음. 이러한 요인에 따른 연령구조의 변화는 시장에 많은 영향을 주게 됨
- 출산율 저하
  - 유아의류, 가구, 장난감 등의 시장이 협소해짐을 의미함
  - 어린이 도서, 교사, 간식에 대한 수요도 감소할 것임
- 노령인구 증가
  - 실버산업이 매력적인 시장으로 대두될 가능성이 높음

③ 경제적 환경

- 소비자의 구매력이나 소비지출에 영향을 미침으로써 마케팅활동에 영향을 미치는 요인
- 소득수준의 변화
- 소비구조의 변화

④ 법률적 환경

기업활동은 법률이 정한 테두리 안에서 운영되므로 법률의 변화는 마케팅활동에 많은 영향을 미친다.

- 환경오염
  - 환경오염이 심각해짐에 따라 정부의 환경규제도 강화되고 있음
  - 기업에서는 이러한 규제에 보다 능동적으로 대응하기 위해 그린마케팅 개념을 도입하고 있음
- 소비자 보호에 대한 법률
  - 2002년 7월 1일부터는 제조물책임법(PL: Product Liability)이 시행
  - 과거에는 제품 사용과정에서 피해 입은 소비자가 제조업체의 과실과 제품의 결함을 입증해야 했지만, PL법의 시행으로 제조업체가 제품의 결함 없음을 입증하는 부담을 안게 되었음

⑤ 기술적 환경

- 기술적인 변화가 생산양식이나 마케팅의 여러 수단에 영향을 미침
- 기술적인 변화
  - 새로운 사업기회 획득
  - 기존 기술 위협

(2) 미시적 환경

① 공급자

- 제조업의 경우 기업활동에 필요한 각종, 원자재, 장비 및 물품을 공급하는 자
- 유통업의 경우 제조업자나 전 단계 타 유통업자가 공급자가 됨
- 공급자에게 어떤 품질의 원자재나 제품을 공급하는가가 마케팅 활동에 직접 영향을 줌

② 유통기관

- 생산한 제품을 최종 소비: 사용자에게 전달하는데 참여하는 업자
- 유통업자가 제품을 얼마나 잘 유통시켜 주는가, 유통기관을 얼마나 단축시키는가가 경영성과에 영향을 주게 됨

③ 경쟁자

- 경쟁사로부터 시장을 어떻게 빼앗을 것인가, 혹은 경쟁사로부터 시장을 어떻게 지킬 것인가는 마케팅 전략적 측면에서 매우 중요함
- 우리 회사의 경쟁사가 누구인지를 정확히 파악하고 경쟁사에 대한 정보를 파악하는 것이 중요함
- 경쟁사를 분석할 때는 경쟁시장을 어떻게 보느냐에 따라 달라질 수 있음
- 기대하는 경쟁의 강도, 기업이 대응능력 등을 감안하여 경쟁자의 범위를 정함

④ 잠재고객

- 마케팅은 잠재고객들이 원하는 바를 확인하고 그것을 충족시키기 위한 활동을 계획하고 실행해야 하므로 잠재고객은 매우 중요함
- 마케팅 조직은 잠재고객이 원하는 바에 따라 어떻게 반응할 것이냐 하는 전략을 강조하지만, 경우에 따라서는 신상품이나 새로운 유통경로가 등장하여 소비자들의 구매 및 소비패턴을 변화시키기도 함

(3) 내부환경분석

통제 가능한 내부 경영자원에 대해 분석하는 것이다.

- 마케팅 활동에 영향을 미치는 내부환경
  - 재무자원
  - 인적자원
  - 기업이미지
  - 연구개발
  - 입지
  - 생산시설

(4) 잠재고객분석

구매인구	• 예상되는 잠재고객은 어느 정도인가? • 고객 지역 구성은?
구매결정 프로세스	• 구입할 때 중시하는 요소는? • 정보는 어디에서 얻나? • 구매까지 어느 정도의 기간이 필요한가? • 언제, 어디서 구입하나? • 어떻게 구입하나? • 대체품과 어느 정도나 비교하나?
구매 결정자	• 구매 의사결정은 누가 하나? • 구입할 때 누구의 의견을 듣나?
구매 행동에 영향을 미치는 요인	• 가격 • 얼마나 보급이 되었나? • 브랜드

(5) SWOT 분석

외부환경분석을 통해 시장의 기회와 위협요인을 발견하고, 내부환경분석을 통해 자사의 강점과 약점을 발견하여 마케팅 전략을 세우는 방법이다.

- 내 · 외부 환경분석을 기초로 한 기업의 경쟁력을 평가하는 방법

- 기업의 강점요인, 약점요인 및 기회요인, 위협요인을 파악하는 방법
- 기업의 내부적 강점: 강점요인(Strengths)
  - 경쟁회사와 비교하여 고객에게 강점으로 인식되는 것은 무엇인가?
- 기업의 내부적 약점: 약점요인(Weaknesses)
  - 경쟁회사와 비교하여 고객들로부터 약점으로 인식되는 것은 무엇인가?
- 사회적 · 경제적 기회: 기회요인(Opportuties)
  - 외부의 환경에서 유리한 기회 요인들은 무엇인가?
- 외부적인 위협: 위협요인(Threats)
  - 외부의 환경에서 위협요인은 무엇인가?

Strength	Weakness
▪ 경쟁자보다 우월한 요소를 도출하는 것 ▪ 실제적으로는 기업의 성과달성을 위해 효율적으로 이용될 수 있는 자원이나 역량을 의미	▪ 기업의 목표달성을 저해하는 요소 ▪ 기업의 한계나 단점, 결함, 경쟁자에 비해 열등한 자원, 역량을 의미
Opportunity	**Threat**
▪ 제품이나 수요를 진작시키고 기업의 경쟁 포지션을 제고시키는 기업환경 내의 우호적인 현재나 미래의 상황 ▪ 동향변화, 미처 포착하지 못한 욕구 등	▪ 현재나 미래의 기업 경쟁력을 침해하거나 위협 는 상황이나 동향 등의 환경 ▪ 장애물이나 제약 또는 기업에게 문제, 손해, 악영향, 손실을 유발할 수 있는 것

표 6-1 예(골프용 가방을 제조하는 회사)

강점요인(Strengths)	약점요인(Weaknesses)
• 시설 자동화 • 안정적 거래처 확보 • 기술 축적	• 기능인력 부족 • 교육훈련 취약 • 계획생산 불가
기회요인(OPportuties)	**위협요인(Threats)**
• 미국 경기 회복세 • 원재료 가격 인하 • 골프인구 증가	• 경쟁심화 • 국제경쟁력 약화

3. 시장 세분화와 목표고객 선정 및 포지셔닝(STP)

■ 차별적 마케팅

- 모든 고객을 구분하지 않고 마케팅을 실시하는 것
- 고객욕구의 다양성으로 인해, 비차별적 마케팅은 모든 잠재 고객을 만족시킬 수 없다는 근본적인 한계를 지님
  → 고급 데이터베이스 마케팅 활용

1) STP 전략

① Segmentation(시장세분화)

전체 시장을 유사한 특성을 가진 시장으로 세분화하는 과정

② Targeting(표적시장 선정)

자사가 가장 성공적으로 공략할 수 있는 목표시장 선택

③ Positioning(포지셔닝)

자사가 경쟁우위를 가질 수 있는 위치를 선정하고 알림

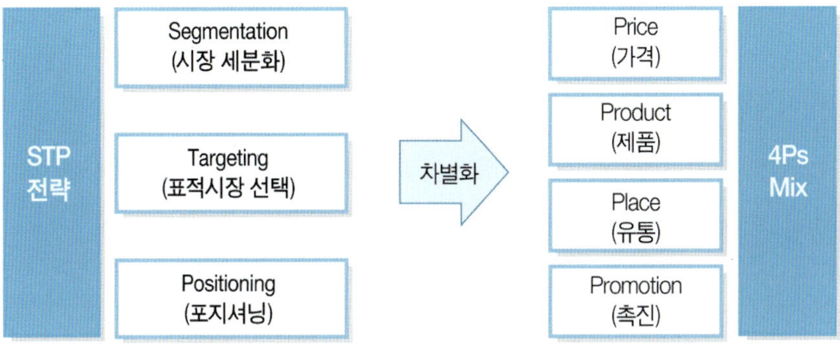

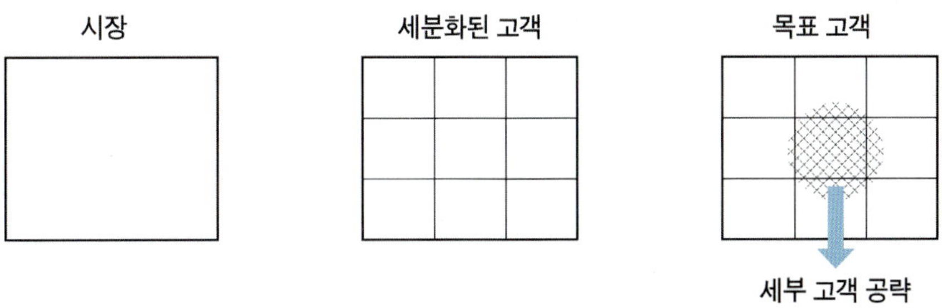

Segmentation

- 시장 세분화 기준 변수 파악
- 각 세분시장의 프로파일 개발
- 지리적/인구통계적/심리형태별/구매행동별 기준 등으로 세분화

요건	설명
측정 가능성	규모/구매력 등의 측정 가능 정도
접근 가능성	특정 시장에의 진입 가능 여부
실체성	수익 창출 가능 여부 (비용 〈 수익)
유효 타당성	내적 동질성/외적 이질성
신뢰성	일관성 있는 측정 결과
실행 가능성	세분 시장 공략 위한 마케팅 믹스 개발 가능성

Targeting

- 각 세분시장 매력도 분석
- Target 세분시장 선정 (목표시장 선정)

진출전략	설명
비차별적 마케팅	• 소비자 기호 무시 • 동질적 제품 • 규모의 경제/원가 우위
차별적 마케팅	• 고객화 • 생산원가 상승 – 증분수익 〉 증분비용
집중적 마케팅	• 특정 시장 집중 공략 • 전문성 요구 • High Lisk

M. Porter's 본원적 경쟁전략과 유사

Positioning

- 각 세분시장별 가능 포지셔닝 콘셉트 파악
- 각 세분시장별 마케팅 믹스 개발

소비자 분석 → 경쟁자 확인 → 경쟁우위 선택 → 포지셔닝 → 포지셔닝 확인 재 포지셔닝

다차원 분석법 활용!!

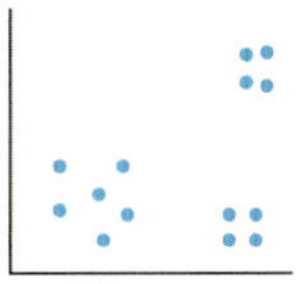

2) 시장세분화의 필요성

(1) 시장세분화의 필요성과 개념

① 개인별 마케팅(Individual Marketing)과 대량 마케팅(Mass Marketing)의 한계점을 극복하기 위한 마케팅 방법

- 개인별 마케팅(Individual Marketing)
  - 어떤 제품시장을 구성하는 다양한 구매자 개인의 욕구를 충족시켜주기 위한 마케팅 방법 → 불특정 다수의 잠재구매자를 대상으로 제품을 개발하여 대량생산하는 대부분의 소비제품의 경우에는 현실적으로 불가능함
- 대량 마케팅(Mass Marketing)
  - 전체시장의 가장 공통적인 욕구를 충족시키기 위해 단일제품을 개발하여 전체시장 구성원들을 대상으로 마케팅 하는 방법 → 단일제품에 만족하지 않는 다수의 고객을 잃게 되는 단점을 가짐

② 세분시장 마케팅

- 시장을 세분화하여 세분시장들 중 한 개 혹은 다수의 세분시장을 대상으로 각 세분시장에 가장 적절하게 마케팅하는 방법

③ 시장세분화(Segmentation)

- 하나의 제품시장을 어떤 기준으로 나누는 것
  - 보다 효과적인 마케팅 믹스의 개발을 위해서 전체시장을 소비자의 특성과 상품에 대한 욕구가 비슷한 혹은 영업활동에 의미 있는 동질적 부분시장으로 나누는 작업
  - 이렇게 나누어진 동질적인 부분시장을 세분시장이라고 하고, 이 중에서도 구체적인 마케팅 믹스를 개발하여 상대하려는 세분시장을 표적시장이라고 함
  - 소비자의 욕구가 존재하는 다수의 세분시장 중에서 한 개 혹은 몇 개의 세분시장을 표적으로 선정할 수 있음

- 표적시장 선정시 고려사항
  - 아래의 사항 등을 장·단기적으로 분석해야 함
    * 각 세분시장의 크기와 성장성
    * 상대적 경쟁력
    * 기업의 목표와 자원
    * 접근의 용이성 등

    예) 삼성전자의 예
      * 35~50개의 연령층
      * 월 3000만 원 이상의 고소득층
      * 40평 이상의 아파트 거주자
      * 과시욕구가 강하고 유명상표를 선화는 라이프스트일의 소비자 조사를 실시하여 그 결과
    * 다량의 전략소모
    * 심한 소음
    * 한국적이지 못한 디자인
    * 완벽하지 않은 A/S → 삼성전자는 냉장고의 First-class, 세계 최고급 명품이라는 브랜드 콘셉트를 토대로 초대형 프리미엄 내장고 지펠을 개발함

3) 시장세분화의 목적

(1) 다양한 소비자의 욕구를 파악하여 이들의 욕구를 보다 잘 충족시켜줄 수 있다.

- 하나의 제품으로 전체 시장을 공략하기보다는 각 세분시장이 원하는 차별적 제품의 개발을 통해 소비자의 다양한 욕구를 충족
- 예를 들면, 치약의 경우 하얀 치아, 충치 예방, 상쾌한 맛, 저가격 등 소비자들이 추구하는 편익에 따라 각기 다른 치약을 출시함으로써 소비자들은 취향에 맞는 치약을 선택하여 이용할 수 있으며, 예를 들면 동아제약의

가그린 치약은 상쾌함을 추구하는 소비자들의 편익을 충족시켜줌으로써 시장세분화에 성공함

(2) 숨어있는 소비자의 욕구를 발견, 새로운 시장기회를 찾아낼 수 있다.

- 국내 화장품업계의 선도회사인 아모레퍼시픽은 남성들의 화장품 사용에 대한 시장조사를 실시한 결과, 남성들도 피부와 외모 가꾸기에 많은 관심을 갖고 있음을 알게 되었으며, 이러한 잠재적 시장기회를 이용하기 위하여 미래파 '에센스 마스크'라는 남성용 팩 제품을 출시함으로써 스킨과 로션에 한정되었던 남성용 화장품의 영역을 팩 제품으로까지 확장하였음

(3) 자사상표들 간의 불필요한 경쟁을 방지할 수 있다.

- 각 상표별로 목표시장과 차별점을 명확히 구분하고 이를 소비자들에게 알려줌으로써 자사상표들 간에 발생할 수 있는 불필요한 경쟁을 피할 수 있게 해줌
- 한국야쿠르트에서는 위에 좋은 "윌", 장에 좋은 "매치니코프", 간에 좋은 "쿠퍼스"로 차별화된 상품을 출시함으로써 경쟁을 피하고 시장을 확대하고 있음

4) 시장세분화의 절차

모든 소비자들은 구매하려는 제품에 대해 각각의 욕구를 갖고 있으며, 이러한 고객의 욕구를 효과적으로 충족시켜주기 위해서는 동질적인 소비자들을 어느 수준에서 또는 몇 명으로 묶을 것인지를 결정해야 한다.

(1) 시장세분화 예시

① 자동차 회사의 경우

소비자들의 소득수준에 따라 소형차, 중형차, 대형차로 승용차 시장을 세분화한다음 각 세분시장에 맞는 제품을 출시하고 있다.

② 이동통신사의 경우

소비자의 연령대에 따라 중 · 고등학생, 대학생, 25~34세 직장인, 30대 후반 이상의 시장을 세분화하여 각기 다른 마케팅 활동을 전개한다.

(2) 시장세분화 기준변수의 선정

시장세분화를 하는 데 사용되는 기준변수는 매우 다양하지만, 크게는 개인적 특성변수와 제품관련 특성변수로 구분할 수 있다.

① 개인적 특성변수

- 특정제품과는 무관한 개인 소비자의 특성을 나타내는 변수
- 지리적 변수, 인구통계적 변수, 사회계층이나 라이프스타일, 개성 등이 있음

② 제품관련 특성변수

- 어떤 제품과 관련된 개인소비자의 특성을 나타내는 변수
- 소비자가 특정제품으로부터 추구하는 편익, 특정제품의 소비, 사용량, 특정제품의 소비, 사용하는 사람과 상황, 상표 충성도 등이 있음

③ 시장세분화를 위해 활용되는 기준변수

구분	기준변수
개인적 특성변수	지리적 변수
	인구통계적 변수
	사회계층, 라이프스타일, 개성
제품관련 특성변수	추구하는 편익
	특정제품의 소비, 사용량
	특정제품을 소비, 사용하는 사람과 상황
	상표 충성도

(3) 각 세분시장에 대한 평가

시장세분화가 이루어진 후에는 각 세분시장의 매력도에 대한 분석을 하고 이를 토대로 표적시장을 선정하게 된다. 세분시장에 대한 평가는 다음 단계로 이루

어진다.

① 세분시장에 대한 자료수집

- 시장세분화 변수에 의해 나누어진 각 세분시장과 관련된 자료를 수집
- 이러한 자료를 토대로 세분시장 내 고객들의 특성과 욕구에 대한 분석

② 시장의 잠재력 검토

- 새로운 시장에 대한 투자로부터 충분한 보상을 받을 수 있는지에 대한 잠재력을 검토
- 이를 위해 마케터는 각 세분시장의 규모와 향후의 성장률, 그리고 경제상황에 대한 정보를 수집, 분석해야 함
- 경쟁상황과 관련하여 현재 및 개의 상표가 이 세분시장에 진출해 있는지, 각 상표에 대한 소비자들의 반응은 어떤지 파악되어야 함

③ 세분 시장내 소비자들에 대한 접근 가능성

표적시장 내 소비자들의 관심사는 무엇이며, 어떤 방법으로 이들의 관심을 유도할 것인지, 자사상표의 특성을 어떻게 차별적으로 포지셔닝 할 것인지, 소비자들을 주로 접촉하는 매체는 무엇이며, 이들에게 접근하기 위해 사용되는 광고나 판촉예산은 어느 정도인지 등을 조사하고, 이러한 과정을 통해 각 세분시장별 분석과 평가가 완료되면 표적시장을 선정하는 단계로 들어간다.

4. 포지셔닝 전략

1) 표적시장 선정

(1) 세분시장의 크기와 예상매출액

새로운 세분시장은 신규투자를 회수할 수 있을 정도로 충분히 큰 시장규모와 기업의 목표를 달성할 수 있을 정도의 예상매출액을 기대할 수 있어야 한다.

(2) 기업의 재원

새로운 표적시장에 진입하기 위해서는 제품개발, 유통망 개척, 생산설비 투자 등을 위한 재원이 충분한지 검토하여야 한다.

(3) 기존 사업과의 연관성

기존 제품들과 생산설비, 유통망, 원자재, 연구개발팀 등을 공유함으로써 추가적인 투자를 줄일 수 있는지, 이를 통해 얼마나 많은 원가절감을 가져올 수 있는지 검토해야 한다.

(4) 경쟁자의 전략

경쟁자가 차별적으로 경쟁우위를 확보하고 있는 세분시장에 진입하기 위해서는 이에 대응할 수 있는 신제품을 출시하여야 한다.

(5) 제품수명주기

제품수명주기 초기단계에서는 하나의 제품만으로도 시장접근이 가능하지만, 성숙기 단계에 접어들면 소비자의 욕구가 다양해져서 이를 충족시키기 위해서는 각 세분시장별로 차별화된 제품을 제공해야 한다.

2) 표적시장 선정 전략

(1) 비차별적 전략

하나의 제품과 하나의 마케팅믹스로 시장 전체나 최대 세분시장에 대처해 나가는 매스 마케팅방법으로, 비차별적 전략은 시장을 구성하는 구성원들이 일반적으로 사용하는 제품이나 늘 관심을 가지는 제품에서 흔히 볼 수 있다.

생산비용이나 마케팅비용 등과 같은 비용을 절감할 수 있는 장점이 있으나, 최대 세분시장 밖의 고객들은 무관심 속에 방치하게 된다는 단점이 있다.

- 캐논의 비차별적 전략: 카메라시장에서 선도기업이었던 니콘은 고가, 고성능의 전문가용 제품을 고집한 반면, 후발업체인 캐논은 보다 시장규모가 큰 일반인들이 쉽게 찍을 수 있는 자동카메라 시장에 진출함으로써 니콘을 앞질렀다.

(2) 차별화 전략

두 개 또는 그 이상의 세분시장에 각각 다른 제품과 마케팅 믹스를 준비하는 방법으로, 소소한 세분시장별로 제품을 제공함으로써 매출을 극대화할 수 있다는 장점이 있으나 비용이 증가한다는 단점이 있다.

(3) 집중화 전략

특정세분시장으로 특화하고 여기에 모든 경영자원을 집중하여 독자적인 지위를 구축하는 전략으로 제한된 시장에서 경쟁우위를 확보함으로써 높은 수익성을 창출할 수 있다는 장점이 있는 반면에, 고객의 요구가 변하거나 유통, 생산, 광고 등에서 규모의 경제에 의한 비교우위를 갖는 대기업이 진출할 경우 이에 대처하기 어렵다는 단점이 존재한다.

3) 포지셔닝

(1) 포지셔닝의 개념과 필요성

마케터는 표적시장의 고객들에게 자사의 제품이 경쟁제품에 비해 어떤 차별점을 갖고 있으며, 고객의 욕구를 제대로 만족시켜주고 있음을 확신시켜주는 전략의 개발이 필요하다. 또한 표적소비자들의 욕구를 근거로 경쟁사에 비해 차별적인 제품을 개발하고, 이러한 제품특성을 소비자들이 정확히 인식하도록 알려주는 일련의 과정인 포지셔닝이 필요하다.

(2) 제품 포지셔닝

경쟁사와 비교하여 어떤 제품이나 브랜드가 차별적으로 받아들일 수 있도록 고객의 마음속에 위치시키는 노력으로 볼보(Volvo)는 안정성이 좋은 차, BMW는 성능이 좋은 승용차라는 포지셔닝을 추구하였으며, 제품 포지셔닝은 제품개발, 광고, 판촉 등과 같은 마케팅 믹스 수단들의 통합적 접근을 통해 실현한다.

(3) 포지션의 유형

① 가격과 제품속성에 의한 포지셔닝

- 표적시장 고객들이 중요하게 생각하는 가격이나 제품속성에서 자사제품이 차별적 우위를 갖고 있음을 강조하는 방법
- 신사복 메이커인 파크랜드나 할인점인 이마트(E-mart)는 저렴한 가격을 추구하는 소비자들에게 소구하고 있음

② 사용상황에 의한 포지셔닝

- 제품이 사용될 수 있는 적절한 상황과 용도를 자사제품과 연계시키는 방법으로, 만도의 김치냉장고 담채는 땅속에 묻는 김장김치와 같은 맛을 강조함으로써 사용

③ 제품사용자에 의한 포지셔닝

- 표적시장 내의 전형적인 소비자들을 겨냥하여 자사제품이 소비자들에게 제품이라고 이미지화하는 방법으로, 쌍용자동차의 렉스턴은 "대한민국 1%"라는 메시지를 통해 상류층에 적합한 자동차임을 강조

④ 경쟁제품에 의한 포지셔닝

- 소비자의 마음속에 강하게 인식되어 있는 경쟁제품에 비한 자사제품의 차별점을 제시하는 방법으로, 칠성사이다의 광고는 경쟁사인 코카콜라를 겨냥함
- 무색, 무카페인, 무로열티 등 광고를 통해 자사제품의 우수성을 강조함

⑤ 재포지셔닝

- 기존의 포지셔닝이 경쟁우위를 잃을 경우
- 기존의 포지션닝이 기업이 원하는 방향으로 되어있지 않을 경우
- 소비자 기호변화
- 강력한 경쟁제품의 시장진입
- 동아제약의 박카스 광고는 과거에 중년층에서 젊은층으로 재포지셔닝하고 있음

(4) 포지셔닝의 절차

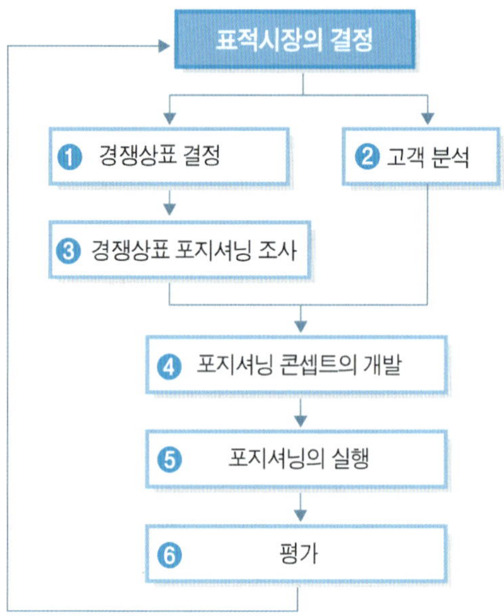

① 경쟁상표 결정

- 포지셔닝은 자사상표가 경쟁상표에 비하여 차별적으로 지각되도록 하기 위한 전략이므로, 경쟁상표를 명확히 결정하는 것은 포지셔닝 전략수립을 위해 가장 먼저 해야 할 일임

- 경쟁상표를 명확히 결정하는 것은 표적시장이 범위와 밀접한 관련이 있는데, 표적시장이 커질수록 경쟁상표의 수가 많아지게 됨
- 경쟁상표가 많을 경우에는 직접적인 경쟁이 이루어지는 상표를 대상으로 포지셔닝이 이루어짐

② 고객분석

- 표지셔닝 전략은 소비자들의 주목을 받기 위한 것이므로 소비자들의 욕구를 명확히 이해해야 함
- 소비자들이 고려하고 있는 상표군 내의 경쟁제품들을 비교, 평가하기 위해 주로 이용하는 중요한 속성은 무엇인지 명확히 파악해야 함

③ 경쟁상표의 포지셔닝 조사

- 소비자들이 대안평가 시 중요시하는 속성들에 따라 경쟁상표들이 어떻게 포지션되어 있는지, 그리고 전반적인 이미지는 어떤지를 조사함
- 만약 소비자들이 중요시여기는 특정 속성에서 현재 우수하게 포지션된 브랜드가 없거나 긍정적 이미지를 갖는 브랜드가 존재하지 않는다면 이는 새로운 기회를 의미함

④ 포지셔닝 콘셉트의 개발

- 포지셔닝 콘셉트는 마케터가 구매자의 마음속에 자사상표가 차지하기를 원하는 위치를 의미함
- 마케터는 소비자들이 제품에 대한 어떤 지각이나 연상을 갖도록 할 것인가를 결정하는 것
- 마케터는 고객분석과 경쟁자분석을 통해 자사가 경쟁우위를 차지할 수 있는 포지셔닝 콘셉트를 개발하여야 함

⑤ 포지셔닝의 실행

- 자사의 제품이 경쟁상표에 비해 차별적 특성을 갖는다고 하더라도, 소비자들이 그러한 점을 이해하고 받아들여야 함

- 기업은 포지셔닝 콘셉트가 결정되면 광고나 홍보 등 커뮤니케이션 노력에 의해 제품의 특성이 소비자들의 지각 속에 정확히 포지션되도록 노력해야 함

⑥ 평가

- 기업은 커뮤니케이션 활동에 의해 자사가 원하는 포지셔닝 콘셉트가 고객에게 제대로 심어졌는지를 조사하고, 그렇지 못하다면 이를 시정하도록 하여야 함
- 표적시장 내 소비자의 욕구와 경쟁을 포함한 여러 가지 환경적 요인이 끊임없이 변화하므로 계속적인 조사가 필요하고, 필요시 적절히 포지셔닝을 수정해 나가야 함

(5) 포지셔닝 맵(Positioning Map)

- 소비자가 어떤 제품과 관련하여 중요시하는 속성에 따라 경쟁상표들이 차지하고 있는 상대적 위치를 나타내는 그림
- 제품시장에 출시된 여러 상표들에 대한 소비자의 생각, 즉 각 경쟁상표들에 대해 지각한 특성이나 상표간 경쟁관계를 하나의 도표상에 일목요연하게 나타낸 것
- 제품의 주요 속성들을 축 또는 차원으로 정하고, 이 축들로 구성된 공간 내에 소비자들에 의해 지각된 각 상표의 속성별 수준과 소비자들이 원하는 이상적 제품을 가시적으로 표시해 주는 기법
- 포지셔닝 맵은 신제품 포지셔닝, 기존제품의 포지셔닝 평가 및 재포지셔닝 등 제품포지셔닝 전략수립을 위하여 매우 유용하게 이용될 수 있음
- 제품포지셔닝 전략수립
  - 신제품 포지셔닝
  - 기존제품의 포지셔닝
  - 재포지셔닝

5. 마케팅 4P 전략

1) 마케팅 믹스 개념

마케팅 믹스는 표적시장에서 마케팅 목표를 효율적으로 달성하게 위해서 취할 수 있는 다양한 방법들을 이야기한다.

(1) 마케팅믹스(4P)

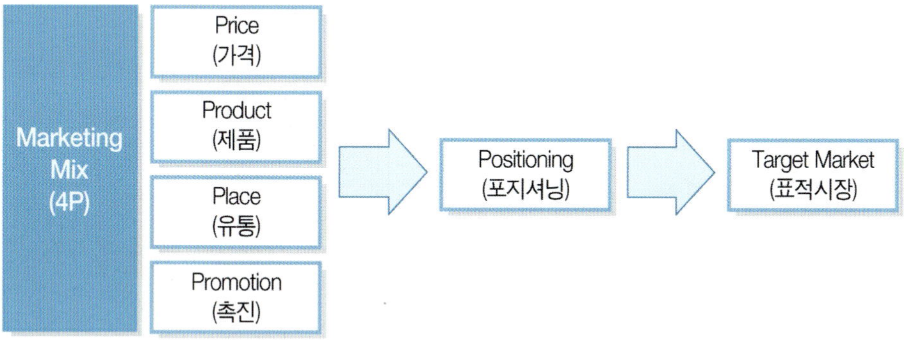

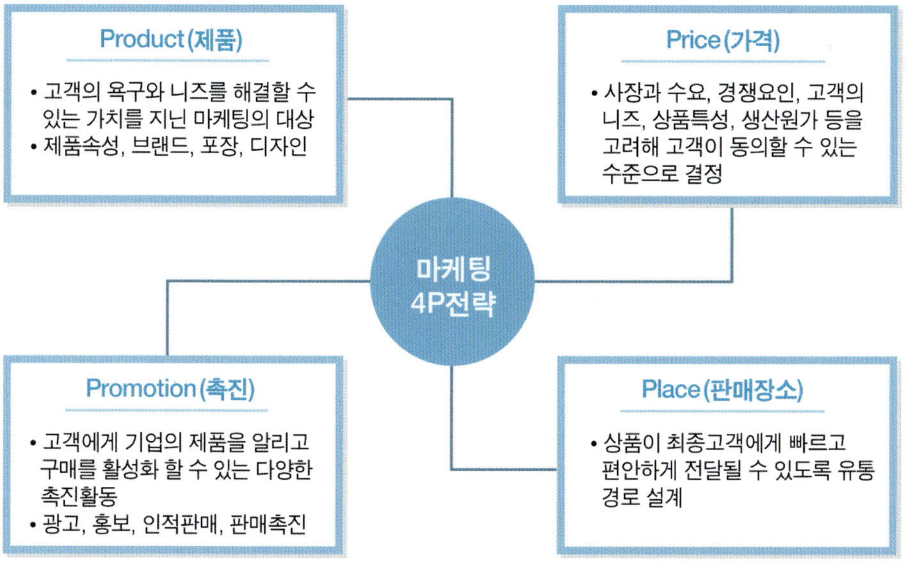

(2) 제품

① 제품의 정의

- 제품이란 무엇이라고 생각?
  - 흔히 생각하는 '우리가 돈을 주고 사는 것' 또는 '일상생활에서 우리가 필요로 하는 것', '농산물이나 공장에서 생산한 제품' 등의 정의는 마케팅 관점에서 협의의 제품에 속함
  - 협의의 제품: 제품을 단순히 '물리적, 화학적 속성들만의 결합체'로 파악하는 관점
  - 광의의 제품: 소비자들이 진정으로 구매하는 것은 이러한 속성들의 결합체가 아니라 자신들의 욕구를 만족시켜주는 편익이 구현된 것

② 마케팅에서의 제품

- 고객들의 욕구와 필요를 충족시켜 고객만족을 창출하기 위해 설계된 물리적, 화학적 및 상징적 속성과 부수서비스의 결합체
- 마케팅관점에서의 제품의 정의

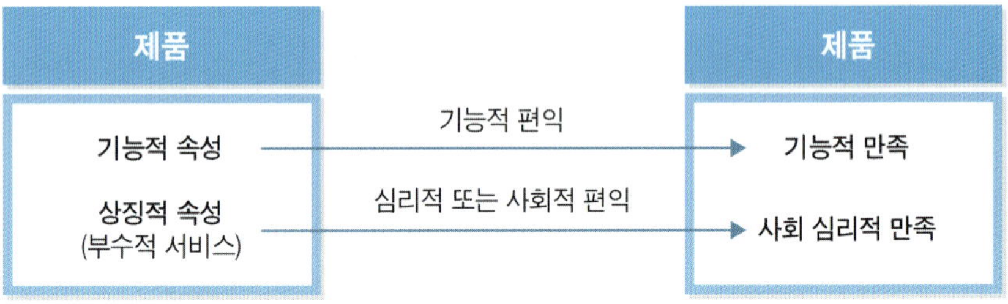

③ 제품의 3가지 차원

- 핵심제품: 워트프로세서 기능, 데이터처리기능, 인터넷 정보검색기능, 인터넷쇼핑기능 등
- 실제제품: CPU, 하드디스크, 모뎀, 키보드, 모니터, 컴퓨터케이스 등
- 확장제품: 컴퓨터 매뉴얼, A/S, 배송 및 설치, 사용을 위한 기본교육 등

2) 브랜드 자산과 신제품 브랜드 전략

(1) 브랜드 자산

한 브랜드 제품이 브랜드가 없거나 전혀 모르는 브랜드가 부착된 경우에 비해, 그 브랜드가 부착됨으로써 획득하게 되는 차별적 마케팅 효과이다.

(2) 소비자

- 그 브랜드에 관한 많은 정보를 용이하게 해석하고 기억할 수 있음
- 브랜드 자산이 높은 제품을 구매한 소비자는 구매결정에 자신감을 가지게 되고, 제품을 소비 및 사용함으로써 높은 만족을 얻게 되며, 이러한 만족도는 타 기업에 비해 경쟁 우위를 제공함

(3) 기업

- 강력한 브랜드는 촉진비용을 적게 지출하더라도 경쟁브랜드에 비해 높은 수준의 인지도, 선호, 그리고 브랜드 선택을 유발하며, 이로 인해 그 기업은 가격경쟁력에서 벗어나 높은 수준의 가격을 부과할 수 있고, 유통업자로 하여금 보다 우선적으로 취급하도록 할 수 있음
- 브랜드 확장을 보다 쉽게 성공적으로 할 수 있음

(4) 브랜드 자산

- 브랜드 충성도
  - 소비자들이 특정 브랜드를 선호하고 계속 구매하는 정도
- 브랜드 인지도
  - 소비자들이 그 브랜드를 아는 정도
- 지각된 품질
  - 소비자들이 주관적으로 생각하는 품질수준

- 브랜드 연상
  - 브랜드와 관련되어 일어나는 연상들로 유명 브랜드일수록 보다 긍정적인 연상을 유발

(5) 고객에 대한 해택

- 용이한 정보처리
- 구매결정에 대한 자신감
- 소비, 사용 만족감

(6) 기업에 대한 혜택

- 마케팅 프로그램의 효율성과 효과성
- 브랜드 충성도
- 고가격
- 브랜드 확장
- 유통 레버리지
- 경쟁적 우위

3) 신제품 브랜드 전략

기업이 신제품을 개발할 때 고려할 수 있는 브랜드 전략으로는 계열확장 전략, 다상표 전략, 브랜드확장 전략, 신규브랜드 전략 등 4가지가 있다.

		제품 범주	
		기존	신규
브랜드명	기존	계열확장 전략	브랜드확장 전략
	신규	다상표 전략	신규브랜드 전략

(1) 계열확장 전략

- 기존의 브랜드 자산이 높다고 판단되는 경우 신제품에 그 브랜드명을 그대로 사용하는 것
- 예를 들면, CJ는 쇠고기 다시다가 성공하자 조개 다시다, 멸치 다시다, 된장 다시다 등으로 확장하였음

(2) 브랜드 확장 전략

- 성공적인 상표명을 다른 제품범주의 신제품에 사용하는 것
- CJ는 식물나라 화장품이 성공하자 샴푸와 린스에 동일한 상표명을 사용
- 또한 LG생활건강이 드봉화장품에서 성공하자, 드봉비누와 드봉치약을 출시

(3) 다상표 전략

- 신제품에 전적으로 브랜드를 부착하는 것
- LG생활건강의 경우 치약 브랜드로서 클링스, 죽염, 글라이덴, 페리오, 덴타큐, 뽀뽀뽀 등을 생산

4) 신제품 개발 전략

① 선제 전략

신제품을 경쟁자보다 먼저 개발하는 것으로 고객의 니즈를 토대로 하는 전략과 R&D에 기초하는 전략이 있다.

㉠ 고객 니즈를 토대로 하는 전략

- 고객 니즈를 토대로 하는 전략은 고객의 니즈를 파악하여 이를 충족시킬 수 있는 제품을 개발하는 것
- 만도공조의 딤체: 김치를 보다 신선하게 보관하고자 하는 주부들의 니즈를 토대로 개발되었음

㉡ R&D에 기초하는 전략

- 고객의 잠재적 니즈, 즉 표현되지 않은 니즈, 미래의 니즈를 예측하는 통찰력으로 신제품을 개발하고 잠재고객들에게 그에 대한 니즈를 불러일으키는 것
- 신제품개발은 급속히 변화하는 기술적인 환경을 감지하고 이를 제품에 응용함으로써 가능함

② 대응전략

모방전략, 보다 나은 두 번째 전략, 방어전략이 있다.

㉠ 모방전략

- Me too전략이라고도 하는데, 다른 기업의 신제품이 성공하거나 성공이 예상되면 유사제품을 재빨리 출시하는 것

㉡ 보다 나은 두 번째 전략

- 경쟁 신제품보다 더 우수한 제품을 개발하는 것

㉢ 방어전략

- 한 기업의 경쟁자가 신제품을 개발하면 이로 인하여 매출이 부진하게 될

자사의 기존제품을 보호하기 위한 전략

- 두산음료가 Sprite를 출시하자, 칠성에서 자사의 사이다를 보호하기 위해 Sprint를 출시

5) 제품수명주기

제품이 개발되어 성공적으로 시장에 도입되더라도 수명주기를 거쳐 언젠가는 시장에서 철수하게 된다. 전형적인 제품 수명주기는 도입기, 성장기, 성숙기, 쇠퇴기의 네 단계를 거친다.

▶▶ 제품수명주기 곡선

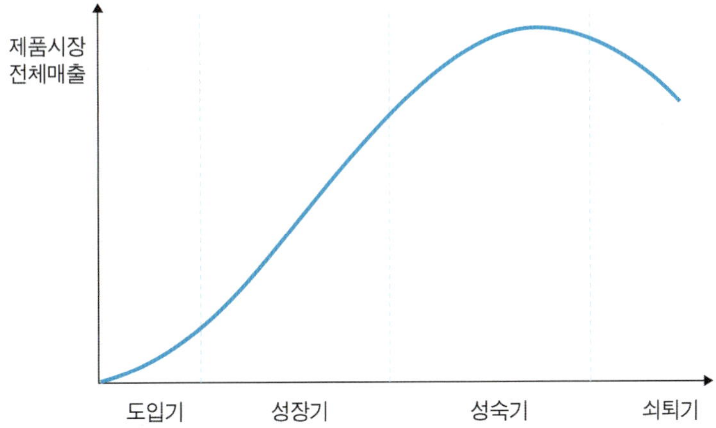

(1) 도입기

제품이 시장에 도입되는 기간으로서 매출성장률이 낮으며, 높은 제품도입 비용으로 인하여 적자이거나 이익이 매우 낮다.

(2) 성장기

성장기에는 시장에서 제품이 성공적으로 수용되어 수요가 확산된다.

이 기간에는 매출액 성장률이 높고 이익이 증가한다.

(3) 성숙기

이 기간에는 많은 소비자들이 이미 신제품을 구매해서 신규구매가 줄어들어 성장률이 낮거나 혹은 감퇴한다.

기업은 타 경쟁기업과의 경쟁에서 자사제품을 보호하기 위해 높은 마케팅 비용을 지출하게 되고 이익은 감소한다.

(4) 쇠퇴기

제품시장 전체의 매출과 이익이 완전히 하향하는 기간이다.

6) 제품수명주기 단계별 마케팅 전략

(1) 도입기

- 도입기에는 잠재고객들이 제품에 대해서 적극적으로 인지시키고 촉진활동을 전개하여 소비자들의 사용구매를 유도하여야 함
- 유통망을 확보하기 위해 마케팅 중간 유통업자들을 대상으로 인적판매에 주력
- 신제품이 편의품인 경우에는 무료 샘플이나 쿠폰을 배포하여 잠재고객들의 사용(trial)을 유도하고, 전문품이나 선매품인 경우에는 강력한 인적판매와 교육적 광고를 통해 구매를 자극함

(2) 성장기

- 성장기에는 시장점유율을 급속히 확대시키는 전략이 효과적임
- 즉, 상표의 포지셔닝을 더욱 강화시켜 기존 소비자의 반복구매를 유도하고 새로운 소비자의 구매를 유도함

- 장기적인 시장지위를 확보하기 위하여 유통망을 확충하고 견고히 함
- 경쟁에 대응하여 시장점유율과 현재의 수익 사이에서 목표를 조정함

(3) 성숙기

성숙기에는 기존의 시장점유율을 방어하면서 적정이윤을 계속 유지하여야 하고, 기존의 시장점유율을 유지하기 위해서는 시장확대전략, 제품수정전략, 상표재포지셔닝 전략이 필요하다.

시장확대 전략	신규사용자 혹은 새로운 제품용도를 개발하거나 기존고객의 제품사용 빈도(또는 사용량)를 늘림으로써 매출액을 늘리는 것
제품수정 전략	기존제품의 품질,특징,스타일 등을 변화시켜 수요를 증가시키는 것
상표재포지셔닝 전략	새로운 세분시장을 목표로 하여 상표의 포지셔닝을 수정하는 전략

(4) 쇠퇴기

쇠퇴기의 마케팅 전략으로는 세 가지 대안이 있는데, 제품을 시장으로부터 가급적 속히 철수, 제품에 대한 마케팅비용 지출을 줄이면서 쉽게 판매될 수 있는 만큼 거두어들이는 수확전략을 취하거나, 재활성화 전략을 취한다. 이는 기업이 새로운 노력에 의하여 시장쇠퇴를 어느 정도 방지할 수 있다고 판단되고 이를 위해 투자할 자원을 갖추고 있을 경우 실시한다.

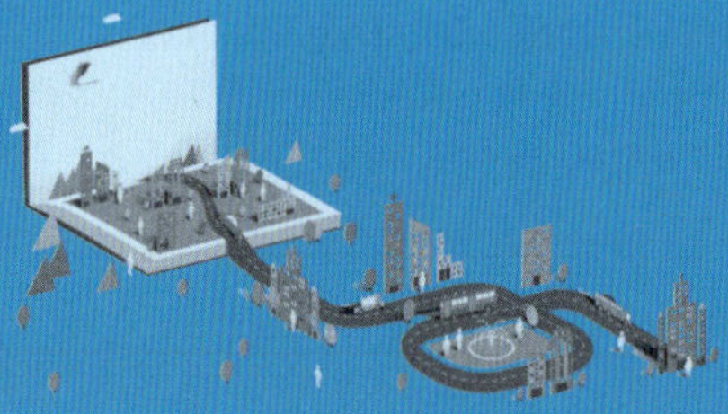

PART

3

창업실무와 사례

Chapter 7 기업의 유형
Chapter 8 회사의 설립
Chapter 9 사업자등록

Chapter

7 기업의 유형

1. 합명회사

법률적으로 말하면 합명회사는 무한책임사원만으로 구성되는 회사가 되는데, 각 사원이 회사에 대하여 출자 책임이 있다.

회사 채무에 대하여 만일 회사 재산을 가지고도 완제(完濟)할 수 없는 경우에는 사원이 연대하여 무한의 책임을 지며, 정관에 다른 정함이 없는 경우에는 각 사원이 회사의 업무를 집행하고, 회사를 대표할 권한을 가지는 회사이다.

합명회사에서는 사원의 인적 신용이 중시되므로 회사 재산은 비교적 중시되지 않으며 설립단계에서 출자를 이행할 필요는 없다.

출자에 있어서도 재산 출자에 한하지 않고 노무를 출자한다거나, 회사를 위하여 보증을 하거나, 물적 담보를 제공하는 따위의 신용의 출자도 인정한다.

합명회사는 사원 간의 신뢰관계를 중시하고 이것을 유지하기 위하여 입사나 사원의 지위(持分)의 양도에 관하여는 다른 사원의 동의를 요하며 그와 동시에 법정사유(法定事由)가 있는 경우에 환의 청구에 의하여 법원의 판결로써 제명하는 제도가 인정된다.

상법에서는 합명회사를 사단법인으로 보고 있으나, 실질적으로는 조합적(組合的)인 것이다.

자본주의 경제가 초기적인 시대에 개인기업에서 공동기업으로 바뀔 때에 이 회사형태가 이용되었으나, 자본주의 경제가 고도화하고 경쟁이 심해져 경영에 많은 위험이 따르게 된 이래부터는 지나치게 사원의 책임이 무거운 이 회사 형태를 기업가들이 회피하는 바가 되었다.

2. 합자회사

유한책임사원은 출자액을 한도로 하여 회사의 채무를 변제하는 직접·연대 책임을 진다. 이 유한책임사원의 존재를 제외하고는 합자회사는 원칙적으로 합명회사와 같이 취급할 수 있다.

상법은 다른 규정이 없는 한, 합자회사의 규정을 준용하고 있다. 그리고 별도의 규정으로 유한책임사원은 회사의 업무집행 및 대표의 권한이 없고 감시권만을 가지고 있으며 경업피지의무도 없다.

사원의 지위양도는 무한책임사원의 동의가 필요하지만 다른 유한 책임사원의 동의는 필요하지 않다. 출자는 재산출자에 한한다는 것 등이다.

합자회사도 합명회사 같이 상법상에서는 사단법인으로 되어 있으나 실질에 있어서는 조합적인 것이다.

3. 유한회사

유한회사란 상행위와 기타 영리행위를 하는 것을 목적으로 설립한 사단법인이다.

유한회사는 원칙으로 주식회사와 같이 회사에 대하여 그 출자금액을 한도로 하는 간접의 유한책임을 지는 사원(회사 채무에 관하여 채권자에 대해 직접으로는 책임을 지지 않고, 단순히 회사에 대하여 출자의무를 지는데 불과한 사원)만으로 조직하는 회사이다.

유한회사는 물적회사에 인적회사의 요소를 가미한 중간형태의 회사, 다시 말하면 사원 전원의 책임이 간접 · 유한인 점, 분화된 기관을 가지고 있는 점 등 많은 점에서 주식회사와 비슷하다.

1) 유한회사가 주식회사와 다른 점

- 설립절차가 간단하고 발기설립에 해당하는 방법만이 인정된다는 것
- 자본의 최저액이 법정되어 있는 것
- 사원의 총수가 제한되어 있는 것
- 출자에 대한 사원의 연대책임을 인정하고 있다는 것
- 지분의 양도가 자유롭지 못하고 또한 지분의 유가증권화가 인정되지 않는 것
- 기관의 구성이 간이화된 것
- 사원총회의 권한이 크며 그 절차 및 결의방법이 간이화되어 있는 것
- 계산 서류의 비공개성 등 공시주의가 완화되어 있는 것
- 사채(社債) 발행을 인정하지 않는 것

4. 주식회사

크락만(Kraakman)이 정의한 주식회사의 특징은 다음과 같다.

- 법인격
- 출자자(주주)의 유한책임
- 지분의 자유양도성
- 이사회로의 경영권 위임(소유와 경영의 분리)
- 출자자(주주)에 의한 소유

시장경제를 채택한 국가에서는, 거의 모든 대규모 기업들이 이러한 5가지 특징

을 갖추고 있다고 지적하고 있다.

사원인 주주의 출자로 구성되는 자본은, 다시 주주에게 주식으로 분할되고, 주주는 그 주식의 인수가액을 한도로 하는 출자의무를 부담한다. 따라서 회사 채무에는 개인적으로 책임지지 않고, 회사 재산만으로 책임지게 된다.

주식회사는 사원인 주주가 오로지 자본으로만 결합되는 자본단체이고, 주식을 매개로 하며 사원의 개성을 거의 상실하고, 유한의 책임을 진다는 것을 특징으로 한다.

회사라는 제도가 생겨난 지 수백 년을 경과하면서 주식회사 형태의 이용이 압도적으로 많았던 까닭은 자본이 주식을 단위로 하여 구성된다는 독특한 자본구성방식을 가지고 있어 자본 집중이 용이하며, 주주가 유한책임을 지므로 사업 손실의 위험을 제한할 수 있는 등 공동기업의 목적을 가장 충실히 달성할 수 있기 때문이었다.

주식회사의 법률적 특질로서는 자본, 주식 및 주주의 유한책임의 세 가지를 들 수 있다. 또한 소유와 경영의 분리를 통해 경영을 합리화한다.

합자회사가 사람들의 결합이면서 동시에 자본의 결합인 것에 비해, 회사의 형태 중에서 마지막으로 등장한 주식회사는 단지 자본의 결합이다.

회사의 자본은 회사 자체에 융합된 것처럼 하나의 단일체를 이루고 있다.

사원들 내지 파트너들은 이 자본의 일부를 소유하고 있다. 그것은 지분이라고도 하고 주식이라고도 한다.

1) 주식회사의 경제적 기능

(1) 자본의 결합

기업은 자본의 대소를 불문하고 모두 자본을 필요로 하는데, 주식회사는 사원의 지분(持分)이 세분화된 다수의 주식으로 분할된다.

그 주식은 증권화된 주권(株券)이라는 유가증권이 되어 자유로이 양도되므로 출자자(出資者)는 자본의 회수가 용이하다.

출자단위로서의 주식의 발행가액은 일반적으로 소액이므로 일반 공중도 출자자로서 기업에 참가할 수가 있으며 자본의 집중을 용이하게 할 수 있다.

대자본을 필요로 하는 기업은 거의가 다 주식회사의 형태를 취해서 영위되는 것이다.

(2) 위험의 분산

기업은 이익을 낳는 반면 손실을 초래할 위험도 있다. 주식회사는 많은 주식을 발행해서 다수의 주주를 갖는 것이 보통이므로 주주로서는 사업에 의한 이익의 분배액은 적음, 반면 사업에 의한 손실의 위험도 분담된다.

이런 이유에서 위험을 수반하는 기업, 예를 들면 해운사업이라든가 항공사업이라든가 보험업 같은 사업은 모두 주식회사의 형태를 취해서 영위되는 것이다.

2) 자본

자본은 원칙적으로 사원(社員)의 출자에 의하여 이루어지는 일정한 기금인 수액(數額)이며, 회사재산을 회사에 보유시키는 최소 한도를 표시하는 것이다.

즉, 주식회사에서 자본은 원칙적으로 "발행주식의 가액총액"이다. 이에 대한 예외로 상환주식의 상환과 주식의 이익소각이 있다.

3) 주식

주식(株式, Shares, Stocks)이란 사원인 주주가 주식회사에 출자한 일정한 지분 또는 이를 나타내는 증권을 말한다. 주식회사의 지분인 주식과 인적회사의 지분은 모두 사원의 지위를 의미한다는 점에서는 같으나, 주식은 지분이 균등한 비율적 단위로 세분화되고 1인이 복수의 지분을 갖는다는 점에서(지분복수주의) 유한회사의 지분과 같고, 각 사원이 1개의 지분을 갖고(지분단일주의), 다만 그 지분의 양이 각 사원의 출자액에 따라 다른 인적회사의 지분의 경우와 다르다.

주식(독일어 share, stock)이란 말은 어원적으로는 회사에 대한 사원의 청구권을 의미 하지만, 오늘날 주식이라고 할 때에는 ① 자본의 구성 부분, ② 사원의 지위(사원권 또는 주주권)이라는 의미를 갖는다.

주식이라는 말이 때에 따라서는 "주주권을 표창하는 유가증권"을 의미하는 뜻으로도 사용되는 경우가 있으나, 상법은 이를 "주권(株券)"으로 명백히 구별하여 표현하고 있어 주권을 의미하는 뜻으로 주식이라는 용어를 사용하는 것은 잘못된 용어이거나 또는 통속적인 의미밖에 없다.

4) 주주의 유한책임

사원, 즉 주주는 회사에 대하여 주식의 인수가액을 한도로 출자의무를 부담할 뿐 회사 채무에 대하여는 아무런 책임도 부담하지 않는다.

"책임"을 합명회사나 합자회사에서처럼 대외적인 것으로 이해한다면 주주의 책임은 무책임이라 할 수 있다.

이러한 주주의 유한책임제도는 주식회사제도의 본질적인 요소로서 정관이나 주주총회의 결의로써도 가중시킬 수 없다.

주식회사에 있어서의 출자는 전액납입주의를 취하므로 일단 납입하여 주주가 된 자나 주식을 승계취득한 자는 그 이상 아무런 책임을 지지 않고, 오직 회사에 대하여 권리만을 가진다. 즉, 주주의 유한책임이란 것도 엄밀하게는 주식 인수인으로서의 책임이지 주주의 책임은 아니다.

5) 설립

주식회사는 그 구성원인 주주와는 다른 별개의 법인격이 부여된다.

주식회사의 설립에는 3명 이상의 발기인이 모여 회사의 설립을 목적으로 하는 발기인 조합계약을 체결하고, 이 계약의 이행으로 설립절차를 집행한다.

절차에는 정관의 작성과 자본을 제공할 사원의 확정, 기관의 구성 등이 요구된다. 이러한 조건이 갖추어지면 설립 등기에 의하여 법인격이 인정된 주식회사가 성립된다.

주식회사 설립에는 설립자(設立者)가 회사 설립시에 발행하는 주식의 총수를 인수하여 설립하는 경우(발기설립, 發起設立)와 발기인이 일부만을 인수하고 나머지 주식에 대해서는 주주를 모집하여 설립하는 경우(모집설립, 募集設立)가 있다.

6) 발기인

발기인(發起人)은 주식회사의 설립자로서 정관에 발기인으로 기명날인 또는 서명한 자이다.

발기인은 3인 이상이 있어야 하지만 설립기획의 처음부터 정관에 기명날인할 때까지 계속해서 이 인원수가 갖추어져 있어야 함을 요하지 않고, 공증인(公證人)에게 정관의 인증(認證)을 받을 때에 3인 이상 있으면 족하다.

발기인이 될 수 있는 자격에 대해서는 상법에 특별한 제한이 없으므로 무능력자라도 발기인이 될 수 있다.

발기인은 서면에 의하여 주식을 인수하여야 하며, 의사록을 작성하여 의사의 경과와 그 결과를 기재하고 기명날인 또는 서명하여야 하며, 설립 중의 회사의 기관으로서 설립에 필요한 일체의 행위를 할 직무권한을 가지며, 그의 행위에 의한 권리 · 의무는 회사가 설립함과 동시에 회사에 귀속하지만, 회사 불성립의 경우에는 발기인에 귀속된다.

7) 정관의 작성

주식회사는 발기설립의 경우이든 모집설립의 경우이든 그 설립의 첫 단계는 발기인에 의한 정관의 작성에서 시작된다.

(1) 자본과 기관의 구성

기관의 종류로는 이사회, 대표이사, 주주총회, 감사(감사위원회) 등이 있다.

(2) 이사회와 감사의 직무범위

이사회의 업무집행감독권과 감사의 업무, 감사권과의 상관관계

(3) 모집 설립

배정(配定)이라 함은 주식을 인수하고자 하는 자의 청약에 대한 발기인의 행위로서 청약과 배정으로서 주식인수가 성립한다.

주식인수의 청약에 대하여 발기인은 배정방법을 미리 공고하지 않은 이상 자유로이 배정할 수 있다(배정 자유의 원칙).

이와 같이 발기인에게 배정자유를 인정하는 이유는, 발기인은 청약자의 납입능력, 주주 간의 세력균형 등을 고려하여 배정할 필요가 있기 때문이다.

8) 주식의 증감

(1) 주식의 양도

명의개서(名義改書)란 권리자의 변경에 따라 장부 또는 증권의 명의인의 표시를 고쳐 쓰는 행동을 말하는 회사법의 개념이다. 기명식증권 (記名式證券)의 권리이전의 사실을 공시하여 제3자에게 대항할 수 있도록 하기 위해 이루어짐. 주식회사에 있어서, 주주명부에는 주주의 성명과 주소, 각 주주가 가진 주식의 종류와 그 수, 주권의 번호, 각 주식의 취득연월일을 기재하는데, 주식의 이전으로 주주가 교체되었을 경우 그 취득자를 주주명부에 주주로 기재하는 것을 말한다.

(2) 주식의 증가(신주발행)

신주발행(新株發行, new issuance)이란 넓게는 회사설립 이후에 이루어지는 일

체의 주식발행을 뜻하나, 좁게는 자금조달을 목적으로 하는 신주발행, 즉 통상의 신주발행을 뜻한다.

9) 주식회사의 기관

주식회사의 기관에는 반드시 설치하지 않으면 안되는 기관으로서 주주총회 · 이사회 · 감사가 있고, 임의적인 기관으로서 검사인이 있다.

(1) 기업의 소유와 경영의 분리

주식회사에 있어서는 사원의 인적 조건에 중점을 두고 있지 않으므로 사원의 수도 비교적 다수인 경우가 많고, 따라서 사원이 스스로 업무집행에 임함을 원칙으로 하는 것은 적당하지 않다. 주식회사에 있어서는 기관 상호의 분화가 뚜렷하여, 회사경영에 관한 사원자격과 기관자격이 명확하게 분리되어 있으며 제도상으로는 기업의 소유와 경영의 분리가 명확하다.

즉, 주식회사의 기관 중 주주총회를 제외하고는 법률상 사원자격과 관련을 가진 것이 없다. 또한 사원자격이 결부되어 있는 주주총회에 대하여서는 일반투자가들은 극히 냉담하며, 그 대다수는 주주총회에 출석하지 않는 것이 일반적 현상이므로 실제상의 기업의 소유와 경영의 분리는 한층 현저하게 된다.

(2) 주주총회

주주총회(株主總會)는 주주전원에 의하여 구성되고 회사의 기본조직과 경영에 관한 중요한 사항을 의결하는 필요적 기관이다.

주주총회는 형식상으로는 주식회사의 최고기관이며, 그 결의는 이사회를 구속하는 것이나, 총회가 결의할 수 있는 사항은 법령 또는 정관에 정하는 바에 한정된다..

이와 같이 총회는 회사의 내부에 있어서 그 의사를 결정하는 것이 그 임무이며 대표이사와 같이 회사를 대표하거나 회사업무를 집행하는 것은 아니다.

주주총회는 소집시기에 따라서 정기총회와 임시총회로 나뉜다. 정기총회는 매년 1회의 일정한 시기에 또는 연 2회 이상의 결산기를 정하는 회사에서는 매 결산기에 소집되며, 임시총회는 필요에 따라 수시로 소집한다.

주주총회의 소집은 상법에 별다른 규정이 있는 경우을 제외하고는 이사회가 결정하고, 이 결정에 기하여 대표이사가 구체적인 소집절차를 밟게 된다.

주주총회를 소집함에는 회일(會日)을 정하여 2주 전에 의결권이 없는 주주를 제외한 각 주주에 대하여 서면(書面)으로 통지를 발송하여야 하고, 그 통지서에는 회의의 목적사항을 기재하여야 한다.

또 무기명주식을 발행한 경우에는 의결권이 없는 주주를 제외하고 회의일의 3주 전에 총회를 개최한다는 뜻과 회의의 목적사항을 공고하여야 한다.

주주총회는 정관에 다른 정함이 있는 경우를 제외하고는 본점의 소재지 또는 이에 인접한 곳에서 소집하여야 한다.

(3) 이사

이사란 주식회사의 업무집행의 의사 결정기관인 이사회를 구성하는 일원(一員)을 말한다.

이사회와 대표이사가 주식회사의 업무집행기관이며, 이사는 이사회의 구성원인 동시에 대표이사로 선임되기 위한 전제이다.

또한 이사의 선임은 주주총회의 전속적 결의사항이다.

이사의 법정 최소한은 3명이며, 그 임기는 3년을 최장기(最長期)로 한다. 그러나 재선(再選)되어도 상관없다. 이사는 언제든지 사임할 수 있다. 또 총회는 언제든지 이사를 해임할 수 있으나, 정당한 이유가 없을 때에는 회사는 손해를 배상하여야 한다.

(4) 위원회

대한민국 상법은 이사회 내 감사위원회를 둘 수 있도록 허용하고 있다. 감사위원회는 3명 이상의 이사로 이루어지며, 이 중 2/3 이상이 사외이 사로 이루어져야 한다.

Chapter 8

회사의 설립

1. 개인기업과 법인기업의 장단점

기업의 법률적 형태에 있어서 중요한 것은 개인기업과 회사형태의 기업이다. 개인기업은 기업이 완전한 법인격이 없으므로 소유자에게 종속되는 기업이고, 회사형태의 기업은 완전한 법인격을 가지고 스스로의 권리와 의무의 주체가 되며 기업의 소유자로부터 분리되어 영속성을 존재할 수 있는 기업이다.

우리나라의 일반적인 회사의 형태는 주식회사이며 합자회사, 합명회사 및 유한회사는 거의 없다고 보아도 무방하다. 그러나 회사의 개념에는 들어가지 않으나 개인사업자 형태의 개인기업이 우리나라에는 많이 존재한다. 따라서, 개인기업과 주식회사의 장단점을 비교하여 예비 창업자에게 사업계획 검토단계에서 기업의 형태를 결정하는 데 도움을 주고자 한다.

표 8-1 개인기업과 법인기업의 장단점

구분	개 인 기 업	법 인 기 업
장점	• 설립등기가 필요 없고 사업자등록 만으로 사업개시가 가능하므로 기업설립이 용이 • 기업이윤 전부를 기업주가 독점할 수 있음 • 창업비용과 창업자금이 비교적 적게 소요되어 소자본을 가진 창업자도 창업가능 • 일정규모 이상으로는 성장하지 않는	• 대표자는 회사운영에 대해 일정한 책임을 지며, 주주는 주금납입을 한도로 채무자에 대해 유한책임을 짐 • 사업양도시에는 주식을 양도하면 되므로 주식양도에 대하여 원칙적으로 낮은 세율의 양도소득세가 부과됨. 또한 주식을 상장 후에 양도하면 세금이 없음 • 일정규모 이상으로 성장 가능한 유망사업의 경우에 적합

	중소규모의 사업에 안정적이고 적합 • 기업활동에 있어 자유롭고, 신속한 계획수립, 계획변경 등이 용이 • 개인기업은 인적조직체로서 제조방법, 자금운용상의 비밀유지가 가능	• 주식회사는 신주발행 및 회사채 발행 등을 통한 다수인으로부터 자본조달이 용이 • 대외공신력과 신용도가 높기 때문에 영업수행과 관공서, 금융기관등과의 거래에 있어서도 유리
단점	• 대표자는 채무자에 대하여 무한책임을 짐 대표자가 바뀌는 경우에는 폐업을 하고, 신규로 사업자등록을 해야 하므로 기업의 계속성이 단절됨 • 사업양도 시에는 양도된 영업권 또는 부동산에 대하여 높은 양도소득세가 부과됨	• 설립절차가 복잡하고 일정규모 이상의 자본금이 있어야 설립가능 • 주식회사인 벤처기업의 설립 자본은 2천만원 이상임 • 대표자가 기업자금을 개인용도로 사용하면 회사는 대표자로부터 이자를 받아 야 하는 등 세제상의 불이익이 있음

1) 세제상의 특징비교

개인기업은 「소득세법」의 적용을 받으므로 과세기간은 매년 1월 1일부터 12월 31일까지이며, 과세소득은 총수입에서 필요경비를 공제한 금액이 되며, 대차대조표 공고의무가 없다.

이에 반해, 법인은 「법인세법」의 적용을 받고, 그 과세기간은 정관과 규칙에서 정하는 회계기간에 따라 달라지며 과세소득은 익금총액에서 손금총액을 공제한 금액이다. 대차대조표의 공고의무가 있으나, 세부담은 여러 가지 상황에 따라 차이가 있을 수 있다. 세율측면에 있어서는 개인기업(10%~40%로 누진)보다 법인기업(16%~28%)이 유리하다.

표 8-2 개인기업과 법인기업의 세제상의 특징

내 용	개 인 기 업	법 인 기 업
과세근거법	소득세법	법인세법
과세기간	매년 1월1일부터 12월 31일까지	정관에 정하는 회계기간
과세소득	총수입금액 - 필요경비	익금의 총액 - 손금의 총액
과세범위	특정소득에 대해서는 종합과세를 하지 않고 원천징수만으로 분리과세	분리과세가 인정되지 않음

이중과세 여부	하나의 원천소득에 대해 이중과세가 되지 않음	법인에게 법인세 과세 후, 주주의 배당에 대해 소득세 과세
세율구조	• 세 율: 9%~36%로 누진적용 • 주민세: 소득세의 10%	• 세 율: 15%~27% • 주민세: 법인세의 10%
납세지	개인기업의 주소지	법인등기부등본상의 본점/주사무소
기장의 의무	수입금액에 따라 일기장의무자, 간이장부 의무자, 복식부기의무자로 구분	수입금액에 관계없이 복식부기의무자
외부감사제도	적용되지 않음	자산총액이 60억 원 이상인 경우, 공인회계사의 감사를 받음
대차대조표 공고	대차대조표 공고의무가 없음	법인세 신고기간내에 일간신문에 공고의무가 있음

2) 회계처리상의 특징비교

(1) 대표자의 인건비

법인의 대표이사는 고용관계에 의하여 근로를 제공하므로 그 대가인 임원보수와 상여금을 손금에 산입한다. 이에 반해, 개인기업의 대표는 사업의 경영주체로서 고용관계에 있지 아니하므로 급여를 지급 받을 수 없다. 급여를 지급 받아도 그것은 출자금의 인출에 불과하므로 필요경비에 산입하지 아니한다.

(2) 퇴직급여충당금 설정

법인세법은 1년 이상 근속한 모든 임직원에 대해 퇴직급여충당금을 설정할 수 있다. 따라서, 대표이사도 퇴직급여충당금의 대상이 될 수 있으나 개인기업의 대표는 소득세법상 퇴직급여충당금 설정 대상이 아니다.

(3) 이연자산의 종류

법인세법은 법인의 이연자산을 창업비, 개업비, 신주발행비, 연구개발비, 사용수익기부 자산가액등 6가지로 인정하고 있으나, 개인사업자는 설립등기가 필요

없고, 신주를 발행하지 못하므로 「소득세법」은 개인기업의 이연자산을 개업비, 연구개발비, 사용수익기부자산가액 등 3가지만 인정하고 있다.

(4) 대손충당금 설정대상

법인세법은 대손충당금 설정대상 채권을 소비대차계약에 의한 대여금과 미수금을 포함하고 있으나, 소득세법은 사업과 관련된 채권만 대손충당금 설정대상으로 규정하고 있으므로 소비대차계약에 의한 대여금과 정상적인 사업거래에서 발생하지 않는 투자자산, 유형자산 처분미수금은 대손충당금을 설정할 수 없다.

(5) 기타의 차이

출자금의 자금인출에 대한 인정이자 익금산입, 시설개체 기술 낙후로 인한 생산설비의 폐기손실 손금산입, 양도자산 상각부인액 손금산입, 이자비용 손금불산입 부인규정, 일시상각 충당금 설정 등에 있어서 회계처리상에 상당한 차이가 있다.

2. 개인기업의 설립

1) 개인기업의 설립절차

개별법에 따라 인·허가가 필요한 업종은 사업자등록에 앞서 인·허가서의 사본을 사업자등록 시 제출해야 한다.

(1) 설립절차의 내용

개인기업을 창업하려면 그 규모나 업종에 관계없이 관할 세무서에 사업자 등록을 해야 한다.

사업자등록은 사업을 시작한 날로부터 20일 이내에 구비서류를 갖추어 관할세무서 민원 봉사실에 사업자 등록을 신청해야 한다.

창업자가 세무서에서 사업자등록증을 발급받으면, 개인기업은 새로운 기업으로 성립된다.

(2) 사업자등록 시 유의사항

① 사업장단위로 사업자 등록

사업장이란 사용인이 상시 주재하여 거래의 전부 또는 일부를 행하는 장소를 말하는데, 사업장이 여러 개 있을 경우에는 사업장마다 사업자등록을 해야 한다. 다만 보관·관리시설만 갖춘 하치장은 설치한 날로부터 10일 안에 하치장 소관세무서장에게 하치장 설치 신고서를 제출한다.

② 여러 가지 사업을 겸업할 경우

부가가치세가 과세되는 사업을 하는 경우(면제되는 업종도 함께 하는 경우도 포함)에는 부가가치세법에 의한 사업자등록을 하여야 하고, 면제되는 사업만 하는 경우에는 「소득세법」 또는 「법인세법」에 의한 부가가치세 면세 사업자등록을 하면 된다.

③ 공동사업자의 경우

2인 이상이 공동으로 사업을 하는 경우는 사업자등록신청은 공동사업자중 1인을 대표자로 하고, 공동사업을 증명할 수 있는 동업계약서 등의 서류를 함께 제출한다.

④ 사업자등록 미이행 시 가산세 부과내용

사업자등록을 하지 않고 사업을 하면 사업개시일로부터 등록한 날이 속하는 예정신고기간(예정신고 시간이 지난 경우에는 그 과세기간)까지의 공급가액에 대하여 100분의 1(간이과세자는 0.5%)에 해당하는 금액을 가산세로 물어야 한다.

3. 법인기업의 설립(주식회사의 설립을 중심으로)

1) 개요

- 설립등기 접수: 관할 법원 등기과
- 처리기간: 통상 접수 후 1일 이내

주식회사란 자기가 인수한 주식의 금액을 한도로 회사에 대하여 출자의무를 질 뿐 회사채권자에 대하여는 전혀 책임을 지지 않는 사원(간접유한 책임사원), 즉 주주로만 구성되는 회사를 말한다. 주식회사는 1인 이상의 발기인이 발기인 조합을 구성하여 상법이 정하는 바에 따라 정관 작성, 주식인수 및 주금납입 등 일정한 절차를 거쳐 법원에 설립등기를 함으로써 설립된다.

주식회사는 전형적인 자본단체로서, 회사의 소유와 경영이 분리되는 현상이 가장 뚜렷하다. 즉, 주식회사는 주주의 변동이 회사의 존재 및 경영에 미치는 영향이 가장 적은 회사형태로서 항구적인 사업을 경영하기 위하여 흔히 이용된다.

주식회사의 사원인 주주의 지분을 주식으로 세분화되어 그 양도가 자유로워 주주는 언제든지 주식의 양도로서 투자한 자본을 용이하게 회수할 수 있다. 주주는 유한책임을 지기 때문에 회사가 해산하는 경우, 종국에 가서 주식을 포기함으로써 더 이상의 책임을 지지 않으므로 오늘날 주식은 합리적인 투자대상이 되고 있다.

따라서, 기업을 설립하고자 하는 경우에 약간은 복잡한 절차가 수행되지만 주식회사를 설립하는 것이 여러모로 유리하다. 주식회사는 주식과 사채를 발행하여 불특정 다수인으로부터 대자본을 조달할 수 있어, 회사설립 후 지속적인 성장을 위해서는 주식회사로 설립하는 것이 유리하다.

2) 주식회사 설립에 대한 특례

유한회사인 소기업을 주식회사로 조직변경하거나 소기업인 주식회사를 설립하는 경우에는 상법 제288조 및 제329조 제1항의 규정에 불구하고 1인 이상의 발기인, 자본 5천만 원 미만으로도 할 수 있다.

3) 설립절차

그림 8-1 **법인설립 절차도**

(1) 발기인(「상법」 제288조)

발기인은 주식회사 설립을 위한 업무를 추진한다는 합의를 하고 발기인 조합계약을 체결하여 발기인 조합이 형성된다.

물론 발기인조합계약이라는 계약서를 작성하지는 않으나 발기인조합은 민법상의 조합으로서 민법규정을 적용받으며 정관작성, 기명날인, 주식인수 등 설립을 추진하는 주체이다. 이러한 발기인조합은 회사가 성립하면 자동소멸 된다.

발기인

발기인이란 정관을 작성하고 기명날인 또는 서명한 자로서 실질적으로 주식회사의 설립을 기획하고 그 설립사무를 집행하는 사람을 말하며, 발기인은 내·외국인, 법인이건 자연인이건 관계없으며 미성년자도 법정대리인의 동의가 있으면 발기인이 될 수 있으나 1주 이상의 주식을 인수하여야 한다. 또한, 발기인은 정관에 서명날인하여야 한다. 주식회사의 설립에 관여정도의 다소여부를 떠나 정관에 기명날인 또는 서명한 자는 발기인이고, 정관에 서명 등을 하지 않은 자는 발기인이 아니다.

(2) 정관 작성(「상법」 제289조, 제290조)

회사 설립의 최초의 단계는 정관 작성인데, 정관이란 실질적으로 회사의 조직과 활동에 관한 기본규칙을 기재한 서면을 말한다. 발기인은 회사의 근본 규칙을 확정하고 이를 서면에 기재한 후, 전원이 정관에 기명날인 또는 서명을 하여야 한다.

정관의 기재사항은 반드시 기재하지 않으면 정관 자체의 효력을 무효화시키는 절대적 기재사항과 정관에 기재하지 않아도 정관 자체의 효력에는 영향이 없지만, 이를 정관에 기재하지 않으면 그 효력이 발생하지 않는 상대적 기재사항과 회사의 필요에 의하여 기재하는 임의적 기재사항으로 구성된다.

표 8-3 **정관의 기재사항**

구 분	내 용	비 고
절대적 기재사항	① 목적 ② 상호 ③ 회사가 발행할 주식의 총수(A) ④ 1주의 금액 ⑤ 회사의 설립 시에 발행하는 주식의 총수(B) ⑥ 본점의 소재지 ⑦ 회사가 공고를 하는 방법 ⑧ 발기인의 성명·주민등록번호 및 주소	• 목적: 구체적인 사업내용을 기재 (수개의 목적 기재가능) • 상호: 주식회사라는 문자를 사용하며, 유사상호 사전검토 • 회사가 발행할 주식의 총수(A): 장래에 발행하기로 예정하고 있는 주식의 총수
상대적 기재사항	① 발기인이 받을 특별이익과 이를 받을 자의 성명 ② 현물출자자의 성명과 그 목적인 재산의 종류, 수량, 가격과 이에 대하여 부여할 주식의 종류와 수 ③ 회사 성립 후 양수할 것을 약정한 재산의 종류·가격·수량 및 양도인의 성명 ④ 회사가 부담할 설립비용과 발기인이 받을 보수액	• 1주의 금액은 균일하여야 하고, 1주의 금액은 1백원 이상가능 • 회사의 설립 시에 발행하는 주식의 총수(B): 납입자본으로서 동 주식의 인수와 납입이 이루어져야 회사가 성립됨 • B는 A의 1/4 이상이어야 함
임의적 기재사항	① 이사·감사의 수 ② 총회의 소집시기 ③ 영업연도 등	• 회사의 공고: 일간신문에 의함

(3) 정관의 인증(상법 제291조, 공증인법 제62조, 제63조)

회사의 설립 시에 작성하는 정관을 원시정관이라 하는데, 원시정관은 정관인증 취급 공증인의 인증을 받아야 그 효력이 생긴다. 정관인증 취급 공증인은 회사의 본점 소재지를 관할하는 지방검찰청의 소속 공증인(공증인사무소)이 취급한다.

정관의 인증은 촉탁인(발기인조합)이 공증인 앞에서 정관의 기명날인 또는 서명을 자인한 후 그 사실을 기재함으로써 이를 행한다. 발기인이 공증인에게 정관의 인정 신청시 정관 2통을 제출하여야 한다. 공증인은 정관의 인증 후 1통은 발기인에게 교부하고 나머지 1통은 공증인이 보존한다.

〈정관의 인증 신청 시 준비서류〉

① 정관 2부(공증인사무소의 보관용 원본 1부, 회사보존용 원본 1부)
② 각 발기인의 인감증명서 및 주민등록증
③ 대리인의 경우 위임장 및 대리인의 임감증명서

정관취급 공증인의 인증을 받은 정관이 창립총회에서 변경되더라 정관의 경우에는 창립총회에 기재된 것이 증거가 되므로 다시 공증을 받을 필요는 없다.

정관은 회사설립 후 관공서, 금융기관 또는 거래회사 등에서 제출을 요구하는 경우가 있으므로, 공증인에게 정관인증 신청시 1~2통을 추가로 인정받으면 유리하다. 또한 인증된 정관의 보관·관리에 신중을 기하여야 한다.

〈정관인증의 수수료(「공증인 수수료 규칙」 제21조)〉

① 발행주식의 액면총액 5천만 원까지는 8만 원임
② 5천만 원을 초과할 경우, 그 초과액의 1/2,000을 더하되 100만 원을 초과하지 못함

(4) 주식발행 사항의 결정(상법 제291조)

회사의 설립 시에 발행하는 주식의 총수는 정관작성 시 정해지지만, 주식발행에 관한 나머지 사항은 정관에서 특별히 정한 사항이 없으면 발기인 전원의 동의로 이를 정한다.

〈발기인의 전원 동의를 요하는 사항〉

① 우선주, 보통주, 무의결권주와 같은 주식의 종류와 수
② 액면 이상의 주식을 발행하는 때에는 그 수와 금액

또한 발기설립을 할 것인가 또는 모집설립을 할 것인가는 정관에 기재하는 사

항이 아니므로 발기인들의 합의에 의하여 임의로 결정한다. 모집설립을 하는 경우에 있어 불특정 다수인 50인 이상을 대상으로 공개모집하는 경우 금융감독위원회에 사전 등록·신고 등의 절차를 거쳐야 하므로 일반적으로 연고모집에 의한 포집설립을 하는 경우가 많다.

〈회사의 설립방법〉	
발기설립	발기인이 발행주식 총수를 인수하는 방법으로 설립절차가 간단함
모집설립	발기인이 주식의 일부를 인수하고 나머지 주식은 주주를 모집하여 인수케 하는 방법으로 설립되는 것으로서 모집설립에는 연고모집과 공개모집이 있음
공개모집	불특정 다수인을 대상으로 주주를 모집하는 방법으로, 불특정 다수인 50인 이상에게 주식청약을 하는 경우, 금감위에 법인등록과 모집금액이 10억 원 이상인 경우 금감위에 신고등의 절차로 인하여 창업설립 시에 공개모집을 기피하는 경향이 있음
연고모집	발기인조합이 가까운 소수의 지인을 주주로 모집

(5) 발기설립

① 발기인의 주식인수(상법 제293조)

회사를 설립 시 발행주식과 발행가액이 결정되면 이를 인수할 사람을 결정하여 주식을 배정하게 된다. 발기설립의 경우, 발기인이 발행주식 총수를 서면에 의해 인수하여야 하는데, 각 발기인은 반드시 1주 이상의 금액을 인수하여야 한다. 인수 시기는 제한이 없으나 주금의 납입 전까지 인수하여야 한다.

〈발기인의 주식인수〉

발기설립의 경우 각 발기인은 서면으로 1주 이상의 주식을 인수하여야 하며, 구두에 의한 인수는 무효이다. 또한 모집설립의 경우에도 각 발기인은 서면에 의한 1주 이상의 주식을 인수하여야 한다.

② 출자의 이행(상법 제295조)

회사설립 시에 발행하는 주식의 총수를 발기인이 전부 인수한 때에는 발기인은 인수한 주식의 수에 따라 인수가액을 납입할 의무를 진다. 각 발기인은 발행하는 주식을 서면에 의하여 전부 인수하고 지체없이 발기인조합(발기인)에서 지정한 납입은행 기타 금융기관의 납입장소에 그 인수금액 전액을 납입하여야 한다.

만일 발기인의 합의에 의하여 액면 이상의 주식을 발행하는 경우에는 주금뿐만 아니라, 액면초과액을 포함하여 납입하여야 한다.

현물출자를 하는 발기인은 납입기일에 출자의 목적인 재산을 인도하고 등기, 등록 기타 권리의 설정 또는 이전을 요할 경우 서류를 완비해 제출한다.

현물출자 시 무가치한 재산의 출자 또는 출자재산이 과다하게 평가될 경우, 회사설립 후, 자본충실을 해할 우려가 있기 때문에 현행 상법에서는 현물출자를 정관의 상대적 기재사항(변태설립)으로 하고 검사인의 검사를 받도록 하고 있다. 이처럼 변태설립사항이 있는 경우에는 원칙적으로 법원이 선임한 검사인의 조사를 받아야 하나, 현물출자에 대해서는 감정인의 감정으로 검사인의 조사를 대체할 수 있다

현물출자

- 현물출자란 금전이외의 재산을 출자하는 것을 말하며, 현물출자의 대상은 대차대조표상의 자산의 부에 계상할 수 있는 것으로서 동산, 부동산, 유가증권, 특허권, 광업권, 상호 및 영업상의 비결 등 재산적 가치가 있는 사실관계와 영업의 일부 또는 전부도 가능

- 기술평가기관(「벤처기업육성에 관한 특별조치법」 제6조)
벤처기업에 대한 현물출자 대상에는 특허권 · 실용신안권 · 디자인권, 그 밖에 이에 준하는 기술과 그 사용에 관한 권리를 포함한다. 동 기관의 평가는 공인된 감정인의 감정한 것으로 본다. 기술평가기관은 국립기술품질원, 기술신용보증기금, 한국산업기술평가원, 생산기술연구원, 환경관리공단(환경기술에 대한 평가에 한함)이 있다.

현물(재산)의 가치평가의뢰	현물을 출자하는 발기인은 공인된 감정인(감정평가기관)에게 평가를 의뢰
↓	
현물의 평가액 결정 및 통보	공인된 감정평가기관 또는 기술평가기관에서 현물출자의 대상물을 평가하여 그 가액을 신청인에게 통보
↓	
정관에 기재 (발기인조합)	현물출자를 하는 자의 성명과 그 목적인 재산의 종류・수량・가격과 이에 대하여 부여할 주식의 종류와 수를 기재
↓	
현물출자 이행	현물출자를 하는 발기인은 납입기일에 지체없이 출자의 목적인 재산을 인도하고 등기, 등록 기타 권리의 설정 또는 이전을 요할 경우에는 이에 관한 서류를 완납하여 교부함
↓	
이사·감사 선임	현물출자의 이행(주금납입 포함)이 완료되면 발기인은 지체없이 의결권의 과반수로 이사와 감사를 선임
↓	
감사인 선임 신청	이사는 취임 후 관할소재지의 지방법원에 검사인의 선임을 청구하여야 함 검사인의 선임신청은 이사 전원의 연서로서 하며 법무사에 의뢰하여 신청서를 작성
↓	
검사인 조사 보고	검사인의 변태설립사항과 난입 및 현물출자의 이행사항에 대하여 조사를 실시하고 조사보고서 등본을 각 발기인에게 교부 • 검사인의 조사보고 소요기간: 통상 15일 이상 소요
↓	
검사인 조사 보고	검사인의 조사보고서에서 사실과 상이한 사항이 있는 때에는 발기인은 이에 대한 설명서를 법원에 제출할 수 있음

그림 8-2 **현물출자의 절차도**

③ 이사와 감사 선임(상법 제296조)

현물출자의 이행과 주금의 납입이 끝나면 발기인들은 지체없이 발기인회를 개최하여 의결권의 과반수의 결의로 이사와 감사를 선임하여야 하는데, 이사는 3인 이상, 감사는 1인 이상을 선임한다.

〈발기인의 의사록 작성〉

- 발기인은 발기인회 개최시 의사록을 작성하여 의사의 경과와 그 결과를 기재하고 기명날인 또는 서명하여야 함
- 이사회 의사록 작성방법: 주식회사 설립의 실무 참조

④ 설립경과 조사(상법 제298조)

이사와 감사는 취임 후 지체 없이 회사의 설립에 관한 모든 사항이 법령 또는 정관의 규정에 위반되지 아니하는지 여부를 조사하여 발기인에게 보고하여야 한다. 단, 이사와 감사 중 발기인이었던 자 · 현물출자자 또는 회사성립 후 양수할 재산의 계약당사자인 자는 동조사에 참여하지 못한다. 만일 이사와 감사가 전부 단서에 해당하는 경우, 이사는 공증인으로 하여금 조사를 하여 보고하게 하여야 한다.

또한 이사는 정관에 현물출자 등 변태설립사항이 규정되어 있는 경우에는 이에 관한 조사를 하도록 하기 위하여 관할소재지의 지방법원에 검사인의 선임을 청구하여야 한다. 검사인의 선임신청은 이사전원의 연서로서 하며, 법무사에 의뢰하여 신청서를 작성한다.

만일 설립 중인 회사의 정관에 현물출자, 재산인수 등 변태설립사항이 기재되어 있지 않으면 법원에서 선임한 검사인의 변태설립사항에 관한 조사를 받을 필요가 없으므로 신속히 회사설립 절차를 진행할 수 있다.

변태설립사항이 없는 경우에는 '9A 변태설립사항 조사'를 생략하고 창립총회를 개최하여 대표이사 선임 등의 절차를 거치면 된다.

⑤ 변태설립사항 조사(상법 제299조)

검사인은 정관에 현물출자 등 변태설립사항과 현물출자의 이행에 관한 사항을 조사하여 조사보고서를 법원에 보고하고, 지체 없이 조사보고서 등본을 각 발기인에게 교부하여야 한다. 각 발기인은 검사인의 조사보고서에 사실과 상이한 사항이 있는 때에는 이에 대한 설명서를 법원에 제출할 수 있다.

〈변태설립사항의 조사의 특례(「상법」 제299조의2)〉

- 변태설립사항이 있는 경우, 법원에서 선임한 검사인의 검사를 받아야 하나 현물출자와 재산인수의 사항과 그 이행에 관하여 공인된 감정인의 감정으로 검사인의 조사에 대체할 수 있음
- 「벤처기업육성에 관한 특별법」상 기술평가기관의 특허권·실용신안권·의장권 기타 이에 준하는 기술과 그 사용에 관한 권리를 평가는 공인된 감정인이 감정한 것으로 간주하기 때문에 동기관의 평가로 검사인의 조사를 대체할 수 있음

법원은 검사인의 조사보고서와 발기인의 설명서를 조사하여 변태설립에 관한 사항이 부당하다고 인정한 때에는 이를 변경하여 각 발기인에게 통보할 수 있다. 법원의 변경처분에 불복하는 발기인은 그 주식의 인수를 취소할 수 있다. 이 경우에는 정관을 변경하여 정관취급 공증인의 변경된 정관의 인증이 없이도 설립에 관한 절차를 속행할 수 있다. 만일 법원의 통고가 있은 후 2주 이내에 주식의 인수를 취소한 발기인이 없을 때에는 정관은 통고에 따라 변경된 것으로 본다.

〈검사인의 조사기간 및 수수료(「공증인 수수료 규칙」 제19조의2)〉

① 검사인의 조사보고 소요기간은 통상 15일 이상 소요됨
② 검사인의 조사 수수료는 발행주식의 액면총액 5천만 원까지는 100만 원이며, 5천만 원을 초과할 경우, 그 초과액의 3/2,000을 더하되 300만 원을 초과하지 못함
③ 검사인의 조사를 대체하는 기술평가기관의 특허권등의 평가 수수료는 통상적으로 50만 원 이내이며, 국립기술품질원의 평가수수료는 더욱 저렴하다.

(6) 모집설립

① 발기인의 주식인 수(상법 제301조)

회사를 설립 시 발행주식과 발행가액이 결정되면 각 발기인은 발행주식 중 일부를 서면(주식인수증을 발기인대표에게 제출)에 의해 인수하여야 하는데, 발기인은 반드시 1주 이상의 금액을 인수하여야 한다. 발기인이 구두에 의한 인수를 하는 경우에는 무효가 되며, 그 즉시 발기인 자격을 상실한다.

② 주주의 모집 및 주식의 청약(상법 제302조)

발기인이 일부주식을 인수하고 나머지는 응모주주를 대상으로 모집을 하는데, 현행 상법은 주식청약서주의를 채택하고 있으므로 발기인은 정관의 절대적 기재사항과 변태설립사항, 회사조직의 대강과 청약조건 등 회사설립 개요를 응모주주가 알 수 있도록 기재한 주식청약서를 작성하여야 한다.

〈주식청약서 기재사항〉

- 정관의 인증년월일과 공증인의 성명
- 정관의 절대적 기재사항과 변태설립사항
- 회사의 존립기간 또는 해산사유를 정한 때에는 그 규정
- 각 발기인이 인수한 주식의 종류와 수
- 주식의 종류와 수, 액면 이상의 주식을 발행하는 때에는 그 수와 금액
- 주식의 양도에 관하여 이사회의 승인을 얻도록 정한 때에는 그 규정
- 개업 전에 이자를 배당할 것을 정한 때에는 그 규정
- 주주에게 배당할 이익으로 주식을 소각할 것을 정한 때에는 그 규정
- 일정한 시기까지 창립총회를 종결하지 아니한 때에는 주식의 인수를 취소할 수 있다는 뜻
- 주금(주식인수에 따른 대금)납입을 맡을 은행 기타 금융기관과 납입장소
- 명의개서대리인을 둔 때에는 그 성명·주소 및 영업소

응모주

발기인이 아닌 주식인수인을 모집주주(응모주주)라 하는데, 그 수는 제한이 없으므로 1인이라도 관계없으며 응모주주가 인수하여야 하는 주식의 수도 제한이 없으므로 1주 이상 인수 가능

공개모집을 위한 사전 등록 및 신고

응모주주(주식청약인)는 이 주식청약서 양식에 의해서만 주식을 청약할 수 있다. 응모주주는 주식청약서 2통에 인수할 주식의 종류 및 수와 주소등 법정기재사항을 기재하고 기명날인 또는 서명하여 제출하여야 한다.

❖ **관련규정**: 「증권거래법」 제3장, 제4장(재정경제부)과 「등록법인관리규정 및 유가증권 발행신고등에 관한 규정」(이상 금융감독위원회 규정)

- 유가증권 모집이란 불특정 다수인 50인 이상을 대상으로 신규로 발행되는 유가증권(주식 등)의 취득의 청약을 권유하는 것을 말하며, 유가증권의 모집을 통하여 설립 중인 법인은 금융감독원에 유가증권발행인 등록을 하여야 함

❖ **금감원에 제출하는 「등록법인신청서」에 첨부할 서류**

① 발기인이 작성한 정관

② 발기인명부 및 발기인의 주식인수에 관한 사항

③ 사업계획서 또는 영업의 방법서

④ 설립 후 2사업연도의 추정대차대조표 및 추정손익계산서

- 유가증권 모집신고는 유가증권 모집가액의 총액이 10억 원 이상인 경우에 한하며, 발행인이 그 유가증권에 대한 신고서를 금융감독원에 제출하여 수리된 경우에만 주주를 공개모집 할 수 있음

유가증권발행 등록 (발기인→ 금감원)	불특정 다수인 50인을 대상으로 유가증권을 모집하는 설립중인 법인의 발행인은 금융감독원에 등록하여야 함
↓	
유가증권신고서 제출(발기인)	유가증권(주식)의 모집가액 총액이 10억 원 이상인 경우 금융감독원장에게 유가증권신고서를 제출
↓	
신고서 수리 (금융감독원장)	신고서를 수리한 날로부터 20일 경과 후 효력발생
↓	
사업설명서 작성, 비치, 공람, 교부	사업설명서의 비치와 공람은 청약사무를 취급하는 장소에서 하여야 함
↓	
주주의 공개모집	주식인수 및 모집배정

*공개모집을 통하여 설립된 법인은 법인설립 후 ① 정관, ② 법인등기부등본, ③ 주주명부를 구비하여 지체없이 금융감독원에 제출하여야 함

그림 8-3 유가증권 모집의 등록 및 신고절차도

③ 주식의 배정과 인수(상법 제303조-제304조)

발기인조합은 응모한 주식 청약인에 대하여 사전에 정한 방법에 따라 총 발행주식수중 인수하여야 할 주식을 배정하면 이것에 의하여 주식인수가 확정된다. 주식인수인 또는 주식 청약인에 대한 통지나 최고는 주식인수증 또는 주식청약서에 기재한 주소 또는 주식 청약인이 요구하는 주소로 하면 된다. 주식배정을 통보받은 주식 청약인은 배정된 주식의 수가 청약한 주식 수보다 적어도 이의를 제기할 수 없으며, 배정주식의 수에 대한 인수가액을 납입할 의무를 진다.

〈주식의 배정〉

- 주식의 배정은 주식청약서에 정한 방법이 없으면 발기인이 청약의 순서, 청약주식수에 관계 없이 자유로이 배정할 수 있음. 그러나, 통상적으로 청약증거금 기준에 의하여 배정함
- 현행 상법상 주식청약 → 배정 및 인수 → 주금납입의 순이지만 실제로는 먼저 배정을 하고, 배정을 받은 자는 배정된 주식수를 주식청약서에 기재하고 청약기간 내에 청약증거금을 첨부하여 주식청약서에 기재된 납입장소인 은행 기타 금융기관에 제출하는 방법을 취하고 있음

〈주식의 청약〉

- 주식의 인수를 청약하고자 하는 자는 주식청약서에 법정사항을 기재·날인하고 발기인에게 제출하여 회사로부터 주식을 배정받으면 납입기일에 인수가액의 전액을 납입하도록 되어 있는데, 실제로는 주식청약서에 청약증거금을 첨부하여 납입기일이 아닌 청약기간내에 납입취급은행에 제출하는 절차가 이루어지며, 이 청약증거금은 배정받으면 납입금액에 충당됨

④ 주식대금의 납입(상법 제305조-제307조)

회사설립시 발행되는 주식의 총수가 인수된 때에는 발기인과 주식인수인은 주식인수 가액(주금)을 납입할 의무를 지며, 주식청약서에 기재된 은행 기타 금융기관에서만 납입하여야 한다. 만일 납입금의 보관 및 납입장소를 변경할 때에는 법원 의 허가를 얻어야 한다.

현물출자를 하는 발기인은 발기설립 시와 동일하게 납입기일에 출자의 목적인 재산을 인도하고 등기, 등록 기타 권리의 설정 또는 이전을 요할 경우 서류를 완비하여 제출한다.

유가증권발행 등록 유가증권발행 신고 (주간사 대행)	통상적으로 주간사(증권회사)가 금융감독위원회에 유가증권 발행 등록 및 유가증권신고를 대행
↓	
모 집 공 고 (주간사 대행)	유가증권(주식)의 모집가액 총액이 10억 원 이상인 경우 금융감독원장에게 유가증권 신고서를 제출
↓	
주 식 배 정 (주간사 대행)	모집된 주식청약인에 대하여 보통 증권사의 주식청약 예금을 통하여 주식을 배정
↓	
주식대금 납입	주금납입은행은 주식청약예금을 통하여 주금을 수령
↓	
주금납입보관증명서 발 급	주금납입은행은 설립 중인 회사에 대하여 주금납입보관증명서를 발급(발기인 또는 이사가 청구)

그림 8-4 공개모집 설립의 주금납입 절차

〈주식인수인의 실권절차〉

주식인수인이 주식청약서에 기재한 주금납입은행에 납입을 하지 아니한 때에는 발기인은 일정한 기간을 정하여 그 기일내에 납입을 하지 아니하면 권리를 잃는다는 뜻을 2주 전에 그 주식인수인에게 통지하여야 하며, 주식인수인이 그 기간내에 납입하지 아니한 때에는 그 권리를 상실하고 발기인은 다시 그 주식에 대한 주주를 모집할 수 있음

⑤ 변태설립사항의 조사(상법 제310조)

현물출자의 이행과 주금의 납입이 끝나면 발기인은 정관에 현물출자 등 변태설립사항이 규정되어 있는 경우에는 이에 관한 조사를 하도록 하기 위하여 관할소재지의 지방법원에 검사인의 선임을 청구하여야 한다. 검사인의 선임신청은 이사 전원의 연서로서 하며 법무사에 의뢰하여 신청서를 작성한다.

만일 설립 중인 회사의 정관에 현물출자, 재산인수 등 변태설립사항이 기재되어 있지 않으면 법원에서 선임한 검사인의 변태설립사항에 관한 조사를 받을 필요가 없으므로 신속히 회사설립 절차를 진행할 수 있다.

법원에서 선임한 검사인은 정관에 현물출자 등 변태설립사항과 현물출자의 이

행에 관한 사항을 조사하여 조사보고서를 법원에 보고하고, 지체 없이 조사보고서는 창립총회에 제출하여야 한다.

(7) 창립총회 개최(「상법」 제311조–제316조)

주금의 납입과 현물출자의 이행이 완료되면 발기인은 지체 없이 창립총회를 소집하여야 한다.

발기설립의 경우 창립총회에서 대표이사를 선임하는 경우를 제외하고, 창립(발기인)총회에서 선임한 이사로서 구성되는 이사회에서 대표이사(단독 또는 공동)를 선임한다.

창립총회는 주식 인수인들로 구성되는 설립 중인 회사의 의결기관이며, 총회의 의결은 출석한 주식인수인의 의결권의 2/3 이상이며 인수된 주식 총수의 과반수에 해당하는 다수로 하여야 한다.

창립총회에서는 다음의 사항을 보고수령하고 이사 감사인의 선임 등을 결의한다.

① 발기인으로부터 보고수령과 이사 · 감사의 선임

- 발기인은 회사 창립에 관한 사항인 주식인수와 납입에 관한 제반상황과 변태설립 사항에 관한 실태를 서면을 기재하여 보고
- 이사와 감사 등 주식회사의 임원을 선임

② 이사 · 감사 · 검사인의 조사 · 보고 수령

- 검사인의 변태설립 사항에 관한 조사 · 보고서 제출

> 창립총회에서 변태설립 사항이 부당하다고 인정한 때에는 이를 변경할 수 있고 이에 불복하는 발기인은 주식인수를 취소할 수 있음. 정관이 변경시 공증이 없이도 설립절차를 속행할 수 있음

- 이사와 감사는 취임 후 지체없이 회사의 설립에 관한 모든 사항이 법령 또는 정관에 위반되지 아니하는지 여부를 조사하여 창립총회에 보고

발기인 및 재산인수의 당사자인 이사와 감사는 이 조사·보고에 참여하지 못하며 이사와 감사 전원이 제척사유에 해당하는 경우에는 이사는 공증인으로 조사보고를 하도록 하여야 함

③ 정관의 변경 또는 설립폐지의 결의

정관의 변경 또는 설립폐지의 결의를 할 수 있으며, 소집통지서에 이러한 뜻의 기재가 없는 경우에도 결의 가능하다.

(8) 법인설립 등기(상법 제317조)

상기 절차 완료 후 각각 2주간 내에 이사 전원(또는 대리인)이 본점 소재지를 관할하는 등기소에 설립등기를 신청하여야 한다. 만일 이 기간 내에 등기신청을 하지 않는 경우, 500만 원 이하의 과태료를 부과한다.

발기설립의 등기시기는 검사인 등의 설립경과 조사종료일 또는 법원의 변경처분에 관한 변경절차가 종료된 날로부터 2주 이내 이사가 공동 신청하여야 하며, 모집설립의 등기시기는 창립총회를 종료한 날 또는 변태설립에 관한 사항의 변경절차가 종료된 날로부터 2주 이내에 신청하여야 한다.

설립등기는 지방법원 상업 등기과에 이사 전원이 공동으로 신청해야 하는데 이때에 이사 전원이 기명날인 또는 서명을 해야 한다. 만일 법무사나 다른 대리인으로 하여 신청을 할 경우에는 그 대리권을 증명하는 위임장을 등기신청서에 첨부하여야 한다.

등기신청 의무자

설립등기는 이사 전원이 기명날인 또는 서명을 한 후, 공동으로 지방법원에 신청하여야 한다. 법무사나 다른 자를 대리인으로 하여 신청을 하는 경우에는 그 대리권을 증명하는 위임장(이사 전원의 기명날인 또는 있어야 함)을 등기신청서에 첨부하여야 한다.

〈주식회사설립 등기신청서 첨부서류(「비송사건절차법」 제203조)〉

① 정관
② 주식의 인수를 증명하는 서면
③ 주식청약서
④ 발기인이 정한 주식발행에 관한 사항
⑤ 이사와 감사 또는 검사인이나 공증인의 조사보고서와 그 부속서류 또는 감정인의 감정서와 그 부속서류
⑥ 검사인의 보고에 관한 재판이 있은 때에는 그 재판의 등본
⑦ 발기인이 이사와 감사를 선임한 때에는 그에 관한 서면
⑧ 창립총회의 의사록
⑨ 이사·대표이사와 감사의 취임승낙을 증명하는 서면
⑩ 명의개서대리인을 둔 때에는 명의개서대리인과의 계약을 증명하는 서면
⑪ 주금의 납입을 맡은 은행 기타 금융기관의 납입금보관에 관한 증명서
⑫ 벤처기업확인서(창업 중인 기업이 벤처기업 확인을 받은 경우)

4. 주식회사의 설립등기 실무

설립등기신청서, 주식청약서, 주금납임금 보관 증명서, 취임승낙서, 이사회 의사록, 창립총회 의사록, 위임장 등의 예시이다.

주식회사 설립등기신청서

1. 상호 : 주식회사 ○○

1. 본점 : ○○시○○구○○동 ○○○번지

1. 등기의 목적 : 주식회사 설립등기

1. 등기의 사유 : 정관을 작성하고 공증인의 인증을 받아 발기인이 회사 설립시에 발행하는 주식의 일부를 인수하고 주주를 모집하여 주금납입을 완료하고 서기 200○년 ○○ 월 ○○ 일 창립총회를 종결하였으므로 다음 사항의 등기를 구함
허가서 도달연월일 년 월 일(관청의 허가설립 요건인 경우에 한하여 기재)

상 호 : 주식회사 ○○
본 점 : ○○시 ○○구 ○○동 ○○○번지
지 점 : (설립 시에 지점을 설치한 경우에 한해 기재)
목 적 : 1. ○○제품 제조업
2. ○○ 도 · 소매업
3. 무역업
4. 위 각항에 부대되는 사업일체
(※영업내용을 알 수 있도록 구체적으로 기재)
회사가 발행할 주식의 총수 : ○○○주
1주의 금액 : 금 ○○○ 원
발행 주식의 총수 그 종류와 각종 주식의 내용과 수
○○○ 주 보통주식
자본의 총액 : 금 ○○○ 원
공 고 방 법 : ○○시에서 발행하는 일간 ○○일보에 게재한다.
회사의 존립기간 또는 해산사유 회사성립일로부터 만 ○○년

이사의 성명과 주민등록번호
이 사 ○ ○ ○
(123456 - 1234567)

이 사 ○ ○ ○
(234567 - 2345678)
이 사 ○ ○ ○
(345678 - 1234568)

회사를 대표할 이사의 성명 과 주소
대표이사 ○ ○ ○
○○시○○구○○동 ○○○번지

감사의 성명과 주민등록번호
감 사 ○ ○ ○
(567890 - 2345679)

1. 과세표준액 금 ○○○ 원
1. 등 록 세 금 ○○○ 원
1. 교 육 세 금 ○○○ 원
1. 주택 채권 금 ○○○ 원
1. 첨 부 서 류
① 정관 1통
② 주식인수증 ○통
③ 주식청약서 ○통
④ 주식발행사항동의서 1통
⑤ 주식납입금보관증명서 1통
⑥ 주식납입금보관증명서 1통
⑦ 재산인도증 1통
⑧ 창립총회기간단축동의서 1통
⑨ 창립총회의사록 1통
⑩ 창립사항보고서 1통
⑪ 이사 감사 또는 감사인의 조사보고서 1통
⑫ 인감증명서(대표이사, 이사, 감사)
⑬ 명의개서대리인을 둔 때의 위임장
⑭ 이사 감사의 주민등록번호를 증명할 사본

위와 같이 등기 신청함

200○ 년 ○○ 월 ○○ 일

신 청 인 주식회사 ○○
○○시 ○○구 ○○동 ○○○번지
대표이사 주식회사 ○○
○○시 ○○구 ○○동 ○○○번지
이 사 주식회사 ○○
○○시 ○○구 ○○동 ○○○번지
위 대리인
법 무 사 ○ ○ ○ (인)
○○시 ○○구 ○○동 ○○○번지

○ ○ 지방법원 ○○등기소 귀중

〈설립등기신청서의 작성요령〉

- 상호: 정관에 기재한 회사의 상호를 기입한다.
- 본점: 정관에는 대전시와 같이 되어 있지만 등기신청서에는 주소와 번지까지 기재하여야 한다.
- 등기의 목적: "주식회사 설립등기"라고 기재한다.
- 등기의 사유
  - 발기설립: "정관을 작성하고 공증인의 인증을 받아 발기인의 회사설립 시 발행하는 주식총수의 인수와 납입을 받아 발기인이 회사설립 시에 발행하는 주식총수의 인수와 납입을 하고 1999년 1월 15일 상법 제299조의 절차가 종료되었으므로 다음 사항의 등기를 구함"이라고 기재한다.
  - 모집설립: 설립등기신청서 참조

• 등기해야 할 사항

① 회사의 목적, 상호, 회사가 발행할 주식의 총수, 1주의 금액, 회사설립 시에 발행하는 주식의 총수, 본점의 소재지 및 회사가 공고하는 방법

② 자본의 총액

③ 발행주식의 총수, 그 종류와 각종 주식의 내용과 수

④ 주식의 양도에 관하여 이사회의 승인을 얻도록 정한 때에는 그 규정

⑤ 지점의 소재지

⑥ 회사의 존립기간 또는 해산사유를 정한 때에는 그 기간 또는 사유

⑦ 개업전에 이자를 배당할 것을 정한 때에는 그 규정

⑧ 주주에게 배당할 이익으로 주식을 소각할 것을 정한 때에는 그 규정

⑨ 전환주식을 발행하는 경우에는 상법 제347조에 게기한 사항

⑩ 이사와 감사의 성명과 주민등록번호

⑪ 회사를 대표할 이사의 성명 · 주민등록번호 및 주소

⑫ 2인 이상 대표이사가 공동으로 회사를 대표할 것을 정한 때에는 그 규정

⑬ 명의개서 대리인을 둔 때에는 그 상호 및 본점소재지

• 과세표준금액: 설립시의 자본금액을 기재한다.

• 등록세: 자본금의 1,000분의 4(0.4%)이다. 그러나 대도시내에서 회사를 설립하거나 5년 이내에 자본금이 증가한 경우에는 기본가액에 5배 중과하여 자본금의 1,000분의 20(2%)이 된다.

• 교육세: 등록세의 20%이다.

• 첨부서류

• 신청인: 신청인은 회사이다. 회사의 주소의 상호를 기재한다.

대표이사 성명, 주민등록번호 및 주소와 이사 전원의 성명과 주민등록번호를 기재한다. 신청절차를 대표이사 본인이 하는 때에는 대표이사인을 날인한다.

- 등기소의 표시: 관할 등기소명을 기재한다.

[사례] 주식회사 설립 시 지출비용

구 분	자본금 5천만 원	자본금 5천만 원 초과	비 고
정관의 인증수수료	6만 원	6만 원+초과액의 0.0005	최고 60만 원
검사인 조사수수료	100만 원	100만 원+초과액의0.0015	최고 300만 원
등록세	자본금의 0.4%	좌 동	대도시 5배 중과
교육세	등록세의 20%	좌 동	
채권	자본금의 0.1%	좌 동	
공증료	115,000	140,000(자본금 1억 원)	
수수료	200,000	좌 동	
기타비용	200,000	좌 동	

☞서울시 강남구 논현동에서 설립자본이 5천만 원인 주식회사 설립 시 총비용
–정관의 인증수수료: 60,000원
–검사인 조사수수료: 1,000,000원(변태설립 사항이 있는 경우)
–등록세: 100,000원(200,000×3배 중과, 지방세법 제137~138조)
–교육세: 500,000원
–채권매입: 50,000원
–공증료: 115,000원
–수수료: 379,000원(법무사를 이용하는 경우)
–기타 제비용: 200,000원

–총비용: 2,904,000원

설립비용

설립비용이란 회사의 설립절차의 이행에 소요되는 비용을 말하며 정관 및 주식청약서에 기재하여야 효력이 발생하는 변태설립사항이다. 예컨데, 창립사무실 임차료, 통신비, 비품비, 정관 및 주식 청약서등의 인쇄비, 주주모집을 위한 광고비, 사무원의 봉급, 납입금 취급은행 수수료등이 이에 속한다. 설립비용을 정관에 기재하는 방식은 사용내역별로 정관에 각각 기재할 필요는 없고 전체금액만 표시하여도 관계없다. 단, 등록세, 개업준비비(회사설립 후 공장, 건물, 집기구입비)는 제외한다.

정관에 기재된 설립비용은 발기인이 먼저 지급하고 회사의 설립 후 회사에 대하여 구상을 한다. 설립비용은 회사설립 후 발기인이 받을 보수액 및 설립등기에 지출한 세액 등과 합쳐서 창업비로서 대차대조표 자산부에 계상할 수 있다.(「상법」 제435조)

〈관련서식〉

정 관

제1장 총 칙

제1조(상호) 이 회사는 주식회사 ○○ , 한문으로는 주식회사 ○○, 영문으로는 ○○ CO., LTD라고 칭한다.

제2조(목적) 이 회사는 다음 사업을 경영함을 목적으로 한다.

1.
2.
3.
4.

제3조(본점 및 지점의 소재지) 이 회사는 본사를 ○ ○ 시내에 두고 필요한 경우 이사회의 결의로서 국내 또는 국외에 지점, 출장소, 영업소, 공장 등을 둘 수 있다.

제4조(공고방법) 이 회사의 공고는 ○ ○ 시내에서 발행하는 일보에 게재한다.

제2장 주 식

제5조(발행예정주식의 총수) 이 회사가 발행할 주식의 총수는 ○ ○ ○ 주로 한다.

제6조(일주의 금액) 이 회사가 발행하는 주식 일주의 금액은 ○ ○ ○ 원으로 한다.

제7조(주식의 종류) 이 회사의 주식은 기명식 보통주식과 기명식 우선 주식으로 하고 주권은 일주권, 십주권, 백주권, 천주권, 만주권의 5종으로 한다.

제8조(설립시 발행하는 주식의 총수) 이 회사는 설립시에 ○○○주의 주식을 발행하기로 한다.

제9조(우선 주식의 발행) 회사는 의결권이 없는 우선 주식을 발행할 수 있으며 그 총수는 ○ ○ ○ 주로 한다.

제10조(신주인수권) ① 이 회사의 주주는 신주발행에 있어서 소유 주식수에 비례하여 신주의 배정을 받을 권리를 가진다. 다만, 주주가 신주인수권을 포기 또는 상실하거나 신주 배정에서 거래단위 미만의 주가 발생하는 경우에 그 처리방법은 이사회의 결의로 정한다.

② 공모증자를 통한 신주발행에 있어서 신주인수권의 결정 및 기타 신주발행에 필요한 사항은 이사회의 결의로 정한다.

제11조(시가발행) ① 이 회사는 신주를 발행함에 있어서 그 일부 또는 전부를 시가로 발행할 수 있으며 이때 그 발행가액은 이사회의 결의로 정한다.

② 제1항의 경우 이사회는 제10조의 규정에 불구하고 시가로 발행하는 신주식을 증권거래법의 규정에 의하여 모집하거나 인수인에게 인수하게 할 수 있다.

제12조(전환사채의 발행) ① 회사는 이사회의 결의로 주주 이외의 자에게 전환 사채를 발행할 수 있다.

② 전환으로 인하여 발행되는 주식은 보통주식 또는 무의결권 우선주식으로 하고 전환가격은 주식의 액면금액 또는 그 이상의 가격으로 하며 그 내용은 사채발행시 이사회에서 정한다.

③ 전환은 청구할 수 있는 기간은 사채 발행후 ○○ 월이 경과하는 날부터 그 상환기일의 직전 일까지로 한다. 그러나 위의 기간 내에서 이사회의 결의로 전환청구 기간을 조정할 수 있다.

④ 전환으로 인하여 발행된 주식에 대한 배당은 전환을 청구한 사업년도말에 주식으로 전환된 것으로 본다.

제13조(신주인수권부 사채) ① 회사는 사채의 액면총액이 ○○ 원을 초과하지 않는 범위 내에서 주주 이외의 자에게 신주인수권부 사채를 발행할 수 있다.

② 신주 인수를 청구할 수 있는 금액은 사채의 액면 총액을 초과하지 않는 범위 내에서 이사회 의결로서 결정한다.

③ 신주인수권의 행사로 발행되는 주식은 보통 주식 또는 무의결권 우선 주식으로 하고 그 발행가액은 액면금액 또는 그 이상의 가액으로 하며 사채발행 시 이사회에서 결정한다.

④ 신주인수권을 행사할 수 있는 기간은 당해 사채발행일후 ○○ 월이 경과한 날로부터 상환기일의 직전일까지로 한다. 그러나 위의 기간 내에서 이사회의 결의로 신주인수권의 행사기간을 조정할 수 있다.

제14조(명의개서 대리인) ① 이 회사는 주식의 명의개서 대리인을 둘 수 있다.

② 명의개서 대리인 및 그 사무취급장소와 대행업무의 범위는 이사회의 결의로 정하고 이를 공고한다.

③ 이 회사의 주주명부 복사본을 명의개서 대리인의 사무취급장소에 비치하고 명의개서 대리인으로 하여금 주식의 명의개서, 질권의 발행, 신고의 수, 기타 주식에 관한 사무를 취급케 한다.

④ 제3항의 사무취급에 관한 절차는 명의개서 대리인의 증권대행업무 규정에 따른다.

제15조(주주 등의 주소, 성명 및 인감신고) ① 주주와 질권등록자는 그 성명, 주소 및 인감을 제10조의 명의개서 대리인에게 신고하여야 한다.

② 외국에 거주하는 주주와 등록질권자는 대한민국 내에 통지를 받을 장소와 대리인을 정하여 신고하여야 한다.

③ 제1항 및 제2항의 변동이 생긴 경우에도 같다.

제16조(주주명부의 폐쇄 및 기준일) ① 이 회사는 매결산기 최종일의 익일부터 그 기에 관한 정기 주주총회 종료일까지 주식의 명의개서, 질권의 등록 또는 말소와 신탁재산의 표시 또는 말소를 정지한다.

② 이 회사는 매결산기 최종일의 주주명부에 기재되어 있는 주주로 하여금 그 권리를 행사하게 한다.

③ 임시주주총회의 소집, 기타 필요한 경우에는 이사회의 결의에 의하여 이를 2주간 전에 공고한 후 3월을 초과하지 않는 일정한 기간에 걸쳐 명의개서 등을 정지하거나 기준일을 정할 수 있다.

제3장 주주총회

제17조(총회의 종류와 소집시기) ① 이 회사의 주주총회는 정기주주총회와 임시주주 총회로 한다.
② 정기주주총회는 매 사업연도 종료 후 3월 이내에, 임시주주총회는 필요에 따라 이 사회의 결의로 대표이사가 이를 소집한다. 다만, 대표이사 유고시에는 제26조제2항의 규정을 준용한다.

제18조(소집통지 및 공고) ① 주주총회를 소집함에는 그 일시, 장소 및 회의의 목적사항을 총회일 2주간 전에 각 주주에게 통지하여야 한다.
② 의결권 있는 발행주식 총수의 100분의 1 이하의 주식을 소유한 주주에 대한 소집 통지는 2주간 전에 주주총회를 소집한다는 뜻과 회의의 목적사항을 ○○시내에서 발행되는 ○○ 신문에 1회 이상 공고함으로써 서면에 의한 통지에 갈음할 수 있다.

제19조(의장) 대표이사는 총회의 의장이 된다. 다만, 대표이사 유고시에는 제30조의 규정을 준용한다.

제20조(의장의 질서유지권) 주주총회의 의장은 그 주주총회에서 고의로 의사진행을 방해하기 위한 언행을 하거나 질서를 혼란케 하는 자에 대하여 그 발언의 정지, 취소 또는 퇴장을 명할 수 있으며, 그 명을 받은 자는 이에 응하여야 한다.

제21조(의결권의 대리행사) ① 주주는 대리인으로 하여금 그 의결권을 행사하게 할 수 있다.
② 전항의 대리인은 주주총회 개시일전에 그 대리인을 증명하는 위임장을 의장에게 제출하여야 한다.

제22조(의결권의 불통일 행사) ① 2인 이상의 의결권을 가지고 있는 주주가 의결권의 불통일 행사를 하고자 할 때에는 회일의 3주일 전에 회사에 대하여 서면으로 그 뜻과 이유를 통지하여야 한다.
② 회사는 전항에 의한 주주의 의결권 불통일 행사를 거부할 수 있다. 다만, 주주가 신탁을 인수하였거나 기타 타인을 위하여 주식을 가지고 있는 경우에는 그러하지 아니한다.

제23조(주주총회의 결의방법) 주주총회의 결의는 법령에 다른 정함이 있는 경우 외에는 발행주식 총수의 과반수에 해당하는 주식을 가진 주주의 출석으로 성립하고 결의는 그 의결권이 과반수로 한다.

제24조(주주총회의 의사록) 주주총회의 의사록은 그 경과요령과 결과를 기재하여 의장과 출석이사가 기명 날인한 후 본사에 비치, 보관하여야 한다.

제4장 이사, 이사회, 감사

제25조(이사 및 감사의 수) 이 회사는 이사 3명 이상, 감사 1명 이상, 고문 및 상담역 약간 명을 둘 수 있다.

제26조(이사 및 감사의 선임) ① 이사와 감사는 주주총회에서 선임한다.
② 이사와 감사는 발행주식총수의 과반수에 해당하는 주식을 가진 주주의 출석과 그 의결권의 과반수로써 선임한다.

제27조(이사 및 감사의 임기) 이사의 임기는 3년으로 하고, 감사의 임기는 2년으로 한다. 단, 그 임기가 최종의 결산기에 과난 정기 주주총회 전에 만료될 경우는 그 총회의 종결시까지 임기를 연장할 수 있다.

제28조(이사 및 감사의 보선) ① 이사 또는 감사의 결원이 생긴 때에는 임시 또는 정기 주주총회에서 이를 선임한다. 그러나 법정원수를 결하지 아니하고 업무수행상 지장이 없는 경우에는 그러하지 아니한다.

② 전항에 의해 선임된 이사 및 감사의 임기는 취임일부터 기산, 전임자의 잔여임기까지로 한다.

제29조(대표이사 등의 선임) ① 회사는 이사회의 결의로 대표이사 1명, 부사장 ○명, 전무이사, 상무이사 약간 명을 선임할 수 있으며, 감사의 호선으로 상임감사 약간 명을 선임할 수 있다.

② 대표이사의 선임은 이사회의 결의로 이를 정한다.

제30조(이사의 직무) ① 대표이사는 회사를 대표하고 업무를 총괄한다.

② 부사장, 전무이사, 상무이사 및 이사는 사장을 보좌하고 이사회에서 정하는 바에 따라 이 회사의 업무를 분장 집행하며 대표이사의 유고 또는 궐위시에는 위 순서로 그 직무를 대행한다.

제31조(이사회의 구성 및 소집) ① 이사회는 주주총회에서 선임된 이사로서 구성하며 이 회사 업무의 중요사항을 결의한다.

② 이사회의 의장은 대표이사가 되며 대표이사의 유고시에는 제30조제2항의 순으로 대행한다.

③ 이사회는 대표이사가 회일 3일전에 각 이사 및 감사에게 통지하여 소집한다. 단, 이사 및 감사전원의 동의가 있을 때에는 소집절차를 생략할 수 있다.

제32조(이사회의 결의방법) ① 이사회의 결의는 이사 과반수의 출석과 출석이사의 과반수 이상 동의로 한다.

② 이사회의 결의로 관하여 특별한 이해관계가 있는 자는 의결권을 행사하지 못한다.

제33조(이사회의 의사록) 이사회의 의사에 관하여는 의사록을 작성하고 의장과 출석한 이사 및 감사가 기명 날인하여 본사에 비치한다.

제34조(감사의 직무) ① 감사는 이 회사의 회계와 업무를 감사한다.

② 감사는 이사회에 출석하여 의견을 진술할 수 있다.

제35조(감사록의 작성) 감사는 감사의 실시요령과 그 결과를 감사록에 기재하고 당해 감사가 기명 날인하여야 한다.

제36조(보수 및 퇴직금) ① 이사와 감사의 보수는 주주총회의 결의로 이를 정한다.

② 이사와 감사의 퇴직금지급은 별도로 정하고 임원퇴직금 지급규정에 의한다.

제5장 결 산

제37조(사업년도) 이 회사의 사업년도는 매년 ○○월 ○○일부터 익년 ○○월 ○○일까지로 한다.

제38조(재무제표의 작성, 비치) ① 이 회사의 대표이사는 정기주주총회 회일의 ○○일 전에 다음 각 호의 서류와 그 부속명세서 및 영업보고서를 작성, 감사의 감사를 받은 후 이를 정기주주총회에 제출하여야 한다.

1. 대차대조표
2. 손익계산서
3. 이익잉여금 처분계산서 또는 결손금 처리계산서

② 감사는 제1항의 서류를 받은 날로부터 ○○일이내에 감사보고서를 작성하여 대표이사에게 제출하여야 한다.

③ 대표이사는 제1항의 각호의 서류를 영업보고서 및 감사보고서와 함께 정기주주총회 회일 ○○일전부터 5년간 그 사본을 비치하여야 한다.

④ 대표이사는 제1항의 각호에 대해 주주총회의 승인을 얻은 때에는 지체없이 대차대제표와 외부감사인의 감사의견을 공고하여야 한다.

제39조(이연자산의 상각) ① 이 회사는 법령 및 관계규정에 정하는 바에 따라 설립비용을 상각할 수 있다.

② 이 회사는 회사 설립후 법령이 정하는 바에 따라 사업비를 이연자산으로 처리할 수 있으며 이연자산으로 처리된 사업비는 회사 설립후 6사업년도부터 10사업년도 이내의 기간에 매년 균등액 이상으로 상각한다.

제40조(이익금의 처분) ① 이 회사는 제수입금 및 전년도 이월금에서 제지출 및 차년도에 이월한 매입준비금, 비상위험준비금 기타 적립급을 공제한 잔액을 이익금으로 한다.

② 제1항의 규정에 의한 비상위험준비금은 법령이 정한 방법으로 특별히 계산하여 이를 적립한다.

③ 이 회사의 이익금은 다음 각 호와 같이 처분한다.

1. 이익준비금
2. 주주배당금
3. 차년도 이월금
4. 제1호 내지 제3호 외에 주주총회의 결의에 의하여 기타 필요한 처분을 할 수 있다.

제41조(주주배당금) ① 이 회사의 주주 배당은 금전과 신주식으로 할 수 있다.

② 제1항의 주주배당은 매결산기말 현재의 주주명부에 기재된 주주 또는 등록된 질권자에게 지급한다.

③ 제1항의 배당금 지급청구권은 5년간 이를 행사하지 않으면 소멸시효가 완성되고 시효완성으로 인한 배당금은 회사이익으로 귀속된다.

부 칙

제1조 이 정관은 ○○년 ○○일부터 시행한다.

제2조 이 정관에 규정되지 아니한 사항은 주주총회의 결의와 상법 등 관계법령에 따른다.

〈서식〉 주식인수증

주 식 인 수 증	
상 호	주식회사 ○○
인수할 주식 수	○ ○ ○ 주
금 액	금 ○ ○ ○ 원
납주의 금액	금 ○ ○ ○ 원

위 주식을 발기인으로서 인수합니다.

서기 200 년 월 일

발기인 ○ ○ ○

주식회사 ○○ 발기인 대표 귀하

〈서식〉 주식청약서

<table>
<tr><th colspan="2">주 식 청 약 서</th></tr>
<tr><td>상 호</td><td>주식회사 ○ ○</td></tr>
<tr><td>인수할 주식 수</td><td>○ ○ ○ 주</td></tr>
<tr><td>금 액</td><td>금 ○ ○ ○ 원</td></tr>
<tr><td>1주의 금액</td><td>금 ○ ○ ○ 원</td></tr>
<tr><td colspan="2">귀 회사 정관과 이 청약서에 기재한 사항을 승낙하고 주식을 청약합니다.

서기 200 년 ○○ 월 ○○ 일

주식청약인 ○ ○ ○
○○시 ○○구 ○○동 ○○○번지

주식회사 ○ ○ 발기인 귀하</td></tr>
<tr><td>정관의 작성 년월일</td><td>서기 200 년 ○ ○ 월 ○ ○ 일</td></tr>
<tr><td>정관의 인증연월일과 공증인의 성명</td><td>서기 200 년 ○ ○ 월 ○ ○ 일
○○법률 사무소 공증인</td></tr>
<tr><td>상 호</td><td>주식회사 ○○</td></tr>
</table>

납입을 받을 은행(기타, 금융기관)과 납입장소	○○은행○○지점 ○○시 ○○구 ○○동 ○○○번지
회사가 공고하는 방법	○○시내에서 발행하는 ○○일보에 기재한다.
회사의 존립의 시기 또는 해산사유를 정할 때에는 그 규정	○○
일정한 시기까지 창립총회를 종결하지 아니할 때에는 주식의 인수를 취소할 수 있다는 뜻	서기 200 년 ○월 ○일까지 창립총회가 종결하지 않을 때에는 이 청약서를 취소할 수 있다.

각 발기인이 인수한 주식의 종류와 수 각 발기인의 성명, 주소

인수 주식의 수	주식의 종류와 수	발기인의 성명 주소
○○○ 주	보통 주식	○ ○ ○ ○○시 ○○구 ○○동 ○○○번지
○○○ 주	보통 주식	○ ○ ○ ○○시 ○○구 ○○동 ○○○번지
○○○ 주	보통 주식	○ ○ ○ ○○시 ○○구 ○○동 ○○○번지
주	보통 주식	
주	보통 주식	
주	보통 주식	
주	보통 주식	

본점의 소재지	○○시 ○○구 ○○동 ○○○번지
목적	
회사가 발행한 주식의 총수	○ ○ ○ 주
壹주의 금액	금 ○ ○ ○ 원
회사가 설립 시에 발행하는 주식의 총수	○ ○ ○ 주
주식의 종류와 수	○○주식 ○○○주
액면 이상의 주식을 발행하는 때에는 그 수와 금액	壹주의 금액 주식 수

〈서식〉 주금납입의뢰서

주 금 납 입 의 뢰 서

금반 다음과 같이 설립하고 발기인회에서 주금 납입 기한을 200 년 월 일까지로 하여 그 납입금을 맡을 은행으로 귀 은행을 지정하였사오니 이를 취급하여 주시길 의뢰합니다.

200 년 월 일

1. 상 호
1. 본 점
1. 회사가 발행할 주식의 총수 주
1. 壹주의 금액 금 원
1. 회사가 설립시에 발행하는 주식의 총수 주
1. 자본의 총액 금 원

〈서식〉 주금납입금 보관증명서

주금납입금 보관 증명서

1. 금 원정 (원)

발행주식의 총수: ○ ○ ○ 주

1주의 금액: ○ ○ ○ 원

위 금액은 귀 회사 설립시에 발행하는 주식 총수에 대한 납입금으로서 서기 200 년 ○○월 ○○일 납입이 완료되어 현재 이를 보관 중임을 증명함

서기 200 년 ○ 월 ○ 일

주식회사 ○○ 발기인대표 귀하

〈서식〉 창립사항보고서

창립사항보고서

본인들은 본 회사의 발기인인바 창립에 관한 사항을 다음과 같이 보고함

1. 본인들은 사업목적을 정관 제2조와 같이 정하고 회사가 발행할 주식의 총수는 ○○○주, 설립시에 발행하는 주식의 총수는 ○○○주, 1주의 금액 금 ○○○원 자본금 ○○○ 원으로 하는 주식회사를 설립코저 기획하였음
2. 본인들은 ○○○을 발기인 대표로 선임하고 회사가 설립되기까지 발기인을 대표하기로 하였음
3. 발기인 전원이 서기 200○ 년 ○○월 ○○일 정관을 작성하고 공증인 ○○법률사무소에게 동년 ○○월 ○○일 인증을 받았음
4. 서기 200○년 ○○월 ○○일 발기인은 설립시에 발행하는 주식의 총수 ○○○주 중 ○○○주만을 인수하고, 잔여주식 ○○○주에 대하여는 주식청약서를 작성하고 주주모집에 착수하였음
5. 위 모집에 앞서 발기인 전원의 동의를 얻어 액면 1주의 금액 금 ○○○원으로 정하고 모집을 하였던 바 동년 ○○월 ○○일까지 소정의 주식 인수 청약이 있어 만주에 달하였음
6. 위 주식인수에 대하여 서기 200○년 ○○월 ○○일 납입을 맡을 ○○은행 ○○지점에 동년 ○○월 ○○일까지 납입할 것을 통지하였던 바 동년 ○○월 ○○일 그 납입이 완료되었으며 납입금은 발기인 대표명의로 별단예금으로 보관되어 있을뿐더러 위 은행에서 발행한 주금 납입금 보관 증명서에 의하여 납입을 확증함
7. 본 회사는 현물출자를 한 사람은 1명도 없고 기타 법원에 검사인 선임신청을 할 사유를 정관에 정한바 없으므로 그 절차를 밟을 필요가 없음
8. 이상과 같이 인수와 납입이 완료되었으므로 본인 등은 속히 회사를 성립시키고자 주식인수인 전원의 동의를 얻어 법정기간(2주간)을 단축하여 금일 창립총회를 개최하게 된 바임

위와 같이 보고함.

서기 200 년 ○○ 월 ○○ 일

주식회사 ○○

발기인 ○ ○ ○

발기인 ○ ○ ○

발기인 ○ ○ ○

〈서식〉 조사보고서

조 사 보 고 서

서기 200 년 ○○월 ○○일 창립총회에서 본인을 감사인으로 선임되었음으로 상법 제313조 규정 사항을 조사 보고함.

1. 설립시에 발행하는 주식총수에 대한 인수화 정확여부

   본회사가 발행하는 주식의 총수는 ○ ○ ○주이며, 설립시에 발행하는 주식총수는 ○○○주(1주의 금액 금 ○○○원) 인데 그 인수 내역은 다음과 같다.

   발기인이 인수한 주수: 보통주식 ○ ○ ○주

   200○년 ○○월 ○○일 인수완료

   주식청약인이 인수한 주수: 보통주식 ○ ○ ○주

   200○년 ○○월 ○○일 인수완료

2. 인수 주식수에 대한 납입의 정확여부

   설립 시에 발행하는 주식총수 ○ ○ ○주에 대하여 금 ○○○원의 납입금이 서기 200 년 ○○월 ○○일 납입이 완료되었음을 ○○은행 ○○지점이 발행한 납입보관 증명서에 의하여 명확함

3. 현물출자 기타 조사사항

   회사가 부담할 설립비용이나 기타 현물출자를 하는 자와 상법 제290조 규정사항을 정관에 정한바 없으므로 법원에 검사인 선임신청을 할 필요성이 없으므로 이에 대한 정확 여부를 조사할 여지가 없음

위와 같이 조사보고 합니다.

200 년 ○○월 ○○일

검사인 ○○○

〈서식〉 취임승낙서

취임승낙서

본인은 서기 199○ 년 ○ ○ 월 ○ ○ 일 창립총회에서 이사로 선임되었는바, 그 직에 취임함을 흔쾌히 승낙합니다.

200 년 ○ ○월 ○ ○일

이 사 ○ ○ ○
이 사 ○ ○ ○
이 사 ○ ○ ○

주식회사 ○ ○ 귀중

〈서식〉 이사회 의사록

이사회 의사록

200 년 ○○ 월 ○○일 ○○시 창립사무소에서 감사, 이사전원의 동의로 상법 제390조 제2항 소정의 소집절차를 생략하고, 다음 의안을 심의키 위하여 이사회를 개최한다.

이 사 총 수 ○ 명, 감 사 총 수 ○ 명
출석이사수 ○ 명, 출석감사수 ○ 명

의안: 대표이사 선임의 건
이사전원의 호선에 따라 이사 ○○○을 임시의장으로 선출하다.
의장 ○○○은 즉석에서 이를 승낙하고 의장석에 등단하여 개회를 선언한 후 창립총회의 종결에 이어 본회사의 대표이사 ○○○을 선임하여 줄 것을 물은 즉 이사전원이 신중협의한 결과 다음 사람이 주식회사 ○○대표이사에 선임되어 동인은 즉석에서 그 취임을 승락하다.

대표이사 ○ ○ ○

이상으로 금일의안이 전부 심의종결하였음을 고하고 ○○시 ○○분 폐회를 선언한다.
이 결의를 명확히 하기위하여 본 의사록을 작성하고, 의장과 출석한 이사, 감사, 전원아래에 기명날인한다.

200○ 년 ○○ 월 ○○ 일
주식회사 ○○

의장 대표이사 ○ ○ ○
이 사 ○ ○ ○
이 사 ○ ○ ○
감 사 ○ ○ ○

〈서식〉 창립총회 의사록

창립총회 의사록

서기 200 년 ○○ 월 ○○ 일 ○○ 시 ○○시 ○○구 ○○동 ○○○번지 창립사무소에서 창립총회를 개최하다.

주식총수 ○○○ 주 주주총수 ○ 명
출석주주수 ○ 명이 주식수 ○○○ 주

발기인대표 ○○○은 위와 같이 상법 제309조 소정수에 해당하게 주주가 출석하였으므로 본 총회는 적법하게 성립됨을 고하고, 의사를 진행하기 전에 의장을 선임할 것을 구한 바 주주전원 만장일치로 발기인 대표를 의장으로 선임한즉 동인은 그 취임을 승낙하고 의장석에 등단하여 개회를 선언하고 다음 의안의 심의를 구한다.

• 제1호의안: 창립사항 보고에 관한 건
의장은 발기인을 대표하여 별지 창립사항 보고서와 같이 본 창립총회까지의 경과를 소상히 설명, 보고한 바 전원 일치로 이를 승낙한다.

• 제2호의안: 정관승인의 건
의장은 정관을 낭독하고 축조설명을 가한 후 그 가부를 물은 즉 전원일치로 원안대로 승인하다.

• 제3호의안: 이사 감사 선임의 건
의장은 이사, 감사의 선임방법을 주주일동에게 자문한 즉 이사 ○명, 감사 ○명을 무기명 비밀투표로 선출하고자 전원일치되어 즉시 투표한 결과 다음과 같이 선출되다(단 감사는 상법 제410조의 규정에 의하여 선임한다.).

이사 ○ ○ ○
이사 ○ ○ ○
이사 ○ ○ ○
감사 ○ ○ ○

위 피선임자등은 즉석에서 그 취임을 승낙한다.

• 제4호의안: 상법 제313조 소정사항 조사보고의 건
  의장은 상법 제313조 소정사항을 보고할 검사인을 이사, 감사중 발기인이 아닌 사람을 선임하여 줄 것을 말한바. 만장일치로 다음 사람을 즉시 검사인으로 선임하다.

검사인(감사) ○ ○ ○

위 피선자는 그 즉석에서 취임을 승낙하고 조사에 착수하다.

의장은 위 조사 보고를 기다리기 위하여 잠시간 휴회한 후 속회하다. 검사인은 별지 조사보고서와 같이 보고한 즉 만장일치로 이를 승인하다.

• 제5호의안: 본점 설치장소 결정의 건
  의장은 본회사 본점을 다음 장소에 설치함이 적당한 뜻을 설명하고 그 가부를 자문한즉 만장 이의 없이 승인하다.

본 점: ○○시○○구○○동○○○번지

이상으로서 금일 총회의 목적인 의안 전부를 심의 종결하였으므로 의장은 폐회를 선언한다.

폐회시간은 ○○ 시 ○○ 분

위 의사의 결의를 명확하게 하기 위하여 이 의사록을 작성하고 의장과 출석한 이사가 다음에 기명날인하다.

200○ 년 ○○ 월 ○○ 일

의장겸 이사 ○ ○ ○

이 사 ○ ○ ○

이 사 ○ ○ ○

〈서식〉 위임장

위 임 장

본인등은 위 사람을 대리인으로 정하고 다음의 권한을 위임함

1. 본 회사의 설립등기 신청에 관한 일체의 행위

200 년 월 일

신청인 주식회사 ○○

대표이사 ○○○ 인

이 사 ○○○ 인

감 사 ○○○ 인

〈서식〉 주주명부

주 주 명 부

주 명	주 소	인수주식수	壹주의 금액	납 입 금 액
		주	원	원
		주	원	원
		주	원	원
		주	원	원
		주	원	원
		주	원	원
		주	원	원
		주	원	원
		주	원	원
		주	원	원
		주	원	원
		원	원	원
		주	원	원
합 계		주		원

〈서식〉 인감신고서

인 감 신 고 서
(인감대지 첨부란)
위와 같이 인감신고 합니다. 년 월 일 신고인 **지방법원 귀중**

Chapter 9

사업자등록

1. 사업자가 알아두어야 할 기본상식

1) 모든 사업자는 사업을 시작하면서 반드시 사업자등록을 하여야 함

사람이 태어나면서 출생신고와 같이 주민등록을 하듯이, 사업을 하려는 자는 반드시 관할세무서에서 사업자등록을 하여야 한다. 사업 개시일로부터 20일 이내에 사업자등록신청을 하여 사업자등록증을 발급 받아야 한다.

사업자등록 시 사업개시일이란

「**부가가치세법 시행규칙**」 **제3조**[개업일의 기준] 법 제5조 제1항에 규정하는 사업개시일은 다음 각호의 규정에 의한다.

1. 제조업에 있어서는 제조장별로 재화의 제조를 개시하는 날
2. 광업에 있어서는 사업장별로 광물의 채취 · 채광을 개시하는 날
3. 기타의 사업에 있어서는 재화 또는 용역의 공급을 개시하는 날

사업자등록 신청 시 구비서류는 다음과 같다.

- 사업자등록신청서 1부
- 사업허가증 · 등록증 또는 신고필증 사본 1부
  (허가를 받거나 등록 또는 신고를 하여야 하는 사업의 경우)
- 사업 개시 전에 등록을 하고자 하는 경우에는 사업허가신청서 사본이나 사업계획서

- 임대차계약서 사본 1부(사업장을 임차한 경우)
- 2인 이상이 공동으로 사업을 하는 경우에는 공동사업 사실을 증명할 수 있는 서류
- 도면 1부(상가건물 임대차보호법이 적용되는 건물의 일부를 임차한 경우)
- 법인등기부등본, 정관 및 주주명부(법인의 경우)

사업자등록증은 관할세무서 민원봉사실에서 즉시 발급하여 준다. 다만, 명의위장사업 또는 신용카드 위장가맹혐의가 있는 사업자의 경우에는 현지 확인을 실시하여 실질 사업자인지 여부를 확인한 후 발급하여 준다.

사업자등록을 하면 사업자등록번호가 나오게 되는데, 이 사업자등록번호는 모든 상거래에 있어 그 사업체를 거래 시마다 표시하며 사용되는 고유번호이다.

2) 사업을 시작하기 전에 등록을 할 수 있음

모든 사업자는 사업개시일로부터 20일 이내에 사업자등록을 하여야 하며, 등록부여받은 사업자등록번호를 사용하여 세금계산서를 주고 받을 수 있게 된다. 그러나 사업자가 사업을 개시하기 전에 상품을 구입하거나 시설투자를 하고자 하는 경우, 상품 매입 시 부담한 부가가치세를 환급 받으려면 사업을 개시하기 전에 사업자등록을 하여 매입계산서를 교부받는 것이 유리하다. 이때에는 사업을 개시할 것이 객관적으로 확인되어야 사업자등록증이 교부된다.

3) 사업자등록은 사업장마다 하여야 함

사업장이라 함은 사업자 또는 그 사용인이 상시 주재하여 거래의 전부 또는 일부를 행하는 장소를 말한다.

법인의 경우 법인의 본점, 지점 모두 사업자등록을 하여야 하고, 개인도 사업장이 2개 이상 있는 때에는 사업장마다 사업자등록을 하여야 하며 직매장도 사업자

등록을 하여야 한다.

다음의 경우에는 사업자등록을 하지 않아도 된다.

- 보관, 관리시설만 갖춘 하치장을 설치하고, 그 날로부터 10일 이내에 하차장 관할 세무서에게 하치장 설치신고서를 제출한 경우
- 기존사업장이 있는 사업자가 각종 경기대회, 박람회, 국제회의 등이 개최되는 장소에 임시사업장을 개설하는 경우나 임시로 기존 사업장과는 다른 장소에 단기간 판매장을 개설하는 경우로서, 사업개시일 20일 전에 임시사업장 관할 세무서에 임시사업장 개설신고서를 제출한 경우

4) 여러 가지 사업을 겸업할 때의 사업자등록

부가가치세의 과세사업과 부가가치세가 면세되는 사업을 겸업할 때에는 「부가가치세법」에 의한 사업자등록만을 하면 된다.

부가가치세가 면세되는 사업만을 하는 경우, 「소득세법」(법인의 경우 「법인세법」)에 의한 사업자등록을 하여야 한다.

2. 공동사업자의 경우 사업자등록하는 방법

2인 이상의 사업자가 공동으로 사업을 하는 경우 사업자등록신청은 공동사업자중 1인을 대표자로 하고, 공동으로 사업을 하는 사실을 증명할 수 있는 동업계약서 등의 서류(공동계약서 등)를 함께 제출하여야 한다.

1) 사업자등록을 발급받지 못하는 경우

남의 명의로 사업자등록을 신청하거나, 법령에 의하여 허가를 받아야 하는 업종의 사업자가 허가증사본을 붙이지 아니한 경우, 신청내용이 실제사업과 다른

경우에는 사업자등록증을 발급받을 수 없다. 이러한 경우에는 등록신청을 정정하거나 보완하여 신청하여야 하며, 신청한 내용이 세무서에서 조사한 사실과 다른 경우에는 그 조사한 사실에 따라 사업자등록증이 교부되며 이 경우 교부기간은 7일에 한하여 연장된다.

2) 사업자등록을 하지 않은 경우 불이익

(1) 무거운 가산세를 물게 된다

사업자등록을 하지 않고 사업을 하면 사업개시일로부터 등록한 날이 속하는 예정신고기간(예정신고기간이 지난 경우에는 그 과세기간)까지의 공급가액에 대하여 100분의 1(간이과세자는 1,000분의 5)에 해당하는 금액을 가산세로 물게 된다.

(2) 매입세액을 공제받을 수 없다.

구입한 상품에 대한 세금계산서를 교부 받을 수 없어 물건을 사지 못하거나 구입 시 부담한 세금을 공제받지 못하게 되며, 결과적으로 성실한 납세자에게 주는 각종 혜택을 전혀 받지 못하는 등의 불이익을 입게 된다.

3) 사업자등록을 한 번 부여받으면 평생 사용하게 됨

사업장을 옮기거나 폐업하였다가 다시 시작하는 경우, 종전에는 사업자등록 번호를 새로 부여받았으나 '97년부터는 사업자등록증을 한 번 부여 받으면 특별한 경우 외에는 평생 그 번호를 사용하게 되어 있다.

따라서 사업자는 사업자등록 번호에 의하여 세적이 관리되므로 사업을 하면서 세금을 내지 않거나, 무단 폐업하는 등 성실하지 못한 행위를 할 경우, 이러한 사항들이 모두 누적되어 불리할 경우가 있으므로 사실대로 정확하게 사업자등록을 하여야 한다.

3. 사업자등록 변동/정정신고를 하는 방법

다음과 같은 변동사항이 발생하면 지체없이 사업자등록 정정신고서를 작성하여 기존의 사업자등록증과 함께 사업소 소재지 관할 세무서의 민원봉사실에 제출하면 된다.

- 상호나 업태, 종목 등 사업의 종류를 변경하는 때
- 사업자의 주소, 거소 또는 사업장을 이전하는 때
- 법인의 대표자를 변경하는 때
- 상속으로 인하여 사업자의 명의가 변경되는 때
- 사업장을 이전하는 때에는 이전후의 사업장을 관할하는 세무서에 그 이전사실을 신고하여야 한다.

4. 사업자가 폐업신고를 하는 방법

사업을 폐업하면 지체없이 세무서 민원봉사실에 비치된 폐업신고서 1부를 작성하여 사업자등록증과 함께 사업장을 관할하는 세무서에 제출하면 된다. 폐업신고서를 제출하는 경우부가가치세 확정신고도 같이 하는 것이 절차가 간편하고 유리하다. 이때 부가가치세 확정신고서에 폐업 연월일 및 사유를 기재하고, 사업자등록증을 첨부하여 제출하면 폐업신고서를 제출한 것으로 본다.

사업을 그만두는 사업자의 마지막 신고기간은 그 폐업일이 속하는 과세기간의 개시일로부터 폐업일까지이며, 모든 사업자는 폐업일로부터 25일 이내에 확정신고 납부를 하여야 한다.

[부가가치세 확정신고 예시]

'04년 12월 15일에 사업을 그만두는 경우, 신고대상기간은 10월 1일부터 12월 15일이 된다. 이 기간 중의 영업실적에 대하여 폐업일인 12월 15일부터 25일이 되는 다음 연도인 2005년 1월 4일까지 부가가치세 확정신고납부를 하여야 한다.

5. 사업자등록신청서 작성 시 유의사항

사업자등록신청서에는 해당되는 사업자의 유형을 먼저 생각할 필요가 있으며, 부가가치세가 과세되는 사업자의 유형은 매출액의 규모에 따라 일반과세자, 간이과세자로 구분된다.

1) 간이과세자가 되려면 간이과세적용신고도 함께 하여야 한다

간이과세 적용신고는 사업자등록신청서의 해당란에 표시하면 된다.

- 간이과세 적용기준
  - 연간 매출 예상액이 4,800만 원 미만인 개인사업자
  - 4,800만 원 미만자라도 아래 사업은 간이과세를 적용받을 수 없다.

〈간이과세 배제사업〉

① 광업, 제조업(과자점, 떡방앗간, 도정 · 제분업, 양복 · 양장 · 양화점은 가능)
② 도매업(겸업시 도 · 소매업 포함), 부동산매매업
③ 시 이상 지역의 과세유흥장소
④ 변호사, 심판변로인, 변리사, 법무사, 공인회계사, 세무사, 경영지도사, 기술지도사, 감정평가사, 손해사정인업, 통관업, 기술사, 건축사, 도선사, 측량사업 등 전문직 사업자
⑤ 기타 사업장소재시, 사업의 종류 · 규모 등을 감안하여 국세청장이 정한 간이과세 배제기준에 해당회는 사업자

※ 2005년 1월 1일부터는 일반과세가 적요되는 사업장을 보유하고 있는 사업자도 간이과세를 적용받을 수 없다.

2) 간이과세적용을 받기 위한 간이과세 적용신고

새로 사업을 개시하는 자의 경우 연간매출액이 1억 5천만 원 미만이 될 것으로 예상되는 때에는 사업자등록 신청서의 간이과세 적용신고란에 그 내용을 기재하거나 간이과세적용신고서를 내면 간이과세 적용을 받게 된다.

연간매출액이 1억 5천만 원 미만이더라도 세금계산서의 수취 · 발급을 위하여 일반과세자가 되고자 하는 경우에는 간이과세 적용신고를 하지 않으면 된다.

3) 일반과세자만 세금계산서를 교부할 수 있음

거래시마다 일반과세자는 세금계산서를 교부하여야 한다. 다만, 소매업, 음식 · 숙박업등과 같이 최종소비자와 거래시에는 영수증, 신용카드 매출전표, 금전등록기 계산서 등을 교부하여야 한다.

세금계산서를 교부받으면 매입세액을 공제받을 수 있다. 매입과 관련하여 거래증빙으로 세금계산서를 교부받으면 세금계산서에 기재된 세액 전액을 자기가 낼 세금에서 공제하거나 환급을 받을 수 있다.

4) 간이과세자와 과세특례자는 세금계산서를 교부할 수 없음

간이과세자와 과세특례자는 일반과세자와 달리 세금계산서를 교부할 수 없으며, 신용카드 매출전표, 금전등록기 계산서만을 교부하여야 한다.

신용카드 가맹사업자가 신용카드 매출전표를 발행하면 발행금액의 1%를 납부할 세액에서 공제받을 수 있다.

세금계산서를 교부받으면 매입세액을 공제받을 수 있다. 매입과 관련하여 거래증빙으로 세금계산서를 교부받으면 세금계산서에 기재된 세액의 10% 내지 25%를 자기가 낼 세금에서 공제받을 수 있다. 그러나 납부세액을 초과하는 경우, 그 초과분에 대하여는 환급을 받을 수 없다.

5) 특별소비세 · 교통세 또는 주류판매와 관련된 사업자의 등록 · 신고

특별소비세 또는 교통세의 납세의무가 있는 사업자가 「특별소비세법」 또는 교통세법에 의하여 개업 · 휴업 · 폐업 또는 변경신고를 한 경우에는 부가가치세법에 따른 별도신고를 할 필요가 없다.

또한 유흥음식업소, 식품잡화점 등 주류 판매를 해야 하는 사업자의 경우 사업자등록신청서에 주류판매 사실을 기재, 관할 세무서에 제출하여 사업자등록증을 교부받은 경우에는 주류판매신고를 할 필요가 없다.

PART

4

4차 산업혁명과 신기술

Chapter 10 4차 산업혁명과 창업

Chapter 11 지식재산권

Chapter 10

4차 산업혁명과 창업

1. 4차 산업혁명 개요

인터넷에서 산업혁명을 검색하면 다음과 같이 영국, 와트 증기기관, 엥겔스와 토인비가 가장 먼저 등장한다.[1)]

영국의 와트증기기관

산업혁명(産業 革命, 영어: Industrial Revolution)은 18세기 중반부터 19세기 초반까지, 약 1760년에서 1820년 사이에 영국에서 시작된 기술의 혁신과 새로운 제조 공정(manufacturing process)으로의 전환, 이로 인해 일어난 사회·경제 등의 큰 변화를 일컫는다. 섬유산업은 현대의 생산 방법을 처음으로 사용했다. 산업혁명은 후에 전 세계로 확산되어 세계를 크게 바꾸어 놓게 된다. 산업혁명이란 용어는 1844년 프리드리히 엥겔스가 〈The Condition of the Working Class in England〉에서 처음 사용하였고, 이후 아널드 토인비가 1884년 〈Lectures on the Industrial Revolution of the Eighteenth Century in England〉에서 이를 보다 구체화하였다.

1) "산업혁명" 위키백과, 2018.6.9 최종 수정
https://ko.wikipedia.org/wiki/%EC%82%B0%EC%97%85%ED%98%81%EB%AA%85

즉, 산업혁명은 기존에 사람 또는 동물에 의한 대량 생산이 가능한 체제로의 전환을 의미하고, 그 전환의 근거가 되는 혁명적 산물이 바로 영국에서 처음 개발된 증기기관으로 대표되는 것으로 프리드리히 엥겔스가 처음 언급하고, 아놀드 토인비가 구체화한 것이다.

1차 산업혁명부터 본 책에서 주로 논하게 될 4차까지 산업혁명을 정리하면 다음과 같다.

표 10-1 역대 산업혁명의 정리

차수	특징	대표적 산물
1차	수력 증기기관을 활용	증기기관차, 면사방적기
2차	1차 산업혁명의 연장, 전기 동력 대량생산	컨베이어벨트를 이용한 대량생산
3차	컴퓨터를 통한 정보기술 시대	컴퓨터, 인터넷
4차	초연결성, 초지능성, 융합성	빅 데이터 분석, 인공지능, 로봇공학, 사물인터넷, 무인 운송 수단(무인 항공기, 무인 자동차), 3차원 인쇄, 나노 기술

산업혁명은 산업의 발전과정에서 발생하는 흐름을 혁신적으로 크게 진화시키는 하나의 흐름이 발생할 때 부여되는 명칭으로 볼 수 있으며, 1763년 제임스 와트가 최초의 증기기관을 개발한 이래로 인류는 3번의 혁명적 산업변화를 겪어 왔으며, 이제 4번째 산업의 변혁이 개시되었다고 선언하고 있는 것이다. 제4차 산업혁명은 클라우스 슈바프(Klaus Schwab)가 의장으로 있는 세계경제포럼(World Economic Forum, WEF)[2]에서 2016년에 주창되었다.

제4차 산업혁명은 물리, 생물, 디지털 세계를 빅 데이터를 통해서 통합시키고 경제 및 산업 등 모든 분야에 영향을 미치는 신기술로 설명될 수 있다. 물리와

2) 세계경제포럼(World Economic Forum, WEF)은 저명한 기업인・경제학자・저널리스트・정치인 등이 모여 세계 경제에 대해 토론하고 연구하는 국제민간회의. 독립적 비영리재단 형태로 운영된다. 본부는 스위스 제네바 주의 도시인 콜로니(Cologny)에 위치. '세계경제올림픽'으로 불릴 만큼 권위와 영향력이 있는 유엔 비정부자문기구로 성장하면서 세계무역기구(WTO)나 서방선진 7개국(G7) 회담 등에 막강한 영향력을 행사한다.

디지털 세계의 통합은 O2O(Online to Offline)를 통해 수행되고, 생물학적 세계에서는 3D 프린팅을 이용하여 피부나 대체장기 및 인공 조직 등을 인체에 접목할 수 있고, 인체의 정보를 디지털 세계에 접목하는 기술인 스마트워치나 스마트밴드를 이용하여 모바일 헬스케어를 구현할 수 있다. 가상현실(VR)과 증강현실(AR)도 물리적 세계와 디지털 세계의 접목에 해당될 수 있다.

4차 산업혁명이라는 용어의 출발을 산업계에서 찾아보면 독일의 인더스트리 4.0(제조 4.0)에서 찾을 수 있다. 세계 제조업의 최고 강자인 독일은 대부분의 공장이 해외로 이전하고, 저출산 고령화로 인해 숙련공들은 감소되나 기술을 전수받을 젊은이들이 많지 않고, 미국의 ICT 기업들이 급성장하면서 자국 기술 경쟁력이 떨어지고 있는 현실을 극복하기 위해서 산업의 미래(산업협회, 정부, 노조의 합의기구)가 주최가 되어 2011년부터 스마트팩토리를 추진하였다. 스마트팩토리는 전통제조업의 컨베이어 대량생산을 넘어서는 차세대 맞춤형 생산체제를 지향하며, 몇 개 기업이 아니라 전 국토를 네트워크형 스마트공장 산업단지로 재편한다는 장기적인 관점을 가지고 있다.

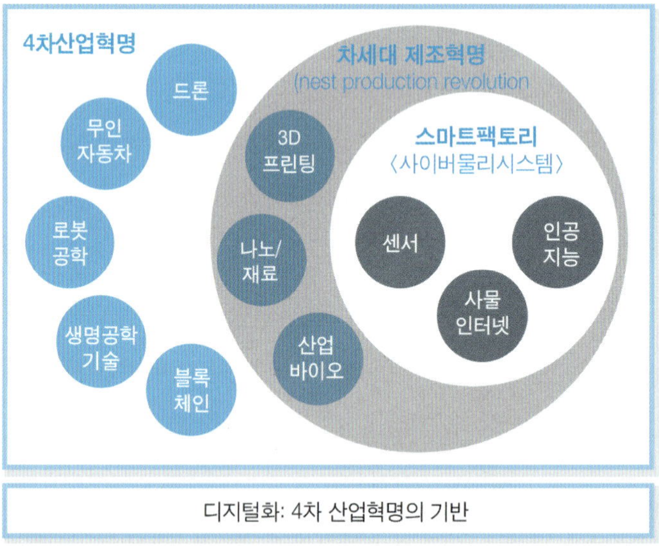

그림 10-1 **4차 산업혁명의 개념 확대**

독일의 스마트팩토리 시범공장에서 성과가 나타나자, OECD에서는 생산공장을 넘어서 제조업 전체에 이러한 실험을 확대하는 차세대 제조혁명을 제기하였고, 2016년 세계경제포럼(다보스)에서는 이러한 변화를 제조업뿐만 아니라 금융, 의료, 물류 등 전체 산업으로 확대하여 적용하면서 이를 4차 산업혁명이라고 명명하였다.[3)]

이렇게 세계적으로 4차 산업혁명을 논하고 있으나, 일부 학자들과 지식인들은 현재 산업을 3차 산업혁명의 연장선으로 보는 시각도 있다. 『제3차 산업 혁』(The Third Industrial Revolution)을 저술한 제러미 리프킨(Jeremy Rifikin)은 현재 제3차 산업혁명이 진행 중이라고 말한다. 이러한 산업혁명의 시기가 맞는지를 정의할 수 있는 것은 현세를 살아가는 이들의 몫이 아니라 후세의 몫이므로 현재가 4차인지 3차의 연장인지를 논하는 것은 중요한 것은 아니라고 할 수 있고, 다만 현재 나타나는 산업의 변화가 새로운 산업혁명을 논할 정도의 가치있는 변화라는 것이고, 이러한 산업의 변화를 잘 파악하고 이에 맞추어 준비하고 대응하는 것이 중요하다.

4차 산업혁명의 특징은 현재를 기준으로 주변에서 흔하게 목격할 수 있는 현상이 됐으며, 이러한 현상을 많은 사람들은 4차 산업혁명이라 명명하고 있다. 이 현상은 이제 막 새로운 장을 열어가는 상황이고, 아직 산업을 대표할만한 주자가 명확하게 구분되지 않으므로 4차 산업혁명을 이해하고 이에 맞는 창업을 준비하는 것은 스타트업으로서 필수적인 의무라고 할 수 있을 것이다.

2. 미래의 기술과 창업

1) 4차 산업혁명의 특징과 대표기술

삼성SDI는 4차 산업혁명을 다음과 같이 정의하고 있다.

3) 4차 산업혁명과 노동의 대응, 금속연구원 김성혁 원장, 금속노조노동연구원, 2017-3 이슈페이퍼.

"인공지능, 사물인터넷, 빅데이터, 3D 프린팅, 로봇 등 첨단 정보통신기술이 경제, 사회 전반에 융합되어 나타나는 혁신적 변화를 말합니다."

이런 융합은 디지털과 물리적 영역의 융합, 즉 디지털의 영역이 인간의 일상과 통합되어 생활방식을 근본적으로 바꾸게 되는 상황을 말한다.

대표적인 예로, 자율주행자동차를 들 수 있는데, 운전자가 직접 운전하지 않는 상태, 즉 자동차가 스스로 운전을 하는 상태에서 자동차는 교통법규는 물론, 운전자의 상황과 주변 환경을 모두 감안하여 자동차를 최적의 상태로 목적지까지 주행하게 하는 시스템이다. 이러한 자율주행 과정에서 사람이 할 수 있는 역할은 단지 목적지를 결정하고 원하는 주행스타일 정도의 선택이며, 나머지는 자동차와 원격지 시스템 플랫폼이 자동차의 주행상황과 실시간 환경에 대한 데이터를 상호 교신하면서 운전이 이뤄진다.

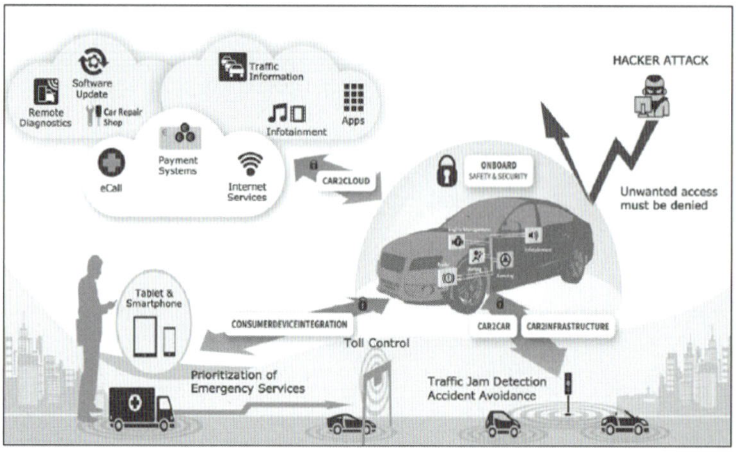

그림 10-2 자율주행차의 구성요소

스마트팩토리의 예를 들면, 기존 공장이 사람이 생산에 개입하는 경우는 속도와 물량 정도를 체크하고 기계는 무조건 불량 유무에 관계없이 제품을 생산하는 방식이었다면, 스마트팩토리는 생산과정의 불량 여부는 물론, 공장의 공조와 생산을 위한 일정과 방법까지 제시하고 있기 때문에 빠른 처리속도는 물론, 정교한 생산관리에 의해 소량 다품종 생산이 가능해짐으로써 맞춤형 생산을 위해 최적의 환경을 만들게 됐다.

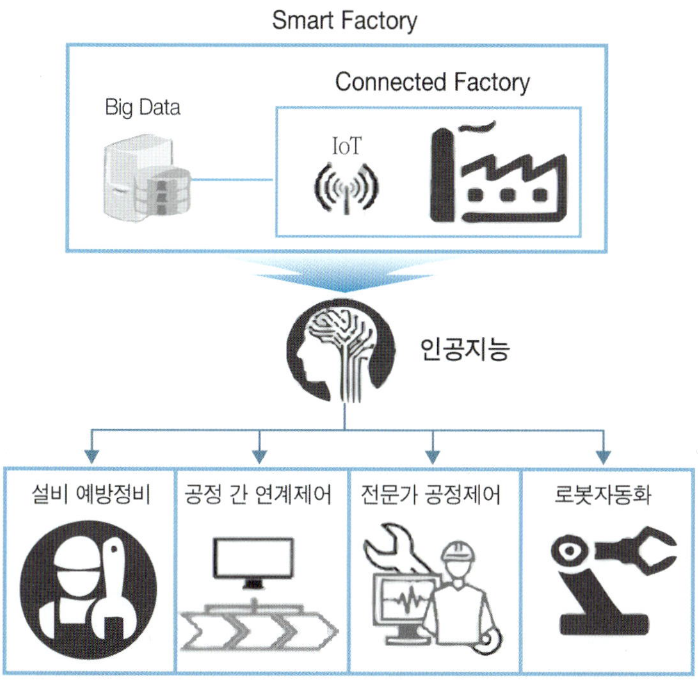

그림 10-3 **스마트팩토리 핵심요소**

4차 산업혁명을 논할 때 뺄 수 없는 기술이 3D 프린팅인데, 특히 개인화되고 정밀화된 다품종 소량 생산을 요구하는 요즘엔 필수적인 기술이다.

이러한 3D 프린팅 기술이 가장 극명하게 드러나는 산업 분야는 바로 의료산업으로, 조직대체물질이나 임플란트 등은 물론, 맞춤형 장기와 인공피부에 이르기까지 현대 의학에서 매우 광범위하게 사용되고 있는 기술이다.

3D 프린팅은 특히 미래 소형화 기술의 일환으로 피부에 바이오칩을 이식하여 개인정보를 활용할 수 있는 영화 속 일상을 현실화할 수 있는 가장 기초 기술이면서 많은 연구가 이뤄지고 있는 분야이다.

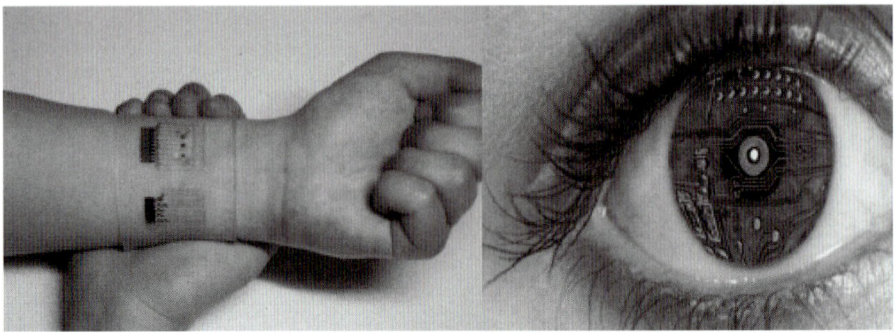

그림 10-4 인체 바이오프린팅 예시

4차 산업혁명을 살펴보면서 대표적인 기술로 인공지능, 사물인터넷, 빅데이터, 3D 프린팅, 로봇 등을 들었는데, 이런 기술이 갖는 특징을 초연결성, 초지능성, 예측 가능성으로 표현하고 각각의 기술을 정의해보면 다음과 같다.

표 10-2 4차 산업혁명 대표기술 특징

대표기술	정의
인공지능(AI)	• 사고 · 학습 등 인간의 지능 활동을 모방한 컴퓨터 기술(예시) AI+IoT+자동차 = 무인 자율주행자동차
사물인터넷 (IoT: Internet of Things)	• 사물에 센서를 부착, 네트워크 등을 통한 실시간 데이터 통신기술 • (예시) IoT+AI+빅데이터+로봇공학 = 스마트공장
빅데이터(Big Data)	• 인간행동 및 설비동작 패턴 등 대량의 현상을 데이터화하여 분석하는 시스템 최적화 기술 • (예시) 빅데이터+AI+의학정보 = 개인맞춤의료
3D 프린팅 (Additive manufacturing)	• 3D 설계도나 모델에 소재를 쌓아 물체를 만드는 제조 기술. (예시) 3D 프린팅+바이오기술 = 인공장기
로봇공학	• 로봇공학에 생물학적 구조원리를 적용, 적응성 및 유연성 향상 기술

4차 산업혁명의 대표기술은 초연결성, 초지능화, 융합화에 기반하여 모든 것이 상호 연결되고 지능화되어 경계를 무너뜨리는 방식으로 진화할 것으로 예측하고 있다.

표 10-3 4차 산업혁명 기술의 특징과 현황

특징	현 황
초연결성	• ICT를 기반으로 하는 IoT 및 IoT의 진화를 통해 인간-인간, 인간-사물, 사물-사물을 대상으로 한 초연결성이 기하급수적으로 확대 • 2020년까지 30억 인터넷 플랫폼 가입자와 500억 개의 스마트 디바이스에 의해 상호간 네트워킹될 것으로 전망(삼성증권, 2016)
초지능화	• 인공지능(AI)과 빅데이터의 결합과 연계에 기반하여 기술과 산업 구조의 초지능화가 강화 • Google의 AlphaGo, IBM의 Watson 등 기계학습과 딥러닝(Deep Learing; 인공지능 신경망) 및 빅데이터에 기반한 인공지능은 초지능적 제품 생산과 서비스 제공에 기여할 것으로 전망
융합화	• '초연결성' 및 '초지능화'에 기반하여 기술 간, 산업 간, 사물-인간 간의 경계가 사라지는 '대융합'의 시대가 될 것으로 전망

자료: 4차 산업혁명 대응을 위한 주요 과학기술혁신 정책과제. ISSUE PAPER 2017 - 04, KISTEP(한국과학기술평가원).[4]

2) 4차 산업혁명 관련 국내 연구기관의 미래의 유망기술

(1) 한국과학기술정보연구원(KISTI)의 10대 미래유망기술

한국과학기술정보연구원(KISTI)은 2017년에 '미래유망기술세미나'에서 4차 산업혁명 관련 11개 분야 50개 아이템 중에서 웹기반 빅데이터 수집.분석 패키지, 스마트 의류, 지능형 자동차 레이더센서, 3D 수리모델링 소프트웨어, 바이오잉크, 바이오프린팅으로 제작된 인공장기와 조직, 착용형 보조로봇, 고령자 돌보미 로봇, 휴먼 마이크로바이옴 분석, 개인 유전자 분석서비스 등 10대 미래유망기술을 선별하였는데, 그 내용은 다음과 같다.

4) 4차산업 이끌 미래 유망기술은? 사이언스타임즈. 2017.11.24.

표 10-4 KISTI 선정 4차 산업혁명 관련 10대 미래유망기술

No	분야	미래유망기술명	세부 내용
1	인공지능	웹기반 빅데이터 수집 분석 패키지	• 방대한 데이터를 웹기반 시스템 내에서 수집하고 분석하여 비즈니스 인사이트를 도출하는 기술 • **필요기술**: 데이터 전송제어 기술 및 데이터 오류 검출을 위한 연산 시퀀스 기술
2	사물인터넷	스마트 의류	• 특수소재나 컴퓨터 칩을 사용해 전기신화나 데이터를 교환하거나 외부 스마트 기기와 연결된 의류 • **필요기술**: 입력기술과 출력기술 • **입력기술**: 인체정보 측정기술, 환경정보 측정기술 • **출력기술로**: 시·청각 기술, 촉각기술 등
3	무인운송수단	지능형 자동차 레이더센서	• 전자기파를 송신하고 표적에 의한 반사 신호를 수신하여 표적의 위치 및 이동속도를 측정하는 센서기술 • **필요기술**: 주행상황 인지/대처기술 및 차량궤적 추적기술
4	3D프린팅	3D 수리모델링 소프트웨어	• 3차원 모델을 효율적으로 표현하기 위한 물리적 환경이나 실세계의 물체를 묘사하기 위해 사용하는 소프트웨어 • **필요기술**: 공간정보 활용한 데이터 처리와 빌딩정보모델(BIM)을 이용한 건물시공 및 운영시스템 등의 기반기술
5	바이오프린팅	바이오잉크	• 약물 스크리닝 플랫폼이나 바이오칩 또는 인공조직 프린팅에 필요한 탈세포화된 바이오소재 의미 • **필요기술**: 혈관재생을 위한 바이오잉크 기술 및 세포농도와 세포생존력 등에 대한 정보
6	바이오프린팅	바이오프린팅으로 제작된 인공장기와 조직	• 바이오프린팅 소재를 이용하여 원하는 형상을 쌓아 만든 인공조직이나 장기 등 지칭 • **필요기술**: '이종(異種) 장기생산 기술'과 '면역조절기술', 및 '생체조직 공학기술'

7	첨단로봇공학	착용형 보조로봇	• 기계화된 로봇 팔이나 다리를 인체운동과 일치시켜 기동성과 힘을 증폭시키면서도 착용이 가능한 보조로봇 지칭 • **필요기술**: 동작예측 기술과 형상가변형 장치기술 및 구동장치에 대한 제어시스템
8	첨단로봇공학	고령자 돌보미 로봇	• 고령자나 초고령자를 대상으로 대화를 하거나 인지보조, 또는 낙상방지 및 간병 서비스를 제공하는 로봇 • **필요기술**: 동작과 자세인식 기술 및 생체신호에 대한 상황판단 기술
9	유전학	휴먼 마이크로바이옴 분석	• 개인의 몸속에 살고 있는 미생물군의 정보 및 이들의 유전정보를 분석하는 기술 • **필요기술**: 대사질환과 장내 미생물군의 상관관계 및 염증성 피부질환 및 항암면역성 등에 대한 미생물군의 상관관계 관련 다양한 정보
10	유전학	개인 유전자 분석 서비스	• 인체 염색체의 광범위한 유전체 부위를 스캔하고 분석하여 유전자의 이상 유무를 검사하는 분석 서비스 • **필요기술**: 유전정보 처리에 대한 분석기술과 보안기술 및 온라인 기반의 정보처리기술

(2) 한국지식재산전략원(KISTA)의 10대 미래유망기술

또한 2016년 12월 한국지식재산전략원(원장 변훈석)은 '국가 특허전략 청사진 사업'을 통해 4차 산업혁명 시대 10대 유망 제품 · 서비스를 선정했다고 밝혔는데, 전략원은 전체 기술체계 중 1,288개 소분류 기술군을 대상으로 기술경쟁력이 높은 유망 기술을 선정했다. 한 · 미 · 일 · 유럽 특허 출원 증가율과 주요 시장 확보율을 통해 경쟁력을 도출, 상위 10% 내에서 4차 산업혁명과 관련성이 높은 10대 제품 · 서비스를 선정했고, 그 결과 △드론 △지능형 로봇 △사물인터넷(IoT) △스마트 콘텐츠 서비스 △디지털 비서 △전기차 △스마트카 △차세대 디스플레이 △3D 프린터 △스마트 헬스케어 등이 기술경쟁력이 높은 영역으로 떠올랐다.[5)]

5) '지재전략원, 4차 산업혁명 견인할 '미래 유망 제품 · 서비' 선정', 2016.12.6, KISTA(한국특허전략개발원).

(3) 한국과학기술기획평가원(KISTEP)의 10대 미래유망기술

'KISTEP 10대 미래유망기술 선정' 연구는 다양한 관점과 시각에서 미래유망기술을 도출하는 것으로, 2009년부터 추진되었다. 2013년부터는 우리나라 미래사회의 핵심 이슈를 매년 선정하여 사회적 수요가 높은 미래유망기술을 도출하고 있는데, 올해는 향후 10년 내 우리 사회에 파급효과가 클 것으로 예상하는 핵심 이슈로 지능화된 첨단 과학기술을 매개로 새로운 가치 창출을 도모하는 '사람 중심의 스마트 사회 구현'을 채택했으며, 이에 대응하는 과학기술의 역할과 발전방향을 종합적으로 분석하여 다음과 같이 '2018년 KISTEP 미래유망기술'을 뽑았다.

표 10-5 KISTEP 선정 10대 미래유망기술

No	기술명	세부 내용
1	 반응형 주택 기술	**[정의]** 사물인터넷(IoT) 기반의 지능형 바닥재, 능동형 센서 및 디스플레이 기술을 활용하여, 외부로부터 위험을 감지하고 사용자의 요구에 능동적으로 대처할 수 있도록 공간·기능·조명의 가변형성을 부여한 친환경적 주택 **[활용]** 개인의 취향, 기분, 활동에 따라 조명, 바닥재 등이 반응하는 사용자 맞춤형 주택으로, 1인 가구 및 고령인구 증가로 인한 안전 문제 우려를 해결하고 사용자에게 편안한 생활공간을 구현
2	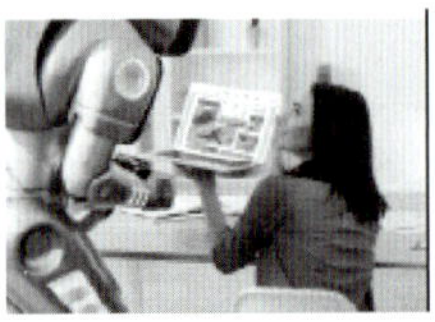 라이프로그 개인비서 소프트웨어 기술	**[정의]** 라이프로그(개인의 일상, 건강상태 및 행동패턴 등) 데이터를 분석하여 지식을 구축하고, 개인화된 서비스를 제공하는 지능형 개인비서(Intelligent Virtual Assistant) 소프트웨어 기술 **[활용]** 인공지능, 음성인식, 스마트홈, 자율주행차 기술들과 결합하여 다양한 요구를 들어주고 개인의 생활 패턴을 반영하여 해답을 찾아주는 방식으로 발전

<table>
<tr><td>3</td><td>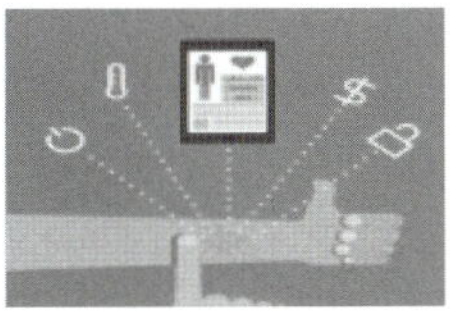
스마트 타투 기술</td><td>[정의]
신체 상태를 확인하는 센서와 메모리 등을 포함한 얇은 전자회로 막으로, 생체 정보 모니터링이 가능한 신체 부착형(패치형/문신형) 센서 기술
[활용]
혈당수치에 따라 타투 색깔이 변하고, 채혈보다 편리한 방법으로 매일 실시간 자가 검진이 가능. 타투 이미지를 스캔하여 저장된 정보를 불러오거나, 음악을 재생하는 등 웨어러블 저장・제어 장치로도 활용이 가능</td></tr>
<tr><td>4</td><td>
소프트 로봇 기술</td><td>[정의]
전통적인 로봇의 외형 소재가 딱딱하고(hard) 경직성(rigid)이 있는 재질로 제작된 데 비하여 이와는 달리 부드럽고(soft) 유연한(flexible) 소재로 제작된 로봇
[활용]
강철로 만들어진 일반적인 로봇보다 움직임이 유연하고 외부 충격에 강해 인간과의 신체적 교류를 요하는 다양한 환경에서 활용</td></tr>
<tr><td>5</td><td>
커넥티드카 기술</td><td>[정의]
첨단센서, 정보통신, 지능제어 등을 융합한 미래 모빌리티 기술로 차량이 스스로 주변환경을 인식, 위험상황을 판단, 차량거동을 조작하여 운전자의 주행조작을 최소화하며 스스로 안전주행 및 커넥티드 서비스 제공이 가능한 인간친화적 차량-인프라 융합기술
[활용]
자동 충돌 알림, 과속 및 안전 경보 알림 등의 기술을 포함하여 도로시스템과 실시간으로 양방향 통신을 하며 최적경로 탐색, 신호시스템 지능형 제어(ITS) 등이 가능</td></tr>
<tr><td>6</td><td>
모듈형 대중교통 시스템</td><td>[정의]
사물인터넷(IoT), 원격조정, 자율주행 등의 스마트 기술을 기반으로 운행되는 자동 조립식 레고형 대중교통 시스템
[활용]
노약자, 장애인, 취약계층의 도어 투 도어 이동 서비스 구현이 가능하며, 원하는 모듈을 붙였다 뗐다하며 택시(~3명), 밴(~6명), 버스(~수십명) 등의 형태로 활용 가능</td></tr>
</table>

7	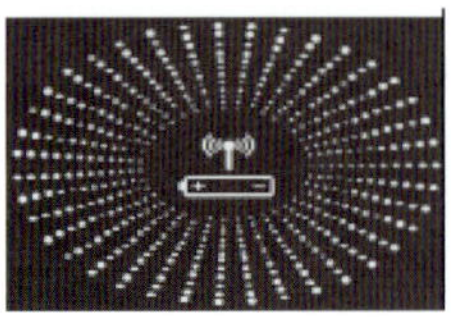 무선전력전송 기술	**[정의]** 와이파이(Wi-Fi) 핫스팟을 통하여 공간 내의 고정형 · 이동형 전자 기기에 무선으로 전기에너지를 전달하는 기술 **[활용]** 휴대폰, 가전, 웨어러블 기기, 사물인터넷(IoT) 센서 등에 쉽게 전력을 공급하여 스마트 제품 및 서비스의 사용 편의성 증대
8	 스마트팜 기술	**[정의]** 정보통신기술(ICT)을 기반으로 농 · 축 · 수산업의 생산 · 유통 · 소비의 전과정을 지능적으로 제어하고 생산성과 효율성 및 안정성을 높이는 기술 **[활용]** 먹거리 생산 · 유통 · 소비 과정에서의 안전 문제를 해결하고, 생산성과 효율성을 향상하여 먹거리의 양적 · 질적 양극화 해소에도 기여
9	 인공지능 보안기술	**[정의]** 데이터를 자동으로 수집하고 분석하여 보안 취약점을 찾아내거나 공격을 막아내는 인공지능 수준의 보안시스템 및 인공지능 자체를 감시하는 보안기술 **[활용]** 사고 예방 및 보안 위협 탐지 · 대응 분야에 인공지능 기술을 활용, 인공지능의 부정적 활용 및 오작동 등의 위험에 대응
10	 혼합현실 기술	**[정의]** 혼합현실은 실제 환경의 객체에 가상으로 생성한 정보, 예를 들어 컴퓨터 그래픽 정보나 소리 정보, 햅틱 정보, 냄새 정보 등을 실시간으로 혼합해 사용자와 상호작용하는 기술 **[활용]** 스마트 워크(일 · 가정 양립의 어려움을 해결, 유연한 근무환경 조성), 스마트 홈스쿨링, 또는 거동이 불편한 사람들의 다양한 여가체험 등에 활용 가능

(4) 한국과학기술기획평가원(KISTEP)의 10대 미래유망기술

LG경제연구원은 2018년 디지털기술 10대 이슈를 선정하고, 다음과 같이 정리하면서 관련 기술에 대하여 다음과 같이 정리하고 있다.[6)]

6) 2018 주요 디지털 기술 · 산업 이슈, 산업연구부문 미래산업그룹, 2017.12.27, LG경제연구원.

표 10-6 LG경제연구원의 2018 디지털기술 10대 이슈

트렌드	핵심 기술	이슈
초지능화 (Hyper-Intelligence)	인공지능	• 인간처럼 생각하는 지능의 연구 본격화
	자율주행	• Level 4 완전 자율주행 실험 시작
	로봇, 드론	• 기계장치에서 삶의 동반자로
	스마트 팩토리	• 제조업 업그레이드 경쟁 본격화
초연결화 (Hyper-Connection)	통신 네트워크	• 5G, 차세대 네트워크 경쟁의 개막
	컴퓨팅	• 클라우드와 엣지의 결합
	양자 컴퓨터	• 큐비트의 부상
	블록체인	• 금융 및 산업 인프라로 활용 범위 확대
초융합화 (Hyper-Convergence)	VR/AR	• 실생활, 산업 현장으로 확산
	디지털 헬스케어	• 규제 완화가 융복합 모멘텀으로

LG경제연구원은 이외에도 다음과 같이 글로벌 ICT 산업의 변화를 예고했는데,

첫째, 알파벳(Alphabet, 구글의 모회사), 아마존, 애플, 페이스북, 마이크로소프트 등 글로벌 ICT 빅 5 기업들이 기존 주력 사업을 넘어 신규 영역으로 사업을 확대하면서 상호 경쟁이 치열해질 것으로 예측하며, 이들의 경쟁은 새로운 산업의 변혁을 촉발할 수 있음을 예고하고 있다.

둘째, 중국이 제조 대국을 넘어 혁신 대국으로 변신 노력을 더욱 강화할 것인데, 세계 정치, 경제뿐만 아니라 과학기술 분야에서도 미국과 글로벌 양강(兩强) 구도가 형성될 가능성이 크다고 전망한다.

셋째, 혁신의 양강화와 함께 다극화를 예측하고 있는데, ICT 산업의 경우 실리콘밸리 이외의 다양한 곳에서 새로운 혁신 클러스터가 구축될 것으로 예측하며, 이러한 변화에 대한 대응방안의 수립을 경고하고 있다.

넷째, 미래 신산업 분야에서 신흥 기업들(de Novo)과 기존 기업들(de Alio) 간 치열한 패권 다툼이 전개될 것이며, 기존 기업들이 반격을 강화하는 양상이 두드러질 것으로 예측하고 있다.

다섯째, 다양한 산업에서 전혀 다른 분야의 이종 기업들이 합종연횡하며 기술과 산업 전반의 융복합 혁신경쟁을 주도하는 일들이 빈번할 것이다.

여섯째, 기술 발전에 따라 신산업뿐 아니라 기존 산업 내에서도 새로운 업태가 등장하며 시장 판도가 빠르게 바뀔 것이며, 특히 이러한 변화는 ICT 기술과 관련이 낮게 보였던 업종에서도 나타날 전망이기에 이러한 신기술과 신종 업태의 빠른 등장과 융합에 기업이 민첩하게 대응해야 한다고 말하고 있다.

일곱째, 시장 기대와 실적의 불일치 해소 움직임이 나타나면서 R&D 투자나 M&A에 갑작스러운 일시 조정이 나타날 수 있으므로, 시장 자금의 흐름과 기술의 투자방향에 대한 적절한 조정을 준비할 것을 경고하고 있다.

3) 다보스세계경제포럼의 4차 산업혁명 관련 국내외 미래유망기술 분석

다보스세계경제포럼(World Economic Forum, WEF)은 2012년부터 매년 '떠오르는 10대 기술(Top 10 Emerging Technologies)'을 선정하는데, 2012년부터 2016년까지 선정한 내용은 다음과 같다.[7)]

표 10-7 2014~2016 WEF 선정 미래유망기술 10선

No	2014년	2015년	2016년
1	신체적응 웨어러블 전기전자기술 Body-adapted Wearable Electronics	연료전지 자동차 Fuel Cell Vehicles	나노센서와 나노 사물인터넷 Nanosensors and the Internet of Nanothings
2	나노구조 탄소복합체 Nanostructured Carbon Composites	차세대 로보틱스 Next-generation Robotics	차세대 전지 Next-generation Batteries
3	해수담수화 과정에서 금속 체취 Mining Metals from Desalination Brine	재활용 가능한 열경화성 고분자 Recyclable Thermoset Plastics	블록체인 The Blockchain
4	전기저장 그리드 Grid-scale Electricity Storage	정밀한 유전공학 기술 Precise Genetic Engineering Techniques	2D소재 2D Materials

7) '다보스포럼 선정 10대 유망 기술', Weekly TIP, 김보림, 융합연구정책센터, 2017.2.27, 발행처 융합연구정책센터.

5	나노와이어 리튬이온 전지 Nanowire Lithium-ion Batteries	첨삭가공 Addictive Manufacturing	자율주행자동차 Autonomous Vehicles
6	스크린 없는 디스플레이 Screenless Display	다가오는 인공지능 Emergent Artificial Intelligence	장기 칩 Organs-on-chips
7	인간 마이크로비옴 치료제 Human Microbiome Therapeutics	분산 제조업 Distributed Manufacturing	페로브스카이트 태양전지 Perovskite Solar Cells
8	RNA기반 치료제 RNA-based Therapeutics	감지와 회피 드론 Sense and Avoid Drones	개방형 인공지능 생태계 Open AI Ecosystem
9	개인 계량화 및 예측분석 Quantified Self(Predictive Analytics)	뉴로모픽 기술 Neuromorphic Technology	광유전학 Optogenetics
10	뇌-컴퓨터 인터페이스 Brain-computer Interfaces	디지털 게놈 Digital Genome	시스템대사공학 Systems Metabolic Engineering

자료: WEF 홈페이지(https://www.weforum.org) 및 생명공학정책연구센터 재인용.

2017년 WEF에서 제시하는 미래유망기술을 정리해보면 다음과 같다.

표 10-8 2017 WEF 선정 미래유망기술 10선 정리

No	기술명	세부 내용	활용분야
1	액체 생체검사	• 비침습적(non-invasive) 액체 생체검사법은 체액 검사만으로 신체 부위별 체액 내에서 암세포 유래 DNA 조각들을 분석함으로써 암 발생, 전이 등을 상세히 진단 • 조직샘플 채취, 내시경 검사 등의 침습적인 방법에 비해 편의성 향상 및 비용감소 견인 가능	의료/ 유전자
2	게놈백신	• 기존의 전염병 예방 표준 백신 및 암 치료제는 미생물로부터 추출한 병원균, 단백질 등으로 구성 - 항체 제조가 느리며, 새로운 전염병이나 독감 바이러스 창궐 시 기존 백신과 계통이 일치하지 않아 효과가 약함 • 게놈백신은 DNA나 RNA로 만들어진 백신으로 인체 내에서 직접 항체 제조가 가능하여 효과적인 치료가 가능 - 유전체 백신을 인체 내 주입하면 유전자가 세포에 들어가 선택된 단백질을 만들기 때문에 항체 제조 시간과 비용이 획기적으로 감소할 것으로 예상 ※ 조류 인플루엔자, 에볼라, C형간염, HIV, 유방암, 폐암, 전립선암, 췌장암, 기타 암 등의 질병 치료에 활용	의료/ 유전자

3	시각작업을 위한 딥러닝	• 영상정보를 인공지능으로 활용하면 정밀한 의료진단 시스템으로 활용이 가능, 이미 의료종사자를 뛰어넘는 수준의 감별 가능 • 전문의 수가 부족한 개도국의 의료진단에 큰 역할을 할 것으로 기대	의료/ 유전자
4	인간세포 도감	• 인체 내 모든 생물분자들의 위치와 세포종류에 따른 기능을 밝히는 기술 프로젝트 - 분자들의 활동방식과 세포들의 상호작용 규명 등을 통하여 생명공학과 의학분야에 활용 가능한 인간 세포의 도감 완성을 목표 ※ 2016년 10월, 인간세포 도감 프로젝트 창설 및 기획회의가 열렸으며, 당시 마크 저커버그(페이스북 창립자) 등 유명 글로벌 투자자들이 후원 • 게놈(유전체), 전사체(유전자로 만든 RNA), 프로테옴(단백질), 대사체(당, 지방산, 아미노산 등), 흐름체(다른 조건하에서 속도가 다를 수 있는 대사반응)를 탐구하는 각 연구들을 통합하고 결과를 세포에 매핑 - 신체의 모든 유형과 상태를 시뮬레이션하고, 질병발현 과정에 대한 분석을 통해 새로운 치료방법 개발이 가능 • 현재 기술개발이 매우 빠르게 진행되어, 이미 1천만 장 이상의 세포 이미지가 만들어졌으며, 30개의 세포구획 및 1만2천 개 이상의 단백질 위치에 관한 고해상도 지도 생성	의료/ 유전자
5	물 획득 기술	• 공기 중 수분을 깨끗한 물로 전환하여 획득하는 기술. 독특한 화학 및 구조적 특성의 기공을 가지는 물질로 만들어진 필터시스템을 활용 ※ 공기 중 약 1천 조 리터의 물이 존재하여 이를 사용할 경우, 물 자원문제 해소에 크게 기여할 것으로 기대	에너지/ 환경
6	태양광 이용 액체연료 제조기술	• 태양광 활성화 촉매를 이용하여 이산화탄소를 직접 액체연료로 바꾸는 친환경 인공 광합성 기술 - 청색기술[8] 과학자들을 중심으로 활발한 연구가 진행되어 왔으며, 최근 사막과 같은 극한 환경에서도 광합성이 가능한 인공 잎 개발 중 • 방출된 이산화탄소를 연료로 변환하여 태양·풍력산업에 이용이 가능하며, 토양에서 식물생장을 촉진하는 물질을 만드는데도 활용	에너지/ 환경

8) 청색기술, Blue Technology: 자연과 생물이 가진 기능을 이용하여 환경오염을 방지하는 자연 친화적 기술.

		 **물 부족 환경에서 작동이 가능한 인공 잎 시스템**	
7	환경친화 이동수단 촉매	• 친환경 이동수단의 에너지로 각광받는 수소연료전지에 사용되는 백금촉매의 양을 범용으로 사용 가능하게 하는 효율적인 촉매기술 ※ 현재 전극촉매에 쓰이는 백금은 매장량이 적고 가격이 비싸서 대량 생산에는 한계가 존재 • 백금과 팔라듐을 섞어 쓰거나 저가의 금속을 넣고 겉만 백금을 가지게 하는 방법 등을 활발히 연구 중 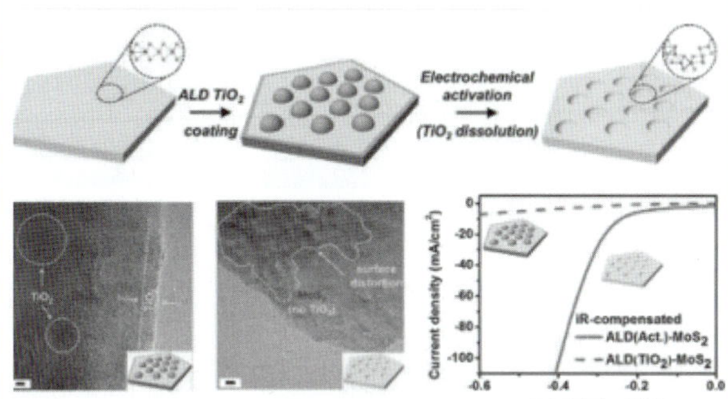 **수소연료전지에 활용되는 대체 촉매 개발 예시, 기존의 백금 촉매 대신 이용한 아황화몰리브데넘 촉매의 수소 반응 특성 (한국화학연구원 김형주 박사팀 개발)**	에너지/ 환경
8	공동생활권 지속가능한 디자인	• 개인의 영역을 뛰어 넘어 공동생활권에서 에너지, 물 등을 절약하는 시스템을 이용하여 우리 사회의 지속 가능한 생활을 가능하게 하는 기술 - 하나의 집을 기준으로 에너지, 물 등의 사용을 최적화하는 것이 아닌, 공동 생활권의 다수의 집들의 총체적 최적화를 의미	에너지/ 환경

		 공동생활권 지속가능한 디자인 도식도	
9	정밀농업	• 토양과 작물의 생육 특성을 반영한 맞춤형 농업관리 기술 - 큰 면적에 균일한 농작업을 하는 기존의 기계화 농업과 달리, 작은 면적의 위치 특성에 맞게 변량 농자재를 처방하는 정보화 농업기술 • 센서와 이미징 기술을 활용하여 실시간으로 식물의 생장과 관련된 정보를 수집 · 분석하고, 대응함으로써 수율을 획기적으로 향상 - 센서, ICT, 정보관리 등의 다양한 기술의 융복합을 통해 적은 노동력으로도 충분한 생산성 확보가 가능할 것으로 기대  정밀농업의 작업 프로세스	농업/ 첨단IT
10	양자컴퓨팅	• 양자컴퓨팅은 0과 1을 한 번에 나타낼 수 있는 큐비트(Qubit) 양자 비트를 이용하여 보다 빠른 작업 처리가 가능 - 큐비트는 00, 01, 10, 11 등 상태가 중첩될 수 있어 보다 복잡한 작업을 빠르게 처리할 수 있으며, 큐비트가 늘수록 양자컴퓨터 연산속도 역시 기하급수적으로 증가하는 장점이 있음	농업/ 첨단IT

		※ 예시: 큐비트 2개는 동시에 4개(2의 2제곱) 상태를, 큐비트 4개는 동시에 16개(2의 4제곱) 상태를 나타낼 수 있음 • 양자컴퓨터는 복잡한 데이터 처리에 최적화되어 있어 암호해독, 기후변화, 교통상황 예측 등 대규모 데이터가 필요한 문제 해결에 효과적일 것으로 예상

자료: '2017년 세계경제포럼 선정 10대 유망 기술', 김상식, 융합 Weekly TIP, 융합연구정책센터.

4) 미래 한국의 유망기술

WEF의 2017년 미래유망기술은 기존 2012~2016년의 미래유망기술에 비하여 4차 산업혁명의 핵심기술에 대하여 보다 더 구체화하고 있다는 점에서 눈여겨 볼 부분이다. 특히 2018 WEF는 미래 생산을 선도할 국가 중 부분별 상위 7위 국가를 선정했는데, 한국이 생산구조에서 2위에 올라 있다는 점이 고무적이다.

표 10-9 **2018 WEF 선정 미래 생산을 선도할 국가 중 부분별 상위 7위 국가들**

순위	생산 구조	미래 생산 원동력
1	일본	미국
2	한국	싱가포르
3	독일	스위스
4	스위스	영국
5	중국	네덜란드
6	체코	독일
7	미국	캐나다

자료: WEF, A.T. Kearney, Readiness for the Future of Production Report 2018.

주목되는 것은 WEF가 선정한 기술 중, 의료/유전자 분야의 경우 이미 한국의 기술이 세계적인 수준에 이른 분야라는 것이다. 즉, 한국이 세계 시장을 선도할 수 있는 기술을 이미 보유하고 있다는 것이고, 무엇보다 글로벌 기업들처럼 대형 생산 시스템 중심이 아니라 환자 맞춤형, 정밀 의료를 지향하는 의료산업의 경우, 많은 자본 집중형 대형 장비가 아니라면 중소기업 중심인 한국 의료산업이 충분한 시장 경쟁력을 갖출 수 있다는 점에서 더욱 매력적인 시장이다. 이런 기술을 사업화할 수 있는 아이디어와 제품화할 수 있는 자본이 집중된다면 미래 의료/유전자 분야에서는 한국이 세계 최고 수준이 될 것이라는 점이다. 물론, 여기서 한 가지 문제는 의료산업 분야(의료/유전자)의 경우 인간의 생명과 건강에 직결돼있다는 점에서 매우 높은 도덕성과 윤리를 요구하고 있고, 이런 이유로 국제 표준 규약이 매우 엄격하게 준수되어야 한다는 점에서 이런 국제 표준 규약을 만들어 가는 것이 매우 중요하다. 그러나 이러한 국제 표준 규약을 제정하는 기관들에서 한국의 역할은 매우 미비하며, 아직 관련 국제 표준 규약의 주도권을 잡고 있다고 할 만한 분야가 많지 않은 것이 세계 최고 수준의 기술을 보유한 한국의 문제이며, 이런 문제를 해결하는 것이 정부 당국의 숙제가 될 것이고, 최근 이런 문제를 정부에서 인식하고 적극적인 진출을 도모하고 있다는 점은 유의미하다고 할 것이다.

그 외에, 의료산업 분야의 경우, 높은 국제 규약 외에도 많은 자본이 요구되므로 기업 또는 연구기관이 독자적인 기술개발이 매우 어려운 것이 현실이다. 또한 병원의 참여를 필수로 요구하는 점에서 자본과 인력이 부족한 스타트업이 쉽게 접근할 수 있는 분야는 아니다.

우리나라는 「의료정보보호법」과 「생명연구윤리법」 등의 규제의 의하여 환자의 의료정보는 환자의 동의 없이는 상업용뿐만 아니라 연구용으로도 활용할 수 없다. 또한 환자의 동의를 받더라도 개인정보를 확인할 수 있는 어떠한 내용도 공개할 수 없다. 즉, 환자의 진료기록 중에서 개인비밀정보는 물론, 특정부위의 흉터나 문신 등도 사람을 특정할 수 있다고 판단되면 불법행위로 간주되고 있는 상황이다. 그럼에도 불구하고 의료산업 분야에서는 방대한 양의 데이터가 발생하고 이러한 데이터를 획득하고, 가공하여 원하는 형태로 분류 및 처리하는 기술은 아직도 사람이 해야 하는 S/W의 영역이고, 큰 규모의 투자가 필요한 인프라가 필요없이도 가능하다는 점에서 의료산업 분야에 대한 스타트업의 접근은 의미가 있다. 또한 인공지능과 빅데이터, 디자인 분야 등의 경우 이미 정부와 지자체 및 공공 연구소 등에서 관련 인프라를 제공하고 있으므로 이러한 인프라를 다양하게 활용할 경우 스타트업이 아이디어와 개인 역량만으로도 성공할 수 있는 기회는 열려있다고 볼 수 있다. 일례로 딥러닝의 경우는 이미 공개된 보건복지부의 의료 빅데이터를 활용할 수 있고, 구글 등에서 제공하는 알고리즘을 활용하게 될 경우 초기 개발을 위한 접근을 쉽게 할 수 있는 분야이기도 하다.

5) 창업을 위한 인프라와 지원시스템

미래를 얘기할 때 대부분의 전문가들은 3년 앞을 내다보기도 쉽지 않은 것이 최근의 상황이다. 이런 급격한 상황이 기존 수십 년간 이어져온 트렌드를 크게 바꾸는 결과가 도출되고 있기 때문에 4차 산업혁명이라고 불리고 있는 것이고, 이런 시대를 살아가는 것도 쉽지 않은데, 수십 년을 내다보면서 창업을 한다는 것은 매우 어려운 일일 수도 있다. 하지만 많은 자금과 인력을 쏟아부어서 할 수 있는 대형 창업이 아닌 상황이면, 오히려 혼자 또는 몇 명이서 가볍게 시작하는 소규모 창업은 참여한 몇 명이 의견을 모으고 적극적인 대처가 빠르다는 장점도 있다. 즉, 변화가 빠른 시대를 살아내기에 대형 기업보다 소규모의 스타트업이 더 효율적일 수 있다는 것이다.

(1) 해외 창업지원시스템

대표적인 창업지원시스템이라고 하면 미국 실리콘밸리를 들 수 있다. 실리콘밸리는 2차대전 중 독일군이 사용하는 레이더 교란기술 개발을 위해 하버드대학에 비밀 연구소인 RRL(Harvard Radio Research Lab)이 설립한 것이 유래가 되었다. 이 RRL 회원 800여 명 중 스탠포드대학 프레데릭 터만 교수(Frederic Terman)가 11명을 이끌고 ERL(Electronics Research Lab)을 설립하여 다음 전쟁을 위해 마이크로파를 연구하면서 군수산업의 핵심요지가 되고, 이런 군수산업에 투자하는 VC(Venture Capital)가 등장하면서 HP와 인텔 등의 글로벌 브랜드가 나타나게 된 것이다. 이렇게 핵심 인재와 돈, 그리고 연구기관이 집중되면서 실리콘밸리는 전

세계 최고의 기술혁신 지역이 되었고, 이 실리콘밸리에서 성장한 기업들이 다시 새로운 기술에 재투자하면서 애플, 마이크로소프트, 아마존, 구글과 페이스북 등 글로벌 빅 5 기업이 모두 모인 스타트업의 요람이 된 것이다.

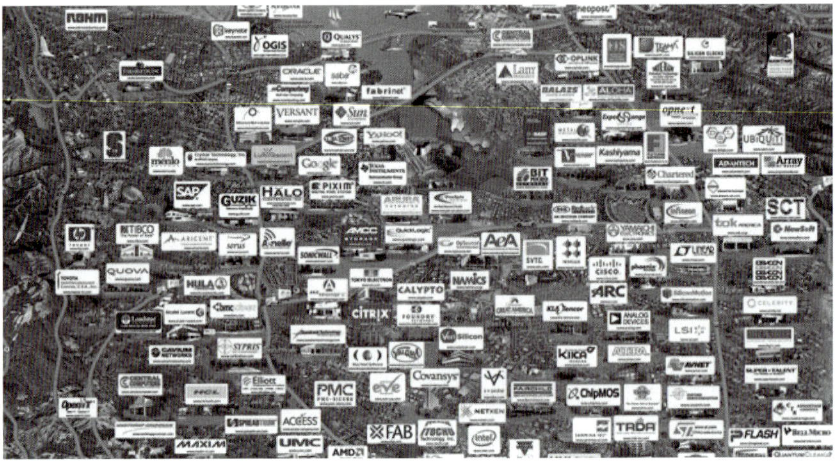

그림 10-5 실리콘밸리를 이루고 있는 수많은 글로벌 IT 기업

이렇게 성장한 글로벌 브랜드들은 최근 새로운 스타트업을 육성하면서 어느 일정 수준에 이르면 기술을 인수/합병하는 형태로 점점 공룡기업으로 변신하고 있고, 이러한 기술의 인수/합병은 기존 빅 5와 같은 새로운 글로벌 브랜드의 육성을 저해하고 있기도 하다.

이러한 공룡기업들은 돈이 되는 기술을 지속적으로 인수하고 글로벌 신기술의 트렌드가 아직까지 이런 빅 5 기업의 핵심기술에 근거하고 있기 때문에 지속적으로 성장하고 있지만, 더 이상 혁신적이기 어려울 정도의 외형 때문에 외부의 변화에 능동적이지 않고, 또한 많은 기술들이 이러한 공룡기업들의 인수 후에 사장되는 이유로 시장의 변화를 늦추는 효과로 나타나기도 한다.

하지만 이들의 이러한 확장은 새로운 변화를 원하는 시대적 변화 속에서 그들의 기술 외 새로운 기술의 출현을 완전히 막을 수는 없고, 이런 메이저 기술들의 지배로부터 벗어나려고 하는 새로운 스타트업의 출현과 성장, 그리고 중국과 같은 충분한 내수시장과 정부지원에 의해 중국 내에서 자체 성장하고 있는 엄청난 규모의 스타트업과 기술에 점점 위기감을 느끼고 있는 상황이다.

실제로 이런 소규모 기업의 효용성을 인지한 글로벌 기업들은 벌써 몇 년 전부터 글로벌 변화에 맞추어 신속하게 대응할 수 있는 다양한 변신을 시도하고 있다. 대표적인 가정용 또는 산업용 전자제품을 개발하고 생산하는 글로벌 기업 GE의 경우, 이러한 스타트업의 장점과 필요성을 인지하고 개발과 샘플 생산의 단계를 본 제품개발 전에 시행할 수 있는 새로운 자회사를 켄터키주 루이빌에 설립하여 운영 중인데, 이 회사명과 생산 플랫폼을 1B(firstbuild)라고 하고 있다.

1B는 대량 생산은 물론, 샘플 생산조차 버거운 스타트업의 아이디어 단계에서부터 GE의 임직원은 물론 외부 전문가와 일반인까지 참여하여 아이디어 공모에서 평가까지 진행한 다음에, 최종 선정된 제품에 대하여 개발과 샘플 생산을 GE가 대행하는 형태로 진행한다. 이렇게 진행된 제품을 상품화하여 출시하고 시장의 반응이 좋다고 판단되면, GE의 메인 상품 라인으로 끌어올려져서 대량 생산 시스템으로 반영된다. 이 과정에서 1B는 최종 양산 전에 소규모의 공장처럼 대형 라인 생산 체계가 아닌, 소규모 테이블 생산 방식으로 개발/생산된다.

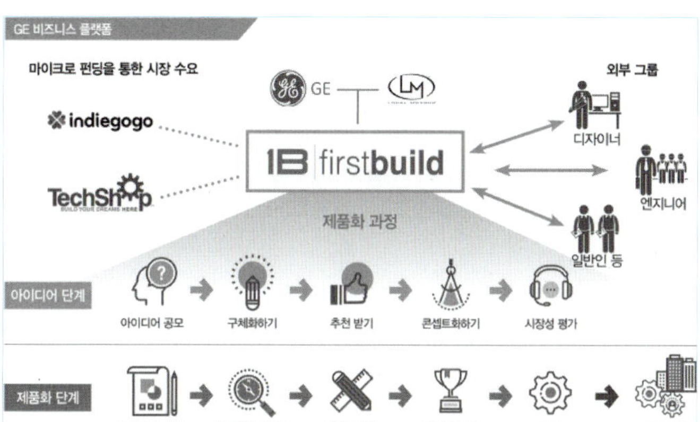

그림 10-6 GE의 프로젝트 생산시스템 1B(firstbuild) 구조

그림 10-7 켄터키 루이빌의 1B 외경

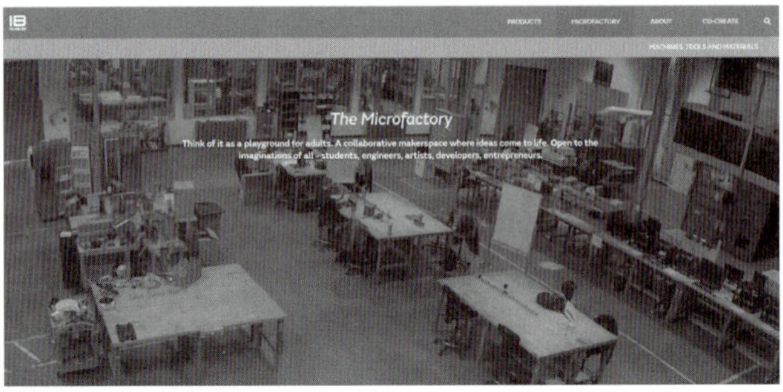

그림 10-8 1B(firstbuild) 현장 동영상 중

GE의 사례와는 다르지만, 미국은 물론 전 세계적으로 정부와 민간에서 스타트업 육성을 인큐베이팅 시스템을 운영하고 있다.

프랑스 파리에 위치한 세계 최대 스타트업 캠퍼스인 '스테이션F'는 파리 동남쪽 13구 끝자락에 위치한 버려진 지하철역을 개조하여 미국의 실리콘밸리형 생태계 모델인 민간이 주도하고 정부가 지원하는 시스템으로 운영되고 있다. 자비에르 니엘이 자비 2억 5000만 유로(약 3200억 원)을 들여 설립한 시설인데 각종 인큐베이터 프로그램과 VC(벤처캐피탈), 글로벌 기업까지 스타트업 성장에 필요한 모든 생태계를 갖추고 있다. 협력기관들의 공간으로 꾸며진 크리에이티브존에는 페이스북부터 마이크로소프트, 아마존웹서비스 등 굵직한 IT서비스 업체와 BNP파리바, 누마, 라프렌치테크 등 80여개 기업과 VC, 기관이 스타트업을 위한 '3분 대기조'를 자처하고 있다. '스테이션F'는 과거 세계 경제의 주도권을 가지고 있던 프랑스가 90년대 이후 ICT 산업의 대응이 늦어진 이후로 뒤처지기 시작한 데 위기감을 가지고 민관의 전폭적인 지지에 의하여 운영되고 있는 스타트업 육성 지원시스템이다.

스타트업을 얘기할 때 빼놓을 수 없는 나라가 있다면 바로 중국이다. 저렴한 인건비와 특허권을 무시하는 모방기술개발로 대표되던 중국을 얘기하는 것은 이미 과거에 국한할 뿐이고, 최근의 중국은 전 세계 최대 스타트업이 탄생하고 육성되고 있는 국가이며, 이미 IT 등의 기술 분야에서 우리나라를 뛰어넘고 있다. 지난 2017년 시장조사업체인 'CB인사이츠'의 발표에 의하면, 전 세계 183개의 유니콘 기업(수퍼 스타트업, 기업가치 평가액 10억 달러 이상인 비상장기업)이 있는데, 이 중 97개(55%)가 본사를 미국에, 42개(21%)는 중국에 본사를 두고 있다. 이 수치는 2017년 5월 중국 내부 집계로 다시 환산하면 알리바바의 금융결제회사인 앤트 파이낸셜(Ant Financial)이 700억 달러의 기업가치로 1위, 디디추싱(500억 달러), 샤오미(460억 달러), 루진쒀(185억 달러)로 그 뒤를 잇고 있으며, 이런 유니콘 기업만 102개에 달하고 있다고 발표한 바 있다. 이렇게 중국의 스타트업 육성은 초기 정부의 대대적인 지원에 의하여 정책적으로 육성된 스타트업 기업이던 알리바바와 샤오미 같은 글로벌 기업이 주도하고, 정부의 전폭적 지지를 기반으로 전략적 지원이 이뤄진 결과이다.

〈자료 : 중국 국가공상행정관리총국〉

세계 주요 도시 스타트업 생태계 순위

도시	2017년 순위	2016년 순위	실적	자금	인재	스타트업 경험
실리콘밸리	1	1	1	1	2	1위
뉴욕	2	2	3	2	7	4
런던	3	6	4	4	10	5
베이징	4	·	2	5	8	2
보스턴	5	4	6	6	4	3
텔아비브	6	5	9	8	11	7
베를린	7	9	7	9	5	10
상하이	8	·	8	3	8	13
로스앤젤레스	9	3	5	7	14	11
시애틀	10	8	12	13	3	6

〈자료 : 스타트업 게놈 프로젝트, 2017년 기준〉

그림 10-9 중국의 스타트업 수와 생태계 경쟁력 순위

IB와 같은 기업 주도형 스타트업 프로그램, 또는 스테이션F 등과 같은 창업지원 프로그램은 몇 년 전부터 국내에서도 저렴한, 또는 무료 임대료와 인프라 사용이 가능한 공간과 시설 임대형으로 시도되고 있다. 물론 중국정부 차원의 창업지원 프로그램과 같이 대규모의 민간이나 정부지원은 어렵지만 다양한 형태의 창업자 지원 프로그램도 운영되고 있다. 물론 IB나 스테이션F 등과 같은 해외 창업지원 프로그램도 영어만 가능하다면 누구나 지원 가능하므로, 소규모 프로젝트의 구현과 샘플생산이 필요한 창업자들에게는 충분히 시도해 볼만한 방식이라고 할 수 있다.

(2) 국내 창업지원시스템

이러한 창업지원 프로그램은 특히 지자체에서 적극적으로 시도되고 있는데, 서울시의 경우, 2017년 6월 오픈한 서울창업허브를 비롯하여, 구로, 등촌, 성수동에 기반을 두고 서울산업진흥원에서 운영하는 창업보육센터가 대표적이다.

그림 10-10 공덕동에 위치한 서울창업허브 내부

서울시나 서울산업진흥원 외에도 민간 주도형 창업보육센터들이 서울 시내에는 약 30여 개가 있는 것으로 파악된다. 정부나 지자체 주도형이 아닌 경우, 대부분의 이러한 창업보육센터들은 과거 소호오피스(SOHO Office, Small Office Home Office)라고 하여 1인 또는 몇 명의 창업자들이 비싼 임대료를 물지 않고 활용할 수 있는 작은 규모의 임대형 공간으로 활용되던 시스템을 시대의 흐름에 맞추어

변화한 형태인 경우가 많고, 대기업들 주도의 창업보육센터 역시도 최소한의 운영비용을 책정하고 있다.

그림 10-11 서울시내 곳곳에 위치한 스타트업 창업 공간

경기도에서도 서울시와 유사한 형태의 스타트업 지원사업이 있는데, 2017년에 판교에 개장한 OZ인큐베이션센터 등을 운영 중인 경기문화창조허브가 있는데, 경기도 내 판교, 광교, 의정부와 시흥 등에 인큐베이션센터를 운영 중이다.

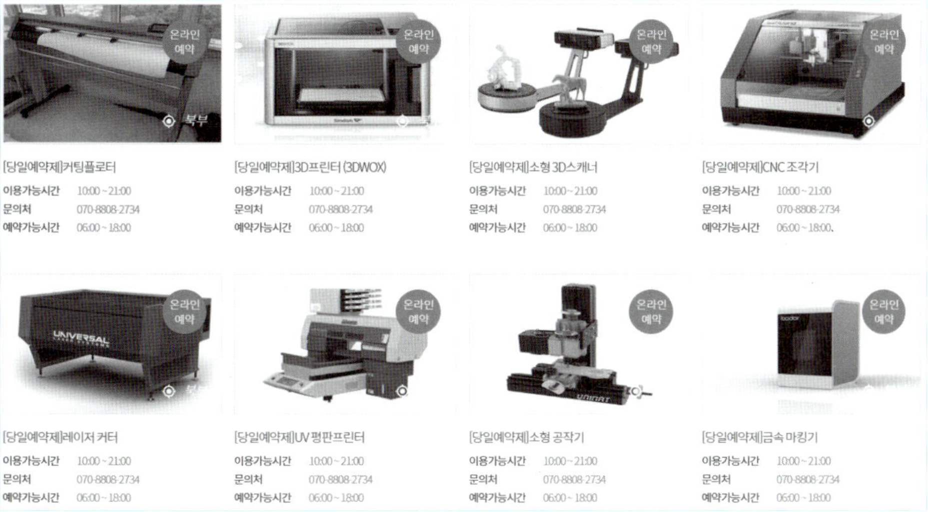

그림 10-12 경기문화창조허브 북부센터에서 보유 중인 장비 현황

이러한 창업보육센터들의 특징은 일단 무료 또는 저렴한 임대료에 방점을 두고 있고, 소규모 인원들이 주축이 되는 스타트업의 특징에 맞게 가변형 설계와 고가의 장비 또는 인프라를 무료 또는 저렴하게 지원하고 있다는 점에서 초기 사업자등록을 위해 필수적인 공간 확보를 해야 하는 스타트업들은 필히 방문 또는 인터넷을 통하여 자신들에게 적합한 지역인지, 또 필요한 시설을 갖추고 있는지에 대한 확인을 할 필요가 있다. 이러한 창업보육센터들은 정부 또는 지자체가 주도하는 곳은 개발비 등과 자금 지원과 유용한 장비 등을 같이 지원하면서 약간의 운영비만 받고 대부분 무상으로 지원하는 경우가 많은데, 이에 비해서 기업 주도형인 경우는 대부분 공간 임대와 경영지원 등이 주력이 되고 있기 때문에 창업보육센터라고 해도 지원프로그램은 다 다르다.

소규모 프로젝트 생산시스템이 필요한 스타트업이라면 정부 또는 지자체 중심의 창업보육센터를 활용하는 것이 좋겠지만, 다양한 프로그램을 운영하는 만큼 경쟁률이 상당하고, 대부분 제안서는 물론 경쟁 PT 등을 통하여 선발하기 때문에 사전 준비가 필요하다. 기업 주도형 창업보육센터는 일부 대기업 주도형인 경우에 정부 또는 지자체 형식의 창업보육 프로그램을 운영하지만 매우 소수의 기업만 선발하여 전략적 지원을 하기 때문에 대기업 입사만큼 힘든 절차를 거쳐야 하고, 일반화된 기술로는 거의 불가능하고, 차별화된 아이디어를 제시할 수 있는가가 관건이다. 따라서 주관 기업이 원하는 사업 모델과 방향성에 대한 사전 분석이 필수적이다.

그 외 창업보육센터는 대부분 저렴한 임대료를 장점으로 하고 있다는 점에서 비용을 지불할 생각이 있다면 큰 경쟁 없이 확보하여 활용이 가능하다.

또, 그 외에 해외 진출을 염두에 둔 스타트업이라면 해외 창업보육센터를 직접 컨택하는 방법도 있다. 단, 이 경우 영어 능력은 필수적이며, 현지 적응하기 위한 주택과 비용 등에 대한 부담을 감수해야 하지만 그럼에도 현지 진출을 앞당길 수 있다는 점에서 충분히 시도할만한 방식이라고 할 수 있다.

(3) 스타트업 활용 공공 서비스 인프라

다음은 우리 정부에서 공개하고 있는 다양한 인프라 중에서 창업자가 활용하기 유용한 몇 가지 서비스를 소개하고자 한다.

① 국가생명연구자원정보센터(Korean Bioinformation Center, Kobic)[9)]

국가생명연구자원정보센터(Korean Bioinformation Center, Kobic)는 유전체/단백체 등의 정보를 중심으로 생명정보(Bioinformatics) 분야의 국내 대표기관의 역할은 물론 아시아 허브의 역할 수행을 위해서 2010년 1월에 국가유전제정보센터로 출발하였다. 생명연구자원의 확보 · 관리 및 활용에 관한 법률('09.05.)에 따라 국가적 차원에서 생명정보는 물론 생물자원정보 및 생물다양성정보를 포괄하는 생명연구자원정보의 통합관리 및 서비스를 위해 2010년 3월 국가생명연구자원정보센터로 개편된 바 있다. 이 센터에서는 국내에서 진행된 각종 정부 주도의 생명연구 관련 정보를 수집하고 이러한 정보를 분류하여 통계를 도출하는 것은 물론, DB화하여 연구자들이 관련 정보를 이용하여 연구할 수 있도록 기초 생명연구 데이터를 제공하고 있다.

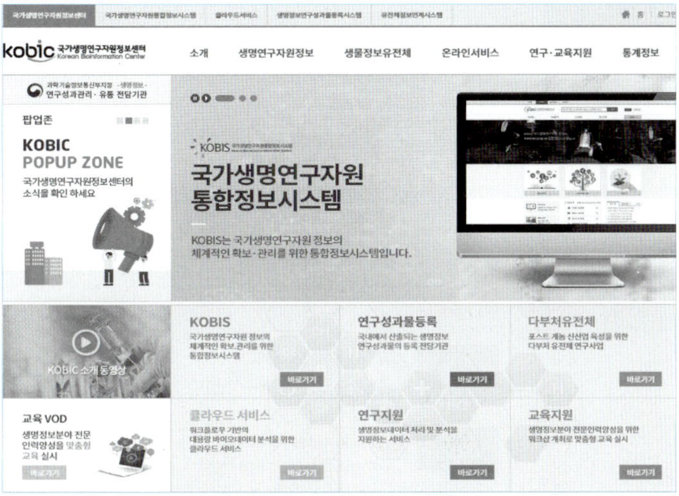

그림 10-13 국가생명연구자원정보센터

자료: 국가생명연구자원정보센터 홈페이지(https://www.kobic.re.kr).

9) 국가생명연구자원정보센터 홈페이지(https://www.kobic.re.kr).

② 국가과학기술연구망 – KREONET

1988년부터 과학기술처(현 미래창조과학부)가 지원하고 한국과학기술정보연구원이 관리 · 운영하는 국가 R&D 연구망이다. KREONET은 산 · 학 · 연 등 약 200여 개의 주요 연구개발기관을 대상으로 다양한 과학기술 정보자원, 슈퍼컴퓨팅, GRID, e-Science 응용분야 등의 연구자원을 제공하기 위한 고성능 네트워크 인프라를 지원하고 있다. 전국적으로 16개 지역망센터 구성되어 있으며, 지역망센터를 기점으로 전국 어디서나 다양한 연구를 수행할 수 있는 네트워크 인프라를 구축하였다. 이를 바탕으로 국내 연구자들에게 첨단 응용연구 활동을 위한 공동 협업 연구환경을 제공함으로써, 국가 연구망으로서 중요한 기반 인프라 역할을 수행하고 있다.[10] 빅데이터나 인공지능 등 대용량 데이터를 다루고 고차원 함수 알고리즘을 활용하게 될 경우 요구되는 대용량 DB 및 시스템의 역할을 크레오넷을 이용하게 될 경우, 저렴한 비용에 이용이 가능하다.

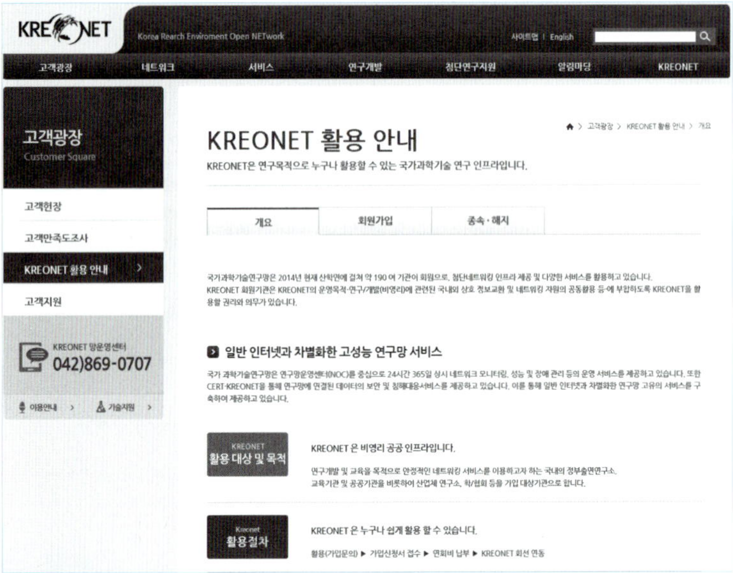

그림 10-14 크레오넷(KREONET)

자료: 크레오넷 홈페이지(http://kreonet.net).

10) 크레오넷(KRENET 홈페이지).

③ 한국환경정책-평가연구원(KEI, Korea Evnironment Institute) OPEN API Service

한국환경정책 · 평가연구원은 1992년 환경과 관련된 정책 및 기술의 연구개발과 환경영향평가의 전문성, 공정성 제고를 통하여 환경문제의 예방과 해결에 기여함을 목적으로 설립되었다. 환경부에서 보유한 각종 환경지표 통계치를 직접 받아보는 것은 물론 API를 공개하고 있으므로, 원하는 어플리케이션이나 S/W에 활용해볼 수 있다.

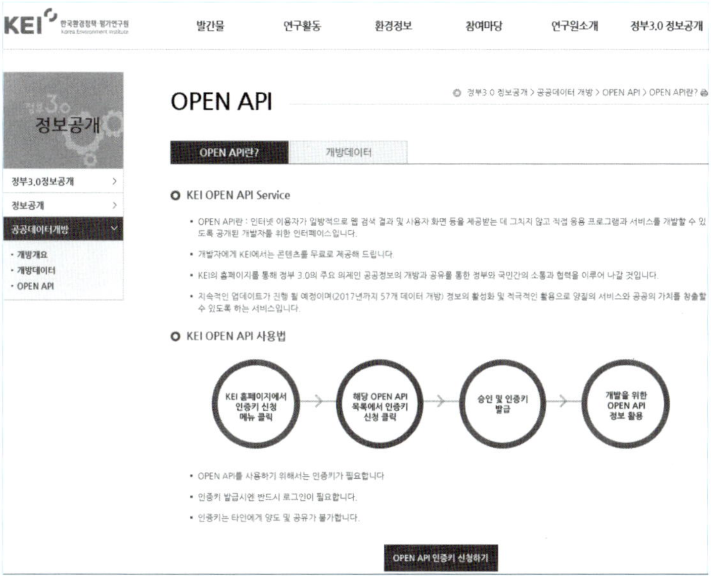

그림 10-15 KEI Open API 신청화면

④ 한국생명공학연구원(kRIBB, Korea Research Institute of Bioscience & Biotechnology) Bio-Core 장비공동활용서비스

생명과학기술 분야의 연구개발 및 공공인프라 구축 · 운영을 통해 국가 생명과학기술 산업발전 및 국가 사회현안 해결에 기여함을 목적으로 1985년 설립된 BT(Bio-Technology) 전문 정부출연 연구소인 한국생명공학연구원의 Bio-Core 장비공동활용서비스는 이용자의 제한이 없이 인터넷으로 신청에 의해 사용이 가능하다. 현재 장비공동활용서비스는 과학기술정보통신부에서 관리하는 ZEUS 클라우드 장비활용서비스(http://www.zeus.go.kr)에서 가능한데, ZEUS 시스템에 들어가면 1,536억 원 정도에 구매한 한국원자력연구원의 선형양성자가속기부터 한국항공우주연구원의 한국형발사체 추진기관 시험설비 등을 이용할 수 있고, 이러한 장비들을 이용하려면 관계기관과의 사전 협의에 의해 정부과제 등으로 통하여 진행이 가능하다. 이 외에도 ZEUS를 이용하면 고가의장비들을 저렴하게 활용할 수 있다.

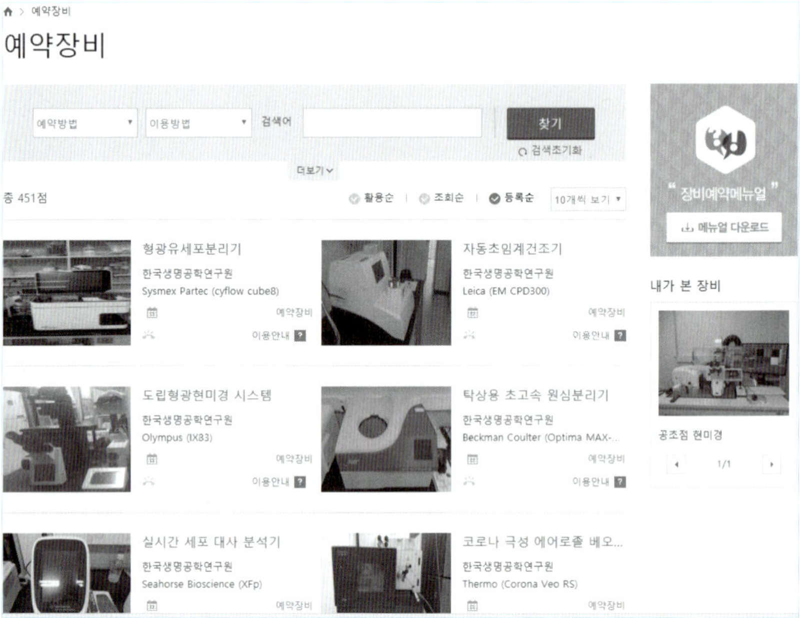

그림 10-16 ZEUS의 장비 현황

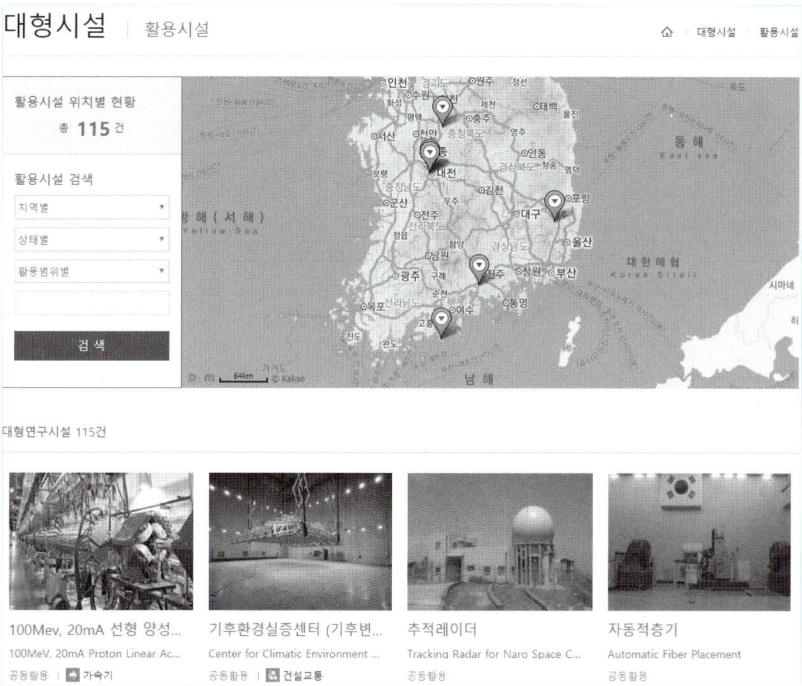

그림 10-17 ZEUS의 대형 시설 현황

자료: ZEUS 홈페이지(http://www.zeus.go.kr).

Bio-Core는 중소기업의 연구지원을 위해 중소기업지원센터를 운영하면서, TBI((Technology Business Incubator): 예비 창업기업 및 창업 후 3년 미만의 기술 집약형 바이오 중소기업), TIC((Technology Innovation Center): 창업 후 3년 이상의 기술혁신형 바이오 중소기업) 등으로 구분하여 5~10년간 공간 임대는 물론, 각종 생물 자원의 분양, 공동 연구를 위한 연구지원, 시험분석 의뢰 등과 연구개발 멘토링과 시제품 개발 지원까지 실시하고 있다.

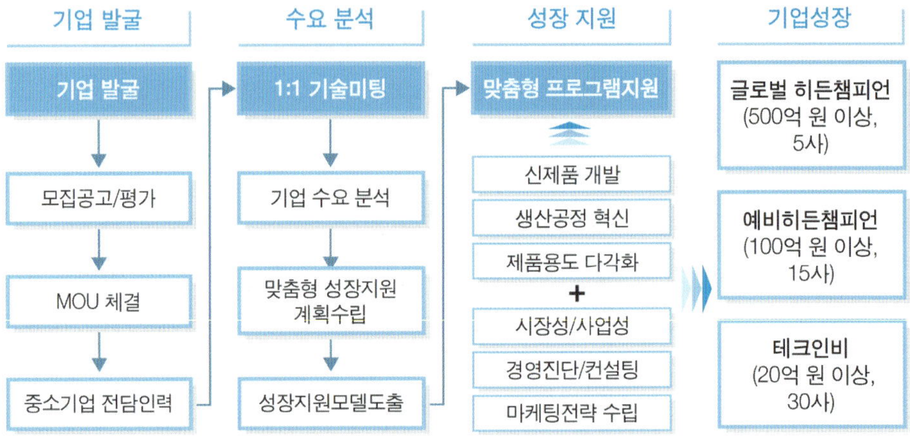

그림 10-18 **KRIBB의 중소기업육성 지원방향**

이 외에도 정부의 각종 지원서비스 중에서 많은 비용이 드는 장비 또는 대량 정보를 확인할 수 있는 곳에 대한 인터넷 사이트로 정부출연연구기관을 지원/육성/관리하는 국가과학기술연구회(http://www.nst.re.kr)가 있다. 이 사이트에 들어가면 정부에서 출연하여 구매한 장비와 인프라, 데이터베이스를 활용할 수 있는 기관들의 정보를 제공하고 있다.

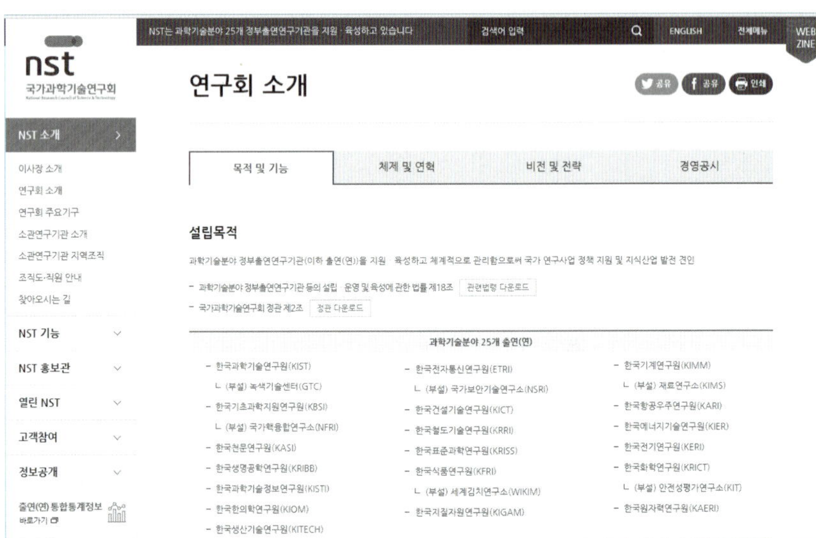

그림 10-19 **국가과학기술연구회 출연연구원 현황**

3. 미래 창업전략

위에서 거론한 바와 같이 미래를 준비하면서 창업한다는 것은 결국 모험을 의미한다. 많은 저명한 학자들이 미래는 이럴 것이다라며 예측을 했지만 그 예측은 3년 이후를 장담할 수 없었고 실제론 바로 내일의 일도 모른다고 하는 게 정답인 변화의 중심에 있는 것이 우리가 살아가는 현재이다. 이런 불안정성과 기술과 사회의 혁명적인 변화 앞에 정치 · 경제적인 국제정세의 변화까지 급격한 우리나라의 스타트업이 취해야 할 전략을 다음과 같이 제시해 본다.

1) 북한이라는 새로운 시장의 등장

청년들에게는 전혀 상관없다고 할 법했던 남북통일이 2018년 2차례의 4 · 27, 5 · 26 남북 정상회담을 넘어서 6 · 12 북미정상회담까지 이어진 후, 이제는 남북간 철도를 잇는 사업이 확정되고 단절되었던 경제협력방안을 논의하고 있다. 이러한 남북 및 미국과 주변 국가와의 교류와 협력관계는 굳이 북한의 저렴한 인건비를 논할 필요도 없이 우리 앞에 엄청난 새로운 시장이 열린 것을 의미하고 있고, 북한을 이어서 육지로 연결될 중국, 러시아와의 새로운 교류 협력이 우리나라에 엄청난 기회가 될 것이라는 것은 많은 지표가 설명하고 있다. 실제로 경제학자인 한홍열 한양대 교수는 "북한의 경제적 목표는 산업화와 공업화"라며, "북한의 경제발전 정책은 경공업 중심의 수입대체(Easy Import Substitution)"라고 분석했다. 그는 "북한이 매년 신년사에서 제시한 연도별 분야별 정책과제를 보면, 지난 5~6년간 일관되게 주민 일상생활 수요를 충족시키는 경공업 육성을 굉장히 중요하게 생각해 왔다. 금속 · 화학 등 중공업은 이런 경공업 발전을 위해 원자재나 중간재를 국산화해 충분히 공급하는 역할"이라고 분석했다.[11)]

그동안 북한의 핵위협은 체제 안정을 위해 북한으로서는 최후의 수단으로서

11) 북한은 한국경제 성장 발판? 남북 경협 방향은… / [토론회] "중국 모델? 베트남 모델? 북한은 북한식!" 곽재훈 기자, 프레시안, 2018.5.11.

활용되어져 왔고, 핵개발을 완성한 시점에 북한은 자체 국방 능력을 전 세계에 보여줌으로써 체제의 안정을 위한 보루로 삼았기에 이제 국제적 제재를 풀고 경제 발전을 위한 투자와 개발에 매진하고자 한다는 것이 정설이다. 6·12 북미정상회담이 한 차례 결렬될 뻔한 사례가 있고, 불과 며칠 만에 속전속결로 전쟁 상대국이던 북한과 미국의 국가정상이 만나서 악수를 나누고 비핵 합의안을 도출하는 등 우리나라는 매일 새로운 변화를 예고하고 있고, 이런 상황에서 스타트업은 과거 10~20년 전 창업자들과는 다른 방향성을 가질 필요가 있다. 즉, 앞에서 거론한 4차 산업혁명 시대의 핵심 기술들은 북한이나 중국, 러시아와 동떨어진 것이 아니고, 실제로 북한의 경우 통제된 정보만을 받던 뉴스 속 모습이 아니라 매우 개량화되고 선진화된 평양 시내와 학교, 관광지와 ICT 기술의 모습, 그리고 세계적인 해커들의 양성소로 대표되는 점에서 볼 수 있듯이 우리 예상과 달리 매우 빠른 속도로 발전하고 있다. 비록 이러한 북한의 모습이 중국의 사례에서 비롯되었다고 하더라도, 남북한 간 경제차이를 논하며 통일 비용을 걱정하던 우리에게 북한은 새로운 ICT 강국으로 등장할 수 있는 기반을 확보하고 있다고 봐야 한다.

이러한 기술의 발달이 지금까지 미국을 위주로 하는 전 세계 국가들이 많은 부분에서 자체 진행된 점을 감안하면 북한의 가능성은 더욱 높아보인다. 특히 많은 선진화된 문물이 평양을 위주로 하는 일부층에 한정된 것이라는 점은 그 외의 지역들이 개방될 경우, 발생될 엄청난 문물이 쏟아져 들어갈 시장으로서의 무궁한 가치를 보여주고 있다.

최근 남북정상회담에서 북한의 김정은 국무위원장이 북한의 경제발전 모델로 베트남을 거론하고 있는데, 이는 사회주의 국가인 베트남이 개방경제정책을 통해 급격한 발전을 이루고 있는 것이 북한이 바라는 경제발전 모델이라고 보는 것이 맞다고 본다. 이에 대하여, 블룸버그통신의 슐리 렌 칼럼니스트는 북한과 베트남을 비교했을 때, 북한이 개방을 할 경우, 많은 가능성이 있을 것으로 보인다고 밝혔다. 그는 "오늘날 북한은 지난 1986년의 베트남과 매우 비슷하다"며 "당시 베트남은 도이모이(Doi Moi · 개혁) 정책을 통해 자본주의에 서서히 발을 디뎠다"고 말했다. 이어 "북한은 그때의 베트남보다 더 부유하고 더 산업화가 돼 있어 더 유리할 수 있다"고 분석했다. 지난 2016년 북한의 국내총생산(GDP)은 310억 달러로 추정됐다. 이는 1986년 베트남의 GDP 260억 달러를 상회한다. 또 당시 베트남에서 농업이 차지하는 비중은 약 40%에 달했던 것에 비해, 북한의 농업 비율은 약 20%에 불과하다.[12)]

이제 창업 또는 재창업을 준비하거나 이미 시작한 스타트업이라면 북한 시장에 대한 연구 분석이 꼭 필요할 것으로 보인다. 이미 많은 연구기관과 언론사 등을 통해서 북한에 대한 정보를 제공하고 있으나 충분한 정보를 확인할 수 없다면, 북한의 경제개방정책은 중국을 모델로 삼고 있다는 점에서 중국 경제 모델에 대한 분석에서 유추할 수 있을 것으로 보인다.

2) 중국 시장에 대한 연구 필요성

굳이 수치를 들이대지 않아도 중국이 전 세계 경제 분야에서 차지하는 규모와 가능성은 GDP가 미국에 이어서 2위, 과거 경제성장율처럼 두 자릿수는 아니지만 매년 6.5% 이상의 예측은 우리나라의 경제성장율이 해마다 3%를 넘기느냐 마느냐로 고전분투하는 점을 생각하면 이미 우리나라보다 2배 이상 빠르다는 점, 그리고 무엇보다 전세계 최대 인구대국(2016년 13.79억)으로 자국 내수 시장만으로도 기업들이 충분한 발전 가능성을 가진다는 점에서 경제 전문가들 대부분은 중국이 조만간 미국을 추월할 것이라는 점에 대하여 의문을 제기하지 않는다. 미국은 영국의 식민지배를 벗어난 후 바로, 1차 산업혁명을 고스란히 받아들이며 2차 산업혁명의 주인공인 전기를 개발하고, 연이은 두 번의 세계전쟁 과정에서 전쟁의 핵심 당사국인 유럽에 군수물자 등의 판매 등을 통하여 비약적인 발전을 하게 되었고, 이후 세계 경제의 주도권을 갖게 된 이후로 현재까지 50년 이상 세계 최고의 경제대국이었다. 또한 미국은 월남전 참전 외에는 단 한 번도 실패

12) 북한 경제 성장에 '베트남 모델' 딱 맞을까?, 이창규 기자, 뉴스원, 2018.6.18.

를 인정하지 않는 나라다.

이런 미국의 입장에서 중국의 급속한 성장은 저렴한 인건비에 의한 가격 경쟁력을 갖는 중국 제품들이 미국은 물론 전세계 시장을 장악하는 것 자체로도 위협이지만, 무엇보다 미국 제품의 생산 과정에서 차지하는 중국산 원재료 및 부품 등의 비중이 높아지면서 단순한 가격경쟁력 자체가 아니라, 중국에 주도권을 잃게 되는 상황이 두려울 수밖에 없는 현실이다. 또한 높아진 경제력과 급부상한 중국 유니콘 기업들이 글로벌 기술과의 격차해소를 위해 우수한 기술을 보유한 기업을 인수하는 것은 물론, 인력을 무한 흡수하는 지경에 이르면서 글로벌 기업들과의 기술격차가 급격히 좁혀지는 상황은 가격경쟁력까지 확보한 상황에서 글로벌 기업들 중 다수를 차지하는 미국의 입장에서는 매우 심각한 위기라고 판단할 수밖에 없다.

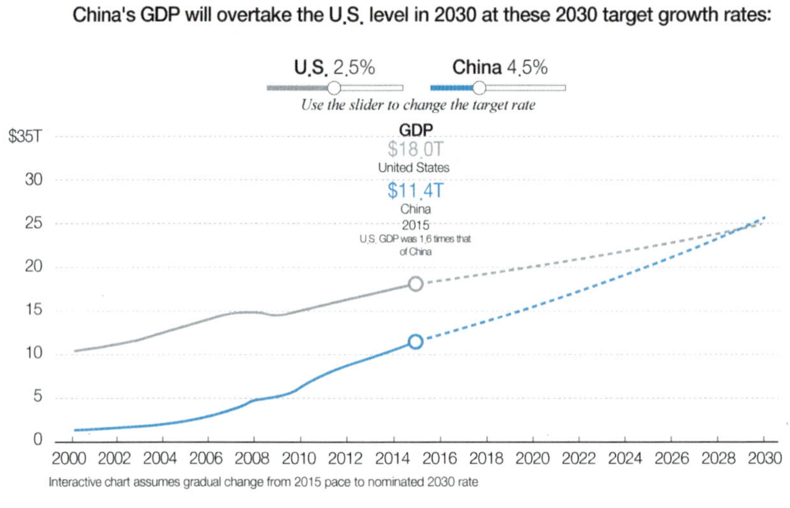

그림 10-20 경제성장율로 예측한 중국의 GDP가 미국을 추월 시기

자료: 디시인사인드 주식갤러리.

실제로 많은 경제학자들의 분석에 의하면 중국과 미국의 경제성장율을 검토해봤을 때, 향후 미국의 연평균 경제 성장률을 2.5%로 중국의 성장률을 지금보다 훨씬 떨어지는 4.5% 가정하였을 때, 중국은 미국의 GDP를 3000억 달러 차로 2030년에 추월한다고 한다.

세계적인 연구기관 영국경제경영연구소(CEBR)은 2032년 중국이 미국의 경제규모를 추월하고 한국이 세계 8위 경제대국에 진입할 것으로 예상했다.[13)]

미국 국립과학재단(NSF)이 발표하는 2018 세계 과학·공학 지표에 따르면, 중국이 최근 미국을 누르고 세계에서 가장 많은 학술논문을 출판하는 나라가 됐다. 2016년 중국은 42만 6천 개가 넘는 학술연구를 출판하였는데, 이는 엘스비어의 Scopus 데이터베이스에 색인된 전체 출판물의 18.6%에 이른다. 같은 해 미국은 40만 9천 개의 연구를 출판한 데 그쳤다.[14)] 학술출판이 빈번하다는 것은 결국 R&D가 활발하다는 것으로 볼 수 있고, 특히 기술의 경우 특허로, 기초연구인 경우 논문으로 표현되는 점이 많다는 것을 고려하면, 기술의 상당부분을 형성하고 있는 것이 기업의 몫을 감안하고 전체 인구 대비 비율이 요점이 아닌 총량의 가치가 더 중요한 학술출판이라는 점을 고려할 때, 중국의 기술발전 속도가 이미 미국을 뛰어넘고 있다는 것을 의미할 수도 있다. 물론 학술출판물의 인용 수치는 미국에 미치지 못하는 것이 현실이지만, 전 세계에서 가장 많은 연구개발비를 투자하는 미국(4,960억 달러, 26%)과 2위인 중국(4,080억 달러, 21%)의 투자금액 차이는 900억 달러에 불과하고 연평균 연구개발지 지출비율은 중국이 18%로 미국의 4%를 크게 앞지르고 있는 상황이다.

바로 이런 점이 최근 미국의 트럼프 대통령이 대중국 원자재에 대한 덤핑 관세 및 중국 기업의 미국 기업 인수를 막는 법안을 발동하는 상황까지 이르게 된 것이다.

위기라는 것을 인정하지 않던 미국이 끝없이 경계하고 견제하는 중국의 힘은 더 이상 값싼 노동력에 있지 않다. 이미 중국은 미국에 이어서 명실상부한 전 세계 2위의 경제/과학기술 대국으로 올라서고 있고, 시진핑 주석 체제 하에서 중국공산당 정부의 막강한 조력과 이미 글로벌 브랜드로 올라선 알리바바와 샤오미 등 기업들에 의한 2차, 3차 부품과 재료 공급 기업들의 성장, 그리고 세계 최대

13) 中, 2032년 美경제규모 추월 韓도 세계 8위 진입…인도 내년 英·佛 앞질러, 아이뉴스24, 안희권 기자, 2017.12.27.

14) '중국, 미국 제치고 세계 최대 학술 출판국으로 부상', 2018.2.2. editage Insights.

인구국가로서 내수시장의 활성화에 기대어 비약적인 발전을 할 것이라는 점을 누구도 의심하지 않는다.

이러한 중국도 성장의 발목을 잡는 부분들이 있는데, 미국뿐 아니라 그동안 저렴한 인건비로 중국에 생산기지를 육성하던 많은 국가들이 중국의 성장에 따른 인건비와 물가상승 등의 여파로 생산원가가 더 저렴한 베트남과 인도 등으로 생산기지를 이전하고 있는 것이다. 또한 해안을 중심으로 형성된 상해/심천/청도 등 대도시에 비하여 베이징을 제외한 내륙 지방과의 빈부격차는 중국의 장기 성장에 중요한 걸림돌이 될 것으로 보인다. 중국의 생산기지 이탈, 국내 빈부격차 등의 현상은 중국의 경기 성장률을 끌어내릴 수밖에 없을 것이지만, 최근 중국의 첨단기술발전의 속도와 현재 수준으로 볼 때 인건비 중심의 생산기반에서 고부가가치의 첨단산업으로 넘어가는 것은 자연스러운 현상으로 보이며, 이런 고부가가치 산업은 종래엔 결국 기존 중국의 경제성장율 상승을 견인할 것으로 예측된다.

우리나라는 대부분의 대량생산 환경이 이미 중국과 베트남 등의 해외로 이동했고, 국내는 서비스와 첨단산업 중심으로 재편된 상태이다. 특히 세계최저의 인구성장율은 이미 성장이 아닌 마이너스를 예고하고 있고, 이런 상태에서 바로 옆에 있는 중국은 우리나라와 같은 시장에서 다투는 상황이다. 세계 1위 수출 국가인 중국의 제품 중 아직은 농수산물부터 부품 등 원자재가 많고, 국산 제품의 중국산 원자재와 부품의 의존도는 이미 50%를 넘은 지가 한참이다. 최근엔 저가의 문구/완구와 가전완제품 등이 국내 가전 시장 점유율을 높이고 있는데, 대표적으로 하이얼과 샤오미 등은 소비자들에게 익히 알려진 제품들이다. 이렇게 우리 경제에서 중국산 원자재와 저가의 소비재들이 완제품의 원가에서 차지하는 비율이 너무 높고, 특히 수출의존도가 높은 국내 산업의 현실에서는 중국산 의존도를 낮추지 않는다면 시장 지배력을 뺏길 수도 있다는 문제가 많은 부분에서 드러나고 있다. 사드(Thaad) 보복 당시 중국 정부의 한류 금지 여파로 한국 GDP가 약 0.1~0.2% 감소하는 효과로 이어지고, 특히 서비스 수출기여도가 -0.7%에 이르는 등 중국에 대한 한국의 의존도는 위험 수위에 가깝다고 할 수 있다. 이런 상황을 회피하기 위해서 정부에서 다방면의 노력을 기울이고 있으나, 결국 가격 대비 효율로 의미하는 가성비에서 국산 제품이 경쟁력을 가지지 못한다면 중국제품에 대한 의존도는 더 높아질 수밖에 없을 것으로 보인다.

이렇게 중국의 경제력과 국제 경쟁력이 해마다 높아갈 때 스타트업들이 고려해야 할 것은 중국으로부터의 경제적 의존도를 낮추는 것이 아니라, 중국과의 경쟁에서 이기기 위해 필요한 요소를 발굴하는 것이다. 대부분 생산을 기본으로 하는 것은 중국의 기술이나, 생산력 등으로 볼 때 한국이 경쟁력을 갖기는 어려울 것으로 보인다. 즉, 생산이 중심이 아닌 경쟁력 있는 서비스를 만들어내야 한다는 것이다. 이미 서비스 시장에서도 중국은 세계적 수준에 올라있고, 특히 최근 가장 부가가치 높은 서비스산업인 게임 시장을 보면, 중국은 2016년부터 전 세계 최대 시장이고 2017년 기준으로 시장규모를 살펴보면, 중국 게임시장의 총매출액은 2,036.1억 위안(약 309억 달러)을 돌파하여 전년에 비해 23.0% 증가한 것으로 나타났다. 중국 게임산업 규모는 세계 1위를 차지함과 동시에 2위인 미국에 비해서도 5억 달러 높은 수치를 기록하였다.

- **모바일 게임 시장:** 매출액은 1,161.2억 위안으로 전체의 57% 차지(전년비 41.7% 증가)
- **단말기 게임 시장:** 매출액은 648.6억 위안으로 전체의 31.9% 차지(전년비 11.4% 증가)
- **홈페이지 게임 시 장:** 매출액은 156억 위안으로 전체의 7.6% 차지(전년비 16.6% 감소)
- **가정용 게임 시장:** 매출액은 13.7억 위안으로 전체의 0.7% 차지(전년비 101.3% 증가)
- 이 중 특히 모바일 게임 시장 규모는 전년비 무려 41.7%나 증가하여 빠른 발전 추이를 보이고 있음

또한 작년 e-스포츠 게임 시장의 매출액은 730.5억 위안을 기록하여 전년비 44.8% 증가한 것으로 나타났다.

- 홈페이지 e-스포츠 게임 시장 매출은 384억 위안으로 전년비 15.2% 증가
- 모바일 e-스포츠 게임 시장은 346.5억 위안으로 전년비 102.2% 증가

특히 2017년 중국에서 자체개발한 인터넷 게임의 해외시장 매출은 82.8억 달러(약 541.2억 위안)로 비록 절대액수는 아직 적으나 2008년의 0.7억 달러에 비해 118배나 증가하는 등 빠르게 성장하고 있다. 반면 중국 영화의 해외수출은 2007년의 20.2억 위안에서 2016년 38.3억 위안에 그쳐 부진한 성장률을 보인 것으로 보인다.[15)]

여기서 확인할 수 있는 것은 결국 중국의 경제성장이 기술적으로는 급격하게 진행되고 있으나 문화 콘텐츠 영역에서는 아직 인정을 받지 못하고 있다는 것이다. 즉, 문화산업의 경우 기계적인 영역보다는 사람의 역할이 아직 많은 부분이라서, 사람이 가진 전 자산이라는 우리나라의 경우, 영원히는 아니어도 중국의 추격 시간을 그나마 늦출 수 있는 시장이라는 것이다. 이런 관점에서 우리나라와 같이 수출의존도가 높은 산업구조에서 미래를 준비하는 스타트업이 창업을 준비할 때, 반드시 고려해야 할 것은 중국 시장과 문화산업일 것이라고 확신한다. 즉, 기술을 중심으로 하는 창업이라고 할지라도, 쉽게 복제되지 못하는 컨텐츠(스토리텔링)를 포함하는 것이 매우 중요하다.

3) 베트남, 인도 등 신흥 동남아시아 시장의 부각

중국의 산업화 발전은 저인건비를 기조로 하는 생산기지의 이탈도 동반하고 있다. 중국으로부터 이탈한 생산기지가 이동하는 대표적 국가는 베트남이다.

월남전 종료 후 전쟁으로 인한 황폐와 잇단 자연재해, 대규모 난민으로 인한 사회문제로 헤매던 베트남은 1986년 도이머이[16)] 정책을 택하면서 완전히 돌아섰다. 외국인투자법을 개정한 뒤 다른 나라의 직접투자 유치에 적극적으로 나섰는데

15) 중국 게임시장 규모, 세계 1위 기록, KITA.net. 2018.2.21. 한국무엽협회.
http://www.kita.net/trade/global/overmarketing/05/index.jsp?sCmd=VIEW_CHINA&nPostIndex=16527&nPage=1&curno=23533

16) 쇄신을 의미하는 베트남어 '도이머이'로 불리는 베트남식 개혁·개방은 정치적으로 공산당 지배 형태를 유지하면서 경제적으로는 시장을 개방하고, 해외에서 자본을 유치해 시장경제와 자본주의를 접목하는 방식.

1992년 우리나라와도 수교했고, 1996년에는 월남전에서 상대국가였던 미국과 수교하며 아세안에도 가입했다. 베트남의 국제무대 도약은 2007년 세계무역기구(WTO)에 가입하면서 정점을 찍었다. 과감한 개혁·개방 덕분에 베트남 경제는 거침없는 성장을 이어가 2018년 1분기 경제성장률은 전년 동기 대비 7.4%로 아시아 최고 수준에 달한다.[17)]

베트남은 세계를 장기 불황으로 몰아넣은 2008년 글로벌 금융 위기를 돌파한 것처럼 낮은 인건비와 정부의 강력한 투자 유치 정책을 앞세워 2012년 5.25% 이후 지속적으로 발전하여 최근 10년간 연평균 6% 이상의 성장률을 유지하며 급격하게 발전하고 있다. '세계의 공장' 역할을 하던 중국의 투자 환경 변화의 반사이익과 여타 다른 동남아시아들의 부진을 기회로 더욱 큰 발전을 지속하고 있고, 개방 경제를 내세워서 무역 중심의 경제 구조를 추진 중이다. 2016년 기준 국제 통상 규모는 GDP의 150%를 차지하는데, 비슷한 소득수준 국가에 비해 훨씬 높다. 외국 기업의 설비투자 규모는 베트남 연간 설비투자의 4분의 1을 차지한다.

중국과 같이 사회주의 국가인 베트남은 중국의 경우처럼 토지가 모두 국가 소유이지만, 방송 서비스 같은 분야만 아니면 해외 기업이 100% 지분을 가지는 단독법인도 설립이 가능하다. 이렇게 해외 지분 100% 기업 설립이 가능한 정책은 중국으로부터 다수의 해외 법인이 베트남으로 이동하는 주요한 원인이 되고 있고, 특히 중국 평균 인건비의 절반 수준이면서 아시아 최고의 우수하고 저렴하면서 풍부한 노동력은 해외 기업들이 베트남에 대한 투자를 유발하고 있다. 15세 학생의 지적 능력을 평가하는 세계 순위에서도 베트남 학생의 수학과 과학 실력은 미국과 영국 학생보다 뛰어난 것으로 알려져 있다.

최근 급격하게 발전하는 국가인 이유로 경제 성장을 위한 모멘텀이 될 수 있는 각종 인프라를 구축하는 사업이 진행되고 있고, 최근에 추진된 인프라 구축의 영향으로 세계적으로도 가장 최신의 시설과 자원을 보유한 국가로 변신 중이다.

17) [사설] 북한경제 근본적 변화 몰고올 베트남식 개혁개방 모델, 2018.5.5, 매일경제
http://news.mk.co.kr/column/view.php?sc=30500003&year=2018&no=286891

베트남의 현재는 중국이 초기 경제성장 정책을 막 개시할 때의 상황과 비슷하며, 적어도 향후 10년 이상 이러한 추세는 이어질 것으로 보인다. 월남전 이후 태어난 젊은 신세대들의 교육수준과 우수하고 저렴한 노동력, 그리고 정부의 무조건적인 경제 성장 정책으로 인해 그런 가능성은 점점 높아지고 있고, 중국의 사례에서 보듯이 인구 9,300만 명으로 세계 14위의 인구대국인 점은 기업의 기술발전을 위한, 그리고 성장을 위한 시장가치로서 내수시장이 충분한 점을 알려주고 있다. 현재 베트남의 교역국 1위는 한국이다. 또한 최근 북한의 김정은 국무위원장의 북한 경제성장 모델로 베트남의 사례를 든 것처럼, 베트남은 미래를 준비하는 한국의 사업가라면 누구나 연구해야 할 미래 창업 전략의 핵심 숙제이다. 이 숙제는 지금 누구도 정답을 알 수 없고 제시할 수도 없으며, 적어도 몇 년의 시간이 흐른 후에 결과로서 확인될 수 있을 것인데, 그 결과는 현재 누가 먼저, 제대로 잘 분석하여 준비하는가라는 점에서부터 좌우될 것이다.

인도는 중국에 이어서 세계 2위의 인구대국이다. 또한 오랜 영국의 식민통치의 영향으로 싱가폴에 이어서 아시아에서 몇 안 되는 영어 상용국이면서, 매우 높은 교육열에 의해 선진국 유학을 하거나 한 사례가 아니라고 해도 교육 수준이 매우 높은 나라에 들어간다.

세계 2위의 인구 대국이라는 점은 두 말할 나위 없이 저렴한 인건비를 형성하고, 높은 교육 수준은 인력의 수준이 높다는 점, 또 영어가 통한다는 것은 모두 글로벌 브랜드에게는 매우 매력적인 시장이라는 점을 의미한다.

이미 인도는 모디 총리의 재임부터 지속적인 경제 발전을 추구하면서 모디 총리가 이끄는 인도 정부는 '메이크 인 인디아(Make in India)' 정책을 전면에 내세우고 해외자본 유치와 제조업 육성에 주력하고 있으며 정보기술(IT), 우주항공, 바이오제약 등 첨단산업 분야에서 세계적인 기술력을 보유하고 있어, 철강·화학·자동차와 같은 우리 주력산업뿐만 아니라 미래를 대비한 4차 산업혁명 분야에서도 반드시 협력해야 할 국가로 손꼽힌다. 2025년까지 제조업 비중을 25%로 확대한다는 인도의 제조업 육성정책은 2030년에는 중국에 이어 세계 3대 경제대국으로 올라설 것으로 예상된다.

인도의 경제개발은 현재 시작단계에 불과하다는 점에서 매우 전망이 밝다. 특히 인도는 이미 소프트웨어 분야에서 미국에 이어 2위권을 형성하는 세계적인 인재들이 육성되고 있는 나라이기도 하다. 이런 소프트웨어의 발전이 4차 산업혁명의 대표적 기술인 블록체인 관련 핵심 국가로 등장할 것이 예견되기도 한다. 인도의 경제 규모는 구매력평가(PPP) 기준으로 세계 3위인 9조 5000억 달러에 달해(외국 기업들에) 기회가 대단히 풍부한 시장이며, 수년째 7%대의 고성장을 지속하고 있고, 우리정부가 추진하는 신남방정책의 핵심 파트너 국가이다. 인도는 경제개발이 늦게 추진됐다는 점에서도 가장 빨리 4차 산업혁명이 도입되고 있는 시장이다. 인도는 중국과 미국, 일본 의존도가 매우 높은 우리나라로서는 반드시 개척하고 협력해야 할 중요한 파트너 국가로서 각광받고 있는데, 이제 경제개발이 한참 진행되고 있고 세계 2위 인구대국이며 매년 경제성장율이 7%에 이르는 고성장 국가라는 점에서 내부의 내수시장은 물론 교역 대상으로서 염두에 둬야 할 시장이다.

블록체인이나 인공지능, 빅데이터 등 4차 산업혁명의 핵심 소프트웨어 기술의 주도권 만이 아니라, 핵을 보유한 세계적 군사 강국이라는 점에서 국방기술의 발전도 유념해야 할 나라인 점에서 관련 아이디어가 있다면 꼭 검토해봐야 할 나라이다.

4) 4차 산업혁명의 핵심기술을 고려한 다품종 소량 생산 산업에 집중할 것

4차 산업혁명은 미래기술을 논하면서 결코 빼놓고 애기할 수 없는 상황이다. 앞에서 이미 애기했지만 트렌드를 해석하는 사람들마다의 관점에 따라서 3차의 연장이다 4차 산업혁명이다라고 해도 최근의 트렌드가 엄청난 변혁의 과정에 있다는 점에 대해서는 아무도 부인하지 못하고 있다. 스타트업은 이런 시대적 흐름을 외면할 수 없는 것이 현실이다. 왜냐하면 이미 기존 흐름에 따라서 조성된 산업군들에서 경쟁을 하려면 막강한 자본과 기술력으로 무장한 집단들이 이런 스타트업이 채 꽃피워볼 틈도 주지 않고 바로 인수/합병을 하거나, 나쁜 사례로는 시장에서 고사시켜버리는 것이 현대의 경쟁이다. 반면, 대부분 산업분야에서 아직 주요 흐름이 형성되지 못하고 업계를 대표할 대표주자가 확인되지 않고 있는 4차 산업혁명의 핵심기술이라면 스타트업들이 시도해볼 수 있는 많은 아이디어의 사업화가 가능할 것으로 보인다.

미래의 기술과 창업에서 이미 거론한 바 있지만, 기존 산업 발전이 대부분 자본을 중심으로 하는 글로벌 기업들 중심의 대량 생산 체계의 발전이었다고 본다면, 4차 산업혁명은 개인화되고 맞춤형 시스템을 지원하는 다품종 소량 생산 체계라고 볼 수 있을 것이다.

4차 산업혁명이 스타트업에게 매우 매력적인 변혁이라는 것은 다품종 소량 생산은 대량 생산에 의해 원가 싸움을 하는 방식이 아니라 사용자별 만족도 중심, 즉 수요자의 만족에 중점을 두고 있다는 점에서 발빠른 대응이 가능한 중소기업에 유리한 시스템이라는 것이다. 물론 대기업들도 이런 점을 익히 파악하였기에 거대화되어 아예 중소기업이 살아남지 못하도록 하거나, 또는 스스로의 몸집을 줄이고 업무를 분화하여 자회사의 형태로 끊임없이 시도를 하지만, 태생적으로 대기업의 마인드와 시스템을 버릴 수 없는 한계 때문에 다품종 소량 생산에 맞는 시스템으로의 변신은 쉽지 않은 일이다.

4차 산업혁명 시대에 다품종 소량 생산이 유리하다는 점에서 스타트업이 개인별 맞춤형에 중점을 둘 때 반드시 고려해야 하는 것이 개인별 맞춤형 스토리텔링이라는 것이다. 이런 점은 대기업에서도 충분히 시도하고 있는데, 예를 들어서 삼성전자의 2018년 전략 스마트폰 '갤럭시S9' 시리즈에 새롭게 추가된 'AR(증강현실) 이모지'의 경우, 셀프카메라 한 번만으로 나와 똑같이 생긴 이모지(이모티콘)를 만들 수 있다. 특히 AR 이모지는 사용자의 움직임을 똑같이 따라하고 옷이나 머리스타일 등도 바꿀 수 있어 눈길을 끈다. AR 이모지는 애니메이션 GIF파일로 저장되어 사용자가 이를 타인과 공유하여 활용할 수도 있다.

그림 10-21 삼성 S9의 이모지 사례

최초의 이모지는 1999년에 NTT 도코모에서 일하던 구리타 시게타카(栗田 穣崇)에 의해 만들어졌다. 도코모 홈페이지 이후 일본의 여러 통신사별로 서로 다른 자체 이모지를 만들어 사용하였지만 이들 간에 호환성은 전혀 없었다. 나중에는 다른 통신사의 메일주소로 전송되는 메일을 메일서버단에서 필터링해서, 받는 통신사의 이모지 코드에 맞춰 변환 전송하는 방식으로 대응하였다.

그림 10-22 NTT 도코모의 세계 최초 이모지

서방 기업 중에서 처음으로 이모지를 도입한 것은 구글로, 2008년 Gmail에 처음으로 이모지 기능을 도입하였다. 이후 애플에서 일본에 아이폰 3G를 출시하면서 iOS 4에 소프트뱅크 이모지 입출력 기능을 추가하게 된다. 이 단계에서는 당시 일본에서 유일하게 아이폰을 출시했던 통신사인 소프트뱅크 자체 이모지 규격을 따른 것이었으나, 이 때 만들어진 iOS의 이모지 디자인 코드는 지금까지도 큰 틀의 변화 없이 이어져 오고 있다.[18)]

과거에 사용되던 이모티콘이 인터넷의 보급과 모바일 시스템의 발달에 따라서 개인들의 감정과 의견 등을 간략하고 시각적으로 표현하기 위한 시대적 트렌드였다면, 삼성전자의 S9에 최초 도입된 셀카형 이모지는 생각과 표정을 개인 맞춤형 애니메이션으로 구현할 수 있다는 점에서 기존 이모지와 구분할 수 있다.

삼성 S9에 도입된 셀카형 이모지를 개발한 곳은 삼성전자가 아니라, 미국의 스타트업인 룸AI라는 회사이다. 루카스 필름 등 영화계 일러스트를 주로하던 사람들이 주축이 된 룸AI에 삼성전자는 300만 불을 투자하여 셀카형 이모지를 확보하였고, 이후 추가 투자를 염두에 두고 있다.

이모티콘으로 우리에게 더 잘 알려진 이모지의 경우 이미 gif 애니메이션 형태의 모델까지 제공하고 있었지만, 개인 맞춤형이라는 것은 4차 산업혁명의 화두인 개인화와 맞춤형에 제대로 성공한 모델로 볼 수 있을 것이고, 다양한 표정을 연출하면서 스토리텔링을 만들 수 있다는 점에서 대기업 방식의 다품종 소량 생산의 모델이 될 것이다.

삼성전자의 이모지 사례는 대기업형 사례일 것이고, 우리가 지금 성공했다라고 말할 수 있는 스타트업 모델들은 대부분 실리콘 밸리형이거나 중국형 모델이다. 즉, 이미 대규모의 성공을 기반으로 글로벌 기업으로 올라선 형태이고, 새로운 스타트업이 글로벌 성공모델로 대두될 수 있는 것은 페이스북 이래로 우버나 에어비앤비 등이 몇 년 동안 마지막 모델에 해당할 것으로 보인다.

이런 스타트업들의 성공을 뒷받침할 수 있는 가장 큰 무기는 그들의 아이디어이고, 이들의 사업모델을 살펴보면 대부분 사람들의 생각과 감성에 기반을 둔

18) '이모지', 나무위키, 2018.6.11. 최신 수정, https://namu.wiki/w/%EC%9D%B4%EB%AA%A8%EC%A7%80

스토리텔링이 있다는 점이다.

즉, 우버는 길거리를 돌아다니는 많은 자동차들이 운전자 혼자 다니고 있다는 점에서 자동차의 공유를 사업화한 모델이고, 에어비앤비는 해외로 여행을 가는 사람들이 있다는 것은 빈 집이 있다는 점에서 비어있는 집을 서로 빌려 쓰는 것으로 주택의 소비가치를 재창출한 공유경제 모델을 갖고 있다.

우버나 에어비앤비는 모두 서비스를 이용한 사람들이 후기를 통하여 서비스 제공자를 평가하여 다음에 이용할 사람이 선택을 할 때 참고가 되도록 하였고, 서비스 제공자는 이러한 후기에 간섭할 수 없고, 이러한 공유 시스템이 플랫폼에서 알아서 진행될 수 있는 모델로 제공하고 있다. 즉, 4차 산업혁명의 핵심 가치인 개인화와 맞춤형이라는 점에 최적화되어 있는 사업모델이라는 것이다. 또한 초기 사업을 시작할 때 투자금은 플랫폼을 구성할 수 있는 비용 정도라는 것인데, 이러한 플랫폼은 이미 구글이나 아마존과 같은 공룡 IT 기업들에 의하여 충분히 저렴하게 사용될 수 있다는 점에서 아이디어 자체가 바로 사업 모델이므로 최고의 스타트업 사업모델인 것이다.

Chapter 11

지식재산권

1. 지식재산권 개요

1) 지식재산권의 정의

지식재산권이란 것은 권리를 정의하는 법의 테두리에서 보호하는 것이므로 관련 법령을 살펴볼 필요가 있다. 지식재산권의 근거법인 「지식재산기본법」을 찾아보면 다음과 같이 정의하고 있다.

제1조(목적) 이 법은 지식재산의 창출·보호 및 활용을 촉진하고 그 기반을 조성하기 위한 정부의 기본 정책과 추진 체계를 마련하여 우리 사회에서 지식재산의 가치가 최대한 발휘될 수 있도록 함으로써 국가의 경제·사회 및 문화 등의 발전과 국민의 삶의 질 향상에 이바지하는 것을 목적으로 한다.

제2조(기본이념) 정부는 지식재산 관련 정책을 다음 각 호의 기본이념에 따라 추진하여야 한다.

1. 저작자, 발명가, 과학기술자 및 예술가 등 지식재산 창출자가 창의적이고 안정적으로 활동할 수 있도록 함으로써 우수한 지식재산의 창출을 촉진한다.
2. 지식재산을 효과적이고 안정적으로 보호하고, 그 활용을 촉진하는 동시에 합리적이고 공정한 이용을 도모한다.
3. 지식재산이 존중되는 사회환경을 조성하고 전문인력과 관련 산업을 육성함으로써 지식재산의 창출·보호 및 활용을 촉진하기 위한 기반을 마련한다.
4. 지식재산에 관한 국내규범과 국제규범 간의 조화를 도모하고 개발도상국의 지식재산 역량 강화를 지원함으로써 국제사회의 공동 발전에 기여한다.

또한 지식재산권의 정의를 찾아보면 특허청에서 다음과 같이 정의하고 있다.

지식 재산권(知識財産權, 영어: intellectual property rights) 또는 지적 재산권(知的財産權)은 인간의 창조적 활동 또는 경험 등을 통해 창출하거나 발견한 지식·정보·기술이나 표현, 표시 그 밖에 무형적인 것으로서 재산적 가치가 실현될 수 있는 지적창작물에 부여된 재산에 관한 권리를 말한다. 지적 소유권이라고도 한다. 어떤 학자는 "지적재산권은 인간의 지적 창조물 중에서 법으로 보호할 만한 가치가 있는 것들에 대하여 법이 부여하는 권리"라고 정의한다. 이러한 개념정의는 간략하지만 많은 의미를 내포하고 있으며, 사실상 지적재산권 전반을 꿰뚫는 포괄적이면서도 중추적인 개념정의라고 할 수 있다. 이러한 개념정의로부터 지적재산권이 성립하기 위한 요건이 도출되며, 이러한 요건을 충족하면 법률적 효과로서 권리, 즉 지적재산권이 부여되는 것이다[1]

법은 구체적일 경우 너무 세세한 규정을 만들어야 하기 때문에 개념적이고 포괄적인 함의적 용어들을 사용하게 된다. 따라서 상황에 따라서 많은 해석이 나올 수 있으므로 일반화하여 이해하는 것이 편할 것으로 보인다.

쉽게 말하면, 지식재산권은 자신이 발명하거나 창작한 결과물에 대해 부여받을 수 있는 권리이다. 특허의 경우, 어떤 발명을 완성한 사람은 법적으로 "특허 받을 수 있는 권리"를 갖는다. 이 말은 뒤집어 말하면, 자신이 발명하지 않은 것은 특허를 받을 수 없다는 말과 같다. 다른 사람의 발명을 절취하거나 빼앗아 특허신청 즉 출원을 하게 되면 무권리자의 출원으로서 원칙적으로 거절의 대상이 되며 특허 등록을 받는다고 하더라도 추후 무효가 될 수 있다. 지식재산권은 특허 등에 등록하여 공개적으로 선언하고 인정받아야 하는 것이고, 이런 절차를 받지 않은 것은 보호받을 수 없다는 것이다. 즉, 개인이나 법인이 자신의 토지나 아파트 부동산 등이 자신의 재산임을 증명하기 위해서 등기라는 절차를 통하여 대외적으로 보호받는 재산권처럼 지식재산권도 명백한 재산에 대한 권리를 밝히는 것이다.

1) 오승종, 저작권법(제3판, 2013)"지적재산권은 인간의 지적 창조물 중에서 법으로 보호할 만한 가치가 있는 것들에 대하여 법이 부여하는 권리라고 정의할 수 있다. 이러한 개념정의는 간략하지만 많은 의미를 내포하고 있으며, 사실상 지적재산권 전반을 꿰뚫는 포괄적이면서도 중추적인 개념정의라고 할 수 있다. 이러한 개념정의로부터 지적재산권이 성립하기 위한 요건이 도출되며, 그러한 요건을 충족하면 법률적 효과로서 권리, 즉 지적재산권이 부여되는 것이다."

"자신의 것이어야 한다"는 말은 좀 더 쉽게 설명하면, 자신의 것으로 하기 위해 직접 인수를 목적으로 투자한 것이거나, 또는 자신이 직접 처음부터 끝까지 만든 것일 수도 있다. 이런 의미는 아이디어만 가지고 투자자를 찾아다니기 쉬운 스타트업에게는 유념해야 하는 문제다. 즉, 일반적으로 특허는 아이디어로부터 출발한다는 말을 아이디어를 내놓은 사람이 주인이다라는 개념은 아니라는 것이다. 아이디어를 내놓은 사람과 그것을 구현한 사람, 그리고 투자한 사람은 모두 다 일정 지분의 권리를 가질 수 있고, 그런 권리를 초기에 정리하여 지식재산권을 등록할 당시에 명기할 수도 있다는 점은 부동산 등기의 권리 지분 개념과 유사하다고 볼 수 있다.

2) 지식재산권의 종류와 개념

지식재산권(inte11ectual Property)은 특허권, 실용실안권, 디자인권, 상표권, 저작권, 컴퓨터프로그래밍, 영업비밀 등 인간의 정신활동 결과, 얻어진 무형적 재화에 대한 권리를 총칭하는 말이며, 21세기 접어들면서 정보기술의 발전에 따라 더욱 그 범위가 확대되고 있고, 국제 경쟁력의 수단으로서 그 가치와 중요성이 더욱 커지고 있다.

표 11-1 지식재산권 종류

산업재산권	보호대상	내용	보호법
특허권(20년)	발명	자연법칙을 이용한 기술적 사상의 창작으로서 고도한 것	특허법
실용신안권(10년)	고안	자연법칙을 이용한 기술적 사상의 창작으로서 물품의 형상, 구조 및 조합	실용신안법
디자인권(15년)	디자인	물품(글자체 포함)의 형상, 모양, 색체 및 이들을 결합한 것	디자인보호법
상표권(10년)	상표, 서비스표	타인의 상품(서비스)과 구별되는 기호, 문자, 도형 또는 이들을 결합한 것	상표법

저작권	보호대상	내용	보호법
저작재산권	문화, 예술 분야 창작물	복제권, 공연권, 공중송신권, 전시권, 배포권 대여권, 2차적 저작물 작성권 등	저작권법
저작인격권	실연가, 음반제작가, 방송 사업자 권리	공표권, 성명표시권, 동일성유지권	컴퓨터프로그램 보호법
신지식재산권	보호대상	내용	보호법
첨단산업저작권	반도체 집적 회로 배치 설계, 생명 공학, 식물 신품종,	반도체 집적회로(IC)의 배치 설계, 유전자 조작 동식물 등	
산업 저작권	컴퓨터 프로그램, 인공 지능, 데이터베이스	저작권법 및 특허법으로도 보호 가능	실용신안법
정보재산권	영업 비밀, 멀티미디어, 뉴미디어 등	노하우, 영업방법, 고객리스트 등	

3) 지식재산권의 취득과 고려사항

법에 근거하여 진행하기 때문에 전문 법지식이 필요하고, 관련 전문가와의 상의가 필수적으로 요구된다는 점에서 특허를 준비하여 출원하고 등록하는 데에는 돈과 시간이 든다. 이것은 자금사정이 넉넉지 못한 스타트업에게 적지 않은 부담이 된다. 충분히 준비되지 않은 특허출원은 오랜 시간을 소요하면서 관련 비용이 점점 늘어날 수밖에 없으므로 아이디어를 검증하고 분석하여 충분히 정리된 사업계획서와 특허출원을 위한 비용부터 사업화까지의 자금계획을 갖추고 있는 스타트업이어야 특허출원을 개시하는 게 적합하다.

특허의 가치는 사업의 성공으로 검증되며 기업의 가치와 함께 상승하는 경우가 많다. 그러나 특허제도가 요구하고 있는 신규성과 진보성의 요건을 만족하려면 관련 아이디어나 기술이 세상에 공개되기 전이어야만 한다. 특허 포트폴리오를 적극적으로 확대해야 하는 시점은 아이디어가 아닌 실제 수행할 사업계획의 수립이 완료된 시점이다. 아이디어만 가지고 사업 계획이 수립되지 않은 시점에서 많은 출원을 할 필요는 없다.

많은 아이디어를 가지고 특허를 출원하고 등록하는 사람들이 있는데, 그들이 바라는 것은 대부분 관련 기술이 사업화될 때 자신의 특허를 활용하기 위한 라이센스나 기술 이전의 대가를 바라는 경우이다. 그러나, 특허법은 이런 기술이 일반에 공개되어 다른 사람들이 특허의 침해를 방지할 수 있는 시간적 유예를 제공하고 있다. 따라서 특허권만 갖고 있다는 이유로 사업화되기는 매우 어려우며, 특허는 기술과 자본과 사람이 결합하여 사업화될 때 진정한 가치가 구현될 수 있고 그 가치를 물질적으로 인정받을 수도 있는 재산권리인 것이다. 지방에 아무리 많은 부동산을 가지고 있어도 그 부동산을 구매하고자 하는 수요자가 없다면 그 부동산은 서울 명동의 1평짜리 땅에도 미치지 못하는 것과 같은 이치이다.

결국 스타트업도 사업가이고, 사업은 아이템과 자금과 사람의 결합이므로 어느 하나도 양보할 수 없는 주요 축이 되는 것이 현실이다. 따라서 충분하지 않은 계획으로 어찌 되겠지라고 시작하는 사업이 성공하는 사례는 요즘같은 정보가 넘쳐나는 세상에서는 거의 불가능한 일이고, 자신의 현실에 맞는 일정과 자금을 가지고 미래 전략을 세울 필요가 있다.

지식재산권 중 대표적으로 어려운 권리인 특허권의 정리와 권리 취득을 위한 출원과 등록 절차를 다음과 같이 알아보기로 한다.

(1) 특허제도 개요[2)]

① 특허란

㉠ 특허제도의 목적

특허제도는 발명을 보호·장려함으로써 국가산업의 발전을 도모하기 위한 제도이며(「특허법」 제1조) 이를 달성하기 위하여 '기술공개의 대가로 특허권을 부여'하는 것을 구체적인 수단으로 사용

2) 특허청 홈페이지 참조(http://www.kipo.go.k).

- 기술공개 → 기술축적, 공개기술 활용 → 산업발전
- 독점권부여 → 사업화촉진, 발명의욕 고취 → 산업발전

㉡ 특허요건

- 특허권을 받기 위하여 출원발명이 갖추어야 할 요건
- 출원발명은 산업에 이용할 수 있어야 하며(산업상 이용가능성)
- 출원하기 전에 이미 알려진 기술(선행기술)이 아니어야 하고(신규성)
- 선행기술과 다른 것이라 하더라도 그 선행기술로부터 쉽게 생각해 낼 수 없는 것이어야 함(진보성)

㉢ 특허권의 효력

특허권은 설정등록을 통해 효력 발생하며 존속기간은 출원일로부터 20년(실용신안권 10년). 권리를 획득한 국가 내에만 효력발생(속지주의)

② 특허출원관련 안내

㉠ 선출원주의와 선발명주의

동일한 발명이 둘 이상 출원되었을 때 어느 출원인에게 권리를 부여할 것인가를 결정하는 기준으로서, 선출원주의와 선발명주의가 있으며 우리나라는 선출원주의를 채택하고 있음

ⓐ **선출원주의**

- 발명이 이루어진 시기에 관계없이 특허청에 먼저 출원한 발명에 권리를 부여
- 기술의 공개에 대한 대가로 권리를 부여한다는 의미에서 합리적이며 신속한 발명의 공개를 유도할 수 있음
- 발명의 조속한 공개로 산업발전을 도모하려는 특허제도의 취지에 부합

※선발명주의

- 출원의 순서와 관계없이 먼저 발명한 출원인에게 권리를 부여
- 발명가 보호에 장점이 있음. 특히 사업체를 가지고 있지 않은 개인발명가

들이 선호하는 제도

- 발명가는 발명에 관련된 일지를 작성하고 증인을 확보해야 하며 특허청으로서는 발명의 시기를 확인하여야 하는 불편이 있음

ⓑ **발명과 고안**

- 특허권은 발명에 대하여 부여하고 실용신안권은 고안에 대하여 부여
- 특허법상 발명은 고안과 비교하여 고도한 것으로 정의되어 있음
- 발명의 정의: 자연법칙을 이용한 기술사상의 창작으로서 고도(高度)한 것
- 고안의 정의: 자연법칙을 이용한 기술사상의 창작
  - 그러나 고도한 것이냐 아니냐 하는 것은 주관적인 판단이므로 심사실무적으로는 출원인에게 그 판단을 일임하고 있음
  - 즉, 출원인이 실용신안으로 출원한 것은 고안으로 특허로 출원한 것은 발명으로 간주

(2) 특허출원의 의의

① 특허출원이란 발명에 대하여 특허를 받을 수 있는 권리를 가진 자가 국가에 대하여 발명의 공개를 조건으로 특허권의 부여를 요구하는 의사표시행위를 말한다. 이상의 의미가 실현되기 위해서는 특허출원은 엄격히 서식에 따라 작성되어야 함은 물론 요구하는 제 원칙에 부합되게 출원절차가 행해져야 한다.

② 따라서, 특허출원은 '서면'에 의하여 되어야 하며 '국어'를 사용하고 '양식'에 적합해야 하는 한편, '수수료(출원료 등)'를 납부해야 한다.

(3) 특허출원서류의 작성 요령

특허출원 서류는 '출원서', '명세서' 필요한 '도면' 및 '요약서'로 구성된다.

① 출원서

특허출원서에는 ㉮ 특허출원인의 성명・주소, ㉯ 대리인의 표시, ㉰ 발명의 명

칭, ㉣ 발명자의 성명・주소, ㉤ 우선권주장에 관한 사항 등을 기재한다.

② 명세서

㉠ 명세서는 기술개발의 성과인 발명을 문장을 통하여 표현하는 부분으로서, 발명을 구체적으로 기재하여 공표시키고 거기에 기재된 공표 발명 중에서 보호대상을 특정하여야 한다. 이것이 공개된 경우 공중에게는 '기술문헌'으로 이용되는 한편 발명자에게는 '권리서'로서 기능하는 부분이다.

㉡ 이상의 기능이 명세서에 의하여 달성되기 위해서는 명세서에는 '발명의 명칭', '도면의 간단한 설명', '발명의 상세한 설명' 및 '특허청구범위'가 기재되어야 한다. '발명의 상세한 설명'은 기술문헌으로서의 소임을 달성하고 그리고 '특허청구범위'는 특허발명의 보호범위를 특정하는 일을 한다.

㉢ 도면

특허출원서 작성 시 도면은 필요한 경우 명세서 기재내용의 이해를 돕기 위하여 첨부하며, 발명의 성질상 도면이 필요하지 않은 경우(방법발명, 화학 발명은 도면이 필요없다)에는 제출하지 않는다.

㉣ 요약서

요약서는 명세서가 기술정보로서 쉽게 활용될 수 있도록 하기 위하여 발명을 요약정리하는 서류로서 출원서류에 첨부한다. 요약서에는 발명 내용이 이해될 수 있도록 10줄 이상 20줄 이내로 간결하게 발명을 요약 기재하면 된다.

(4) 기타 구비서류 첨부

우선권을 주장하는 자, 신규성 의제의 주장을 하는 자, 미생물을 기탁한 자, 대리인에 의하여 출원절차를 행하는 자들은 관련서류들을 출원서에 첨부하여 제출하여야 한다.

(5) 심사

① 심사주의의 내용

㉠ 발명이 특허를 받기 위해서는 심사과정을 거치게 된다. 심사란 특허권허여의 전제로서 특허출원발명이 소정의 특허요건을 구비하고 있는지의 여부에 대하여 일정자격을 갖춘 심사관이 판단하는 과정으로서 무심사에 대비되는 개념이다.

㉡ 우리나라 특허법은 완전심사주의를 채택하는 한편 심사처리의 지연에 따른 문제점 해소와 심사의 객관성과 완전성 유지를 위하여 출원공개제도, 심사청구제도, 등록공고제도 및 이의신청제도를 두고 있다.

② 출원공개제도

㉠ 의의

ⓐ 출원공개란 특허출원 후 일정기간이 경과된 출원계속상태의 발명을 심사진행여부에 관계없이 조기에 공개하는 제도를 말한다(법 64조).

ⓑ 오늘날의 발명 추세에 있어서는 기술내용이 복잡·고도화되고 출원건수가 증가함에 따라 심사처리가 지연되는 결과 심사 후 발명을 공표하게 되면 공개시기가 그만큼 늦어져 공중은 동일발명에 대하여 중복연구·중복투자가 행해질 것이므로 이런 모순을 방지하기 위한 것이다.

㉡ 출원공개제도의 내용

ⓐ **출원공개시기 및 대상**

- 출원공개는 특허출원에 대하여 그 출원일(우선권을 주장하고 있는 출원은 그 우선권 주장의 기초가 되는 출원일)로부터 '1년 6개월'이 경과한 때 또는 출원인의 신청이 있는 때-이미 등록공고된 것
  - 공서양속에 반하는 발명
  - 비밀취급을 요하는 발명

위의 사항을 제외하고 특허공보에 게재하여 행한다.

ⓑ **출원공개의 효과**

- 보상금청구권 발생

  출원이 공개된 경우 출원인은 출원공개 후 설정등록 시까지 사이에 업으로서 출원발명을 무단실시한 자에 대하여 법정요건을 갖춘 상태에서 보상금을 청구할 수 있다. 다만, 보상금 청구권의 행사는 특허권의 설정등록이 있은 후이어야 가능하다.

- 정보의 제공

  출원공개가 있는 때에는 누구든지 당해 발명이 특허요건을 결한다거나 선출원주의에 위반된다는 취지의 정보를 증거와 함께 특허청장에게 제공할 수 있다.

③ 심사청구제도

㉠ 의의

ⓐ 출원심사청구란 특허출원과는 별도로 '실체심사'의 개시를 요구하는 의사표시절차를 말한다. 특허출원에 대한 실체 심사는 종전과는 달리 심사청구가 있을 때에 한하여 그 청구의 순서에 따라 행하고 심사청구가 되지 않은 특허출원은 일정기간(출원일로부터 5년)이 경과하면 취하로 간주하여 심사의 대상에서 제외시킨다.

ⓑ 심사청구제도는 출원 이후의 상황변화에 따라 심사를 원하지 않는 출원 또는 늦게 권리화를 원하는 출원과 신속히 심사의 결과를 바라는 출원 간의 심사처리시기 및 순서의 조정을 통하여 전체적인 특허출원에 대한 심사처리의 촉진에 기여하고자 하는 의도에서 둔 제도이다.

㉡ 심사청구제도의 내용

ⓐ **심사청구 절차**

- 심사청구는 '누구나' 할 수 있으며, '출원일로부터 5년 이내'에 가능하다.
- 심사청구를 하고자 하는 자는 심사청구서를 수수료 납부와 함께 특허청장에게 제출하여야 한다.

ⓑ **심사청구의 효과**

- 심사청구를 한 특허출원은 그 청구순서에 따라 '실체심사'가 개시되며, 법정기간 내에 심사청구되지 않는 특허출원은 취하로 간주된다.
- 심사청구를 한 경우에 심사청구는 취하할 수 없다.

(6) 결정

① 특허출원에 대한 심사는 심사관의 '결정'에 의하여 종료된다. 결정이란 특허출원이 특허요건을 구비하고 있는지의 여부에 대한 심사관의 최종판단으로서 특허성 구비 여부의 확인 행위이다.

② 결정의 종류에는 "특허성을 부정"하는 '거절결정'과 "특허성을 긍정"하는 '특허결정'이 있으며, 거절결정을 받은 자는 이에 불복하고자 할 경우 법정 기간 내에 심판을 청구할 수 있으며 특허사정을 받은 자는 법정절차에 따라 특허권의 설정등록을 하면 '특허권'이 발생된다.

(7) 등록공고제도

① 의의

㉠ 등록공고란 심사관이 특허출원에 대하여 '실체 심사'를 한 결과 그 출원에 대하여 법정거절이유를 발견할 수 없을 때 최종적으로 특허사정을 하고 그 등록내용을 공중에게 공고하는 절차를 말한다.

㉡ 등록공고제도는 공중에게 심사의 결과를 알려 의견제시의 기회를 부여함으로써 심사의 완전성 · 공정성을 담보시키고자 함에 그 제도적 의미가 있다.

② 등록공고제도의 내용

㉠ 등록공고절차

- 등록공고는 특허권의 설정등록을 한 권리에 대하여 '특허공보'를 통하여 행하고, 공고기간은 등록공고일로부터 '3개월'간이다.

- 다만, 비밀취급을 요하는 특허발명에 대하여는 비밀취급의 해제 시까지 등록공고를 보류하여야 하며, 그 비밀취급이 해제된 때 지체없이 등록공고를 하여야 한다.

㉡ 등록공고의 효과

- 특허이의신청 기회부여 등록공고가 되면 공고기간중 공중은 당해 특허에 대하여 이의신청을 할 수 있다.

(8) 특허이의신청제도

① 의의

㉠ 특허이의신청이란 등록된 발명이 거절이유를 포함하고 있어 등록을 취소하여야 한다는 공중의 의사표시행위를 말한다

㉡ 특허이의신청제도는 공중의 의견을 수렴하여 부실권리를 조기에 취소하고자하는 취지에서 도입되었다.

② 특허이의신청제도의 내용

㉠ 이의신청절차

- 이의신청은 '누구나' 할 수 있으며, 이의신청기간은 '등록공고일로부터 3개월' 이내이고 이의신청이유는 '거절이유 중'에서 일부사유를 제외한 것이다.
- 이의신청을 하고자 하는 자는 이의신청의 이유와 그 증거방법을 표시한 이의신청서에 필요한 증거를 첨부하여 특허청장에게 제출하여야 하며, 이의신청의 이유 및 증거를 보정하고자 할 경우에는 이의신청기간 경과 후 30일 이내에 가능하다

㉡ 이의결정

- 심사관합의체는 특허권자에게 이의신청에 대한 답변서의 제출기회를 부여한 후에 이의결정을 하며 이 취소 결정에 대해서만 특허 심판원에 불복할 수 있다

특허 출원을 위해서 특허청에서는 다음 그림과 같이 일반 심사의 절차와 전자 출원(특허路) 시스템을 이용한 방법 2가지를 모두 공개하고 있다. 이 심사 절차는 특허뿐만 아니라 지적재산권 전반적으로 유사한 과정을 거치기 때문에 특허 출원 절차를 대표적으로 설명하기로 한다. 최근엔, 일반 심사 절차의 경우 최근엔 직접 특허를 출원하든, 아니면 변리사를 통한 대행 절차를 이용하든 대부분 시간과 효율이 앞서는 전자출원절차를 통해 진행하고 있다.

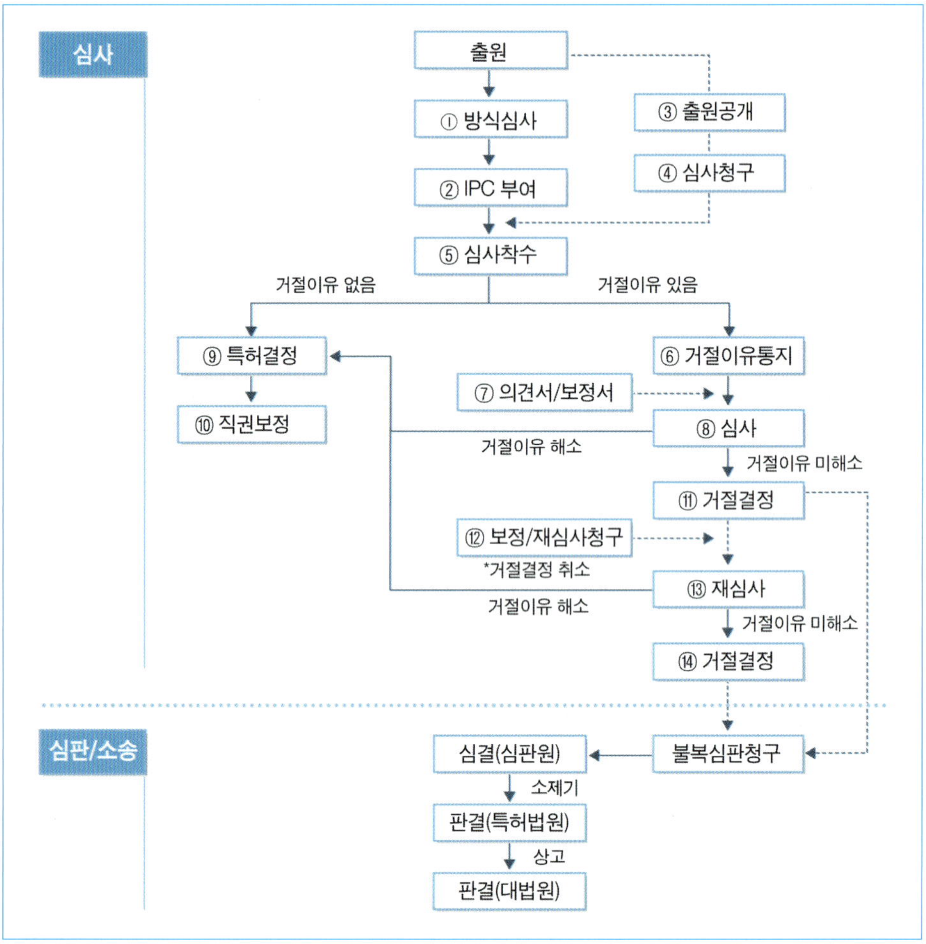

그림 11-1 **특허심사절차 흐름도**

자료: 특허청.

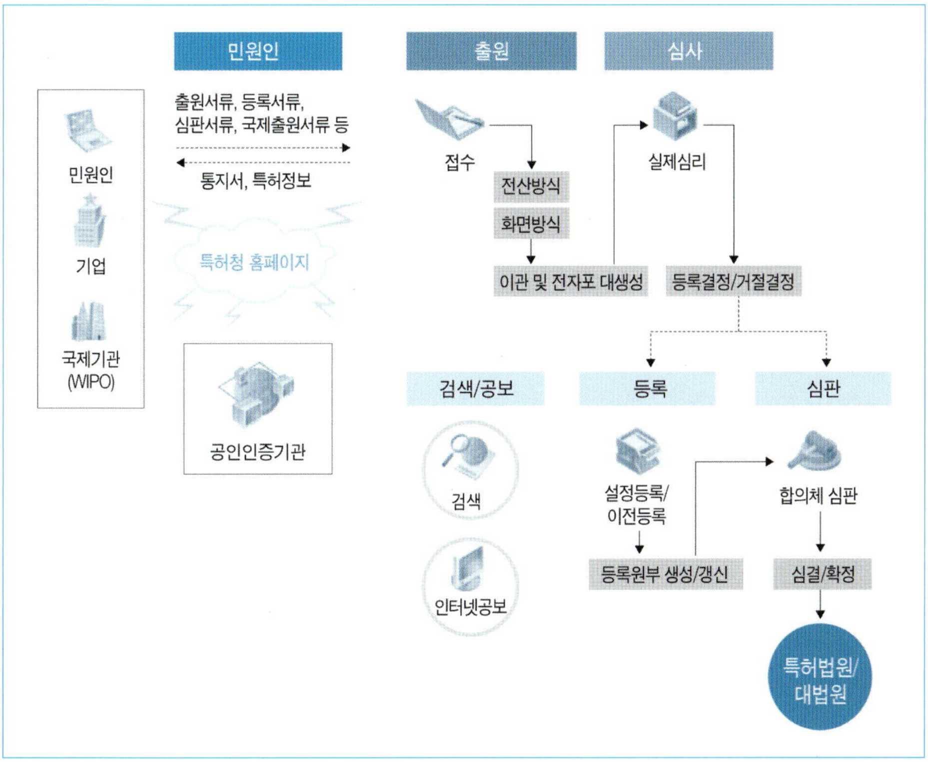

그림 11-2 **전자출원(특허路)시스템을 이용한 전자출원절차**

자료: 특허청.

4) 특허분석에 근거한 기술개발 실시

최근처럼 급격한 기술변화가 발생하는 시대에는 무수히 많은 특허가 쏟아질 거라 예상한다. 일부는 맞고 일부는 틀린 얘기인데, 즉 중국이나 인도, 베트남과 같이 급부상하는 나라의 기술은 현재 특허와 관계없이 발전하고 있다는 점에서 기존 글로벌 특허를 침해할 수도 있지만, 그들 내부의 특허 가치가 있는 기술이 외부에 잘 드러나지 않는다는 점에서 새로 기술개발을 하는 사람들은 유념해야 할 문제다.

스타트업은 아이디어와 기술로 먹고산다고 할만큼 특허권이 전재산이다시피 하고, 특허권을 기반으로 벤쳐캐피탈 등으로부터 투자유치를 받아서 추가적인 기술개발을 통하여 성장하는 사업모델을 주로 하고 있다. 결국 자신의 전 재산과 노력을 기울여 개발한 기술이 이미 다른 곳에서 개발했거나 추진한 사업이고 기술이라면 투자를 받거나 하는 것은 거의 어렵고, 특히 기존에 출시된 사업 또는 기술을 회피하여 새로운 아이디어와 기술로 다시 시작할 수 있는 자금력을 확보하고 있기는 어렵다는 점에서 스타트업의 창업에서 기존 특허기술에 대한 분석은 필수적이다.

4차 산업혁명 시대에 새로운 창업을 준비하거나 갓 창업한 사람들이라면 자신들의 사업모델이 이렇게 개인화되고 맞춤형 모델인지, 자신의 자본 능력에 맞는 모델인지에 대한 검증이 필요하다. 어떤 사업이든 마찬가지겠지만, 특히 사업경력이 많지 않은 청년 스타트업의 경우, 충분하게 시장, 수요자, 동종 아이템 등에 대한 분석이 쉽지 않다.

일반적으로 특허분석에 소요되는 자금은 스타트업에게는 매우 부담이 되는 금액일 수 있다. 그러나 새로운 기술을 확보하기 위해서 기존 특허와 기술을 분석하는 것은 신규성과 혁신성을 입증해야 하는 특허제도에서는 너무나 당연한 일일 것이나, 관련 비용이 부담되는 것도 현실이므로 스타트업은 관련 비용을 조달할 방법에 대한 고민이 필요하다. 이런 이유로 스타트업을 위해서 정부가 실시중인 지식재산권 지원제도에 대하여 살펴보고자 한다.

2. 특허청의 지식재산권 지원제도[3)]

지식재산권을 확보하고자 하는 스타트업(중소기업 포함)의 부담을 줄여주기 위해서 정부는 다양한 지원제도를 실시 중이다. 지식재산권의 등록과 고지를 대행하는 정부기관이 특허청이기 때문에 일부 대학교나 연구기관 등을 제외하고 대부분의 지식재산권 지원제도는 특허청에서 실시중이고, 특허청 이외에는 한국

3) 특허청 홈페이지 참조(http://www.kipo.go.kr).

발명진흥회(http://www.kipa.org)와 한국지식재산보호원(www.koipa.re.kr), 한국특허전략원(https://www.kista.re.kr) 등에서 실시 중인데, 특허청을 제외한 다른 기관의 지식재산권 지원제도는 다양한 형태의 컨설팅이나 교육지원 시스템 형식으로 운영하고 있으므로, 각 기관별 지원사업 내용은 각각의 홈페이지를 통하여 확인하는 것이 좋겠다.

사업을 하는 사람의 현재에 따라서, 어떤 사람은 재력이 충분한 부모님의 도움으로 충분한 여유자금을 확보하고 사업을 개시하는 사람도 있겠지만, 대부분의 스타트업이 사업을 시작하면서 가장 크게 느끼는 고충이 자금이라는 점을 고려하면, 지식재산권 역시 사업을 하면서 발생하는 각종 비용을 충당할 수 있는 현실적인 자금 확보다 더 시급한 것이 현실이다. 따라서 본 장에서는 특허청의 지식재산권 지원제도를 중심으로 일반 컨설팅 형태를 제외하고 실질적 지원금을 지불하는 제도에 대하여 알아보기로 한다.

〈관련 기관 연락처〉

- 특허청 지역산업재산과(042-481-8660, 8653)
- 한국발명진흥회 지역지식재산실(02-3459-2822, 2838)
- 지역지식재산센터(1661-1900)
- 홈페이지: http://www.ripc.org

1) 지식재산권창출지원

표 11-2 특허청 지식재산권 창출지원사업 정리

<table>
<tr><th>지원 프로그램명</th><th colspan="2">사업 개요</th><th>지원금</th><th>부담금
(현금: 현물)</th><th>지원자격</th></tr>
<tr><td rowspan="2">IP 디딤돌 프로그램</td><td colspan="2">아이디어 구체화 및 권리화</td><td>1,500천원 이내</td><td>20%
(현물 또는 현금)</td><td rowspan="2">창의적 아이디어를 보유한 개인 및 예비창업자</td></tr>
<tr><td colspan="2">제품화 컨설팅(3D 모형제작)</td><td>600천원 이내</td><td>20%
(현금)</td></tr>
<tr><td rowspan="14">글로벌 IP 스타기업 육성</td><td rowspan="4">해외 권리화
(출원)</td><td>특허(PCT)</td><td>3,000천원 이내</td><td rowspan="14">30%
(현물10% + 현금20%)
(단, '15~'16년
IP 스타기업은
선정 당시 기준 적용)
* 해외권리화
출원비용 분담금은
현금 30%만 적용</td><td rowspan="14">해외 수출 및 수출(예정) 중소기업</td></tr>
<tr><td>특허(개별국)</td><td>7,000천원 이내</td></tr>
<tr><td>상표</td><td>2,500천원 이내</td></tr>
<tr><td>디자인</td><td>2,800천원 이내</td></tr>
<tr><td colspan="2">선택형 IP</td><td>10,000천원 이내</td></tr>
<tr><td colspan="2" rowspan="4">특허기술시뮬레이션</td><td>3,000천원 이내</td></tr>
<tr><td>3,000천원 이내</td></tr>
<tr><td>2,500천원 이내</td></tr>
<tr><td>2,800천원 이내</td></tr>
<tr><td rowspan="2">맞춤형
IP맵</td><td>특허</td><td>2,000천원 이내</td></tr>
<tr><td>디자인</td><td>15,000천원 이내</td></tr>
<tr><td colspan="2">특허&디자인 융합</td><td>35,000천원 이내</td></tr>
<tr><td colspan="2">비영어권 브랜드 개발</td><td>40,000천원 이내</td></tr>
<tr><td colspan="2">글로벌 IP경영진단</td><td>15,000천원 이내</td></tr>
<tr><td rowspan="4">글로벌 기술혁신 IP 전략 개발</td><td rowspan="3">신제품/
신서비스
창출형</td><td>특허+디자인+
브랜드(TI)개발</td><td>200,000천원 이내</td><td>현금: 현물 =
30,000: 30,000</td><td rowspan="4">「중소기업기본법」 제2조에 따른 중소기업[4]</td></tr>
<tr><td>특허+디자인
(PI) 개발</td><td>160,000천원 이내</td><td>현금: 현물 =
24,000: 24,000</td></tr>
<tr><td>특허+브랜드
(BI) 개발</td><td>160,000천원 이내</td><td>현금: 현물 =
24,000: 24,000</td></tr>
<tr><td>제품/서비스
고도화형</td><td>특허(기술)
개발</td><td>120,000천원 이내</td><td>-</td></tr>
<tr><td rowspan="4">정부 R&D 특허전략 지원</td><td colspan="2">중대형 R&D 전략지원</td><td>120,000천원 이내</td><td>36,000: 24,000</td><td rowspan="4">공공연구기관, 대학[5]이 수행중인 정부 R&D 과제 또는 기관고유 과제</td></tr>
<tr><td colspan="2">지재권 융복합 전략지원</td><td>120,000천원 이내</td><td>36,000: 24,000</td></tr>
<tr><td colspan="2">소형 R&D 전략지원</td><td>40,000천원 이내</td><td>15,000: 5,000</td></tr>
<tr><td colspan="2">대학 R&D 전략지원</td><td>90,000천원 이내</td><td>26,000: 19,000</td></tr>
</table>

IP 나래 프로그램	• 3개월간 특허 전문가의 밀착형 지식재산 컨설팅 및 강한 특허 출원 • 지원기업의 성장 장애요소를 진단하여 맞춤형 지식재산 솔루션 제공		2,000천원 이내	15%: 15%	기술을 보유한 7년 이내의 창업기업
지재권 연계 연구개발 전략지원 사업	기술선도형		70,000천원 이내	(소기업 기준 14,000: 6,000	연구조직을 보유한 「중소기업기본법」 제2조에 따른 중소기업
		계속과제	21,000천원 이내	4,000: 2,000	
	기술도약형		42,000천원 이내	8,000: 4,000	
		재창업	54,000천원 이내	4,000: 2,000	
	IP융복합	IP선도형	84,000천원 이내	17,000: 7,000	
		IP도약형	50,000천원 이내	10,000: 4,000	
표준특허 창출 지원	유형 1		40,000천원 이내	R&D 과제 수행 기업·기관 과제 단가의 30% (전액 현금)[6]	국제표준 획득을 목적으로 하는 정부·민간 R&D 과제를 수행 중인 중소·중견기업 및 대학·연구기관
	유형 2		80,000천원 이내		
	유형 3		160,000천원 이내	7.5%: 22.5%	

2) 지식재산권활용지원

표 11-2 특허청 지식재산권 활용지원사업 정리

지원 프로그램명	사업 개요		지원금	부담금 (현금:현물)	지원자격
지식재산 활용전략 지원	특허제품 혁신	제품문제 해결, 신제품 발굴, IP메디치	60,000천원	10~30%	• 등록된 특허·실용신안·디자인권(전용실시권 포함)을 보유한 중소기업 • 「중소기업기본법」(제2조), 「중소기업기본법」(제3조, 제8조)의 중소기업
	디자인제품 혁신	제품 디자인 개발	50,000천원		
		디자인 개선	20,000천원		
	IP사업화	IP사업화	60,000천원		
IP 사업화 연계 평가지원	등록된 특허·실용신안에 대한 성능분석 및 비교분석, 사업타당성, 가치평가 등을 수행하는데 소요되는 평가비용을 지원하		50,000천원	총액 30%	개인 또는 중소기업으로서, 등록된 특허·실용신안 권리자 및 전용실시권자

4) 중소기업 기준 산정.
5) 「대학설립·운영 규정」 제4조 제3호에 따른 부속병원 포함.
6) 정부표준화사업 과제 수행 기업·기관별도 지원기관 부담금 없음.

<table>
<tr><td></td><td>여, 특허기술의 사업화 및 활용 촉진을 위해 객관적인 평가결과를 제공</td><td></td><td></td><td></td></tr>
<tr><td rowspan="2">발명인터뷰 및 공공 IP 활용 지원</td><td>일반형</td><td>24,000천원</td><td>24,000천원
(현물)</td><td rowspan="2">「기술의 이전 및 사업화 촉진에 관한 법률(이하 기술이전법)」제2조 6호에 따른 대학, 연구소 등 공공연구기관 및 비영리연구법인의 기술이전전담조직</td></tr>
<tr><td>수요기반형</td><td>35,000천원</td><td>35,000천원
(현물)</td></tr>
<tr><td rowspan="3">공공기관 보유특허 진단 지원 사업</td><td>소형</td><td>10,000천원</td><td>10,000천원</td><td rowspan="3">대학 · 공공연, 정부 R&D 연구단 · 사업단, 기타 영리를 목적으로 하지 않는 기관</td></tr>
<tr><td>대형</td><td>20,000천원</td><td>20,000천원</td></tr>
<tr><td>중형</td><td>30,000천원</td><td>30,000천원</td></tr>
</table>

3. 지식재산권 전략

스타트업은 커다란 주제를 해결하는 데 강점을 가지는 것이 아니라 작은 문제에 대하여 빠른 대처가 가능한 점이 장점이 될 수 있는 구조이다. 이런 스타트업의 특성상 크고 작은 기술과 관계 없이 기존에 없던 새로운 기술, 새로운 아이디어에 가치를 두는 특허권은 자본과 인력이 부족한 스타트업이 확보할 수 있는 가장 손쉬우면서 중요한 자산 중 하나이다. 또한 특허권은 일부 특정 국가를 제외하면 전 세계적으로 인정받는 글로벌한 가치 척도이며, 이 가치척도는 특허권자의 현재 자산이나 인력과 상관없이 보편적 창의성과 혁신성에 모든 기준이 달려있다는 점에서 스타트업이 가질 수 있는 가장 공정한 글로벌 프로토콜이다.

이렇게 큰 장점을 가지는 특허권에 대하여 스타트업의 평가는 양분화된 것이 현실이다. 즉, 지식재산권에 대해 지나친 두려움을 가진 쪽과 회의론을 가진 쪽이다. 두려움을 가진 이들은 본인의 아이디어를 출원하면 거절되는 두려움으로 특허권을 신청조차 하지 않는다.

지식재산권에 대한 회의론을 가진 사람들은 그런 것에 신경 쓰느니 신속하게 사업을 진척시키는 것이 최선이라는 생각을 가지고 있다.

회의론을 가진 사람이 많은데 그들은 특허에 신경 쓰고 있을 시간에 사업이나 열심히 하라고 충고한다. 실제로 미국에서는 존 스미스(John D. Smith)라는 사람이 이런 내용으로 『특허출원 하지 말라(Do not file a patent)』는 제목의 책을 발간한 사례도 있다. 존 스미스의 책에 나오는 주장을 요약하면 다음과 같다.

- **비용 문제:** 특허는 값비싼 종이에 불과하다.
- **심사 문제:** 특허청은 형편없는 거절이유를 발행하는데 돈을 낭비한다.
- **활용 문제:** 특허소송은 비용이 많이 드는데 그렇다고 수집할 만한 가치가 있는 것도 아니다.

하지만 앞 장에서 지식재산권의 개요에서 이미 설명했지만 새로운 발명, 혁신 또는 서비스에 대한 개념이 확립된 후, 가급적 신속하게 특허를 출원해야 하는 것은 전 세계적으로 보편적인 개념이다. 전 세계 특허 시스템은 처음 개발한 사람이 아니라 처음 특허를 제출하고 등록하는 절차를 거친 사람을 보호한다는 점에서 공통점을 가지고 있다.

그럼에도 불구하고 특허는 돈이 많이 드는 일이니까 먼저 사업화하여 돈을 번 후에 그 돈으로 특허를 내도 무방하다고 믿는 사람들이 많다. 하지만 많은 경영자들이 말하는 얘기로 사업의 성공은 하늘에 달렸다고 한다. 이 말은 사업가가 대충 해도 운이 좋아서 될 사람은 알아서 된다는 말이 아니라, 대부분의 사람들이 죽기살기로 사업의 성공에 매달리지만 그 중에 성공하는 사람의 비율이 매우 낮기 때문에 성공 확률의 관점에서 봐야 한다.

내 돈을 들여서, 다른 일을 하면 얼마의 돈을 벌 수 있는 내 시간, 즉 기회비용을 소모하면서 사업을 하는 사람들이 그냥 남들이 만들어놓은 사업과 자리에 가서 안정적인 월급을 받으며 일하는 사람들과 다를 것이라는 점을 두말할 나위가 없는 것이다. 대부분의 스타트업은 죽을만큼 열심히 한 후에 성공이라는 결실을 맺게 되는 것이다.

그런데 그렇게 성공을 해도, 내가 그 성공의 과정에서 돈이 아깝다는 이유로, 시간이 아깝다는 이유로 무심히 지나쳤던 특허권을 내 경쟁자가 확보했고, 그 아이디어와 기술을 가지고 나의 사업권을 침해하기 시작했을 때, 내 사업은 심각한 방해를 받을 것이고, 그 침해에 대응하기 위해서는 기존 특허권을 확보하기 위해 들어가는 비용과 시간보다 몇 배의 노력을 들여야 한다는 점을 고려할 때 체계적인 특허권을 확보하는 것은 스타트업이 가져야 할 의무라고 봐도 무방할 것이다.

이런 관점에서 스타트업이 가져야 할 특허전략을 다음과 같이 제시한다.

1) 선특허, 후사업

앞에서 충분히 설명한 것과 같이, 스타트업에게 있어서 특허권은 기업의 기술을 증명할 수 있는 최고의 기업가치이다. 따라서 창업을 준비 중인 스타트업이라면 창업부터 할 것이 아니라 본인이 생각한 아이디어를 충분히 고민하고, 관련 시장과 경쟁자에 대한 분석을 완료한 후에 최종적으로 사업계획서를 준비한 후에 바로 특허권 출원을 시작해야 한다.

특허는 아이디어부터 보호받기 때문에 특허출원번호만 나오면 그 때부터 심사기간 중에 수정하고 보완하면서 특허 등록 절차까지 사업과 병행하여 추진이 가능하다. 스타트업이 특허출원을 시작할 때는 혼자서 알아서 하겠다는 생각보다 전문가의 도움을 받을 수 있는 방법을 찾아보기를 권한다. 법을 기반으로 하는 권리를 논하는 특허권의 용어들을 특허에 대해서 무지한 사람이 직접 접하고 대응한다는 것은 현실적으로 매우 어려운 일이며, 최소한 사업을 시작하기 전 특허는 전문가를 통해 진행하는 것이 좋겠고, 자금의 어려움이 있다면 정부에서 지원하는 각종 지원제도를 통하여 충분히 방법이 있다는 점은 전장에서 확인할 수 있었을 것이다.

2) 특허권의 청구항은 최대한 폭넓게 확보할수록 유리하다

전장에서 설명한 바와 같이 특허는 심사라는 시스템을 거치면서 점점 권리가 축소되는 것이 일반적이다. 거듭 얘기하지만 특허는 법에 근거하여 권리를 정하는 원리이므로 일반적인 법원의 판단과 동일한 패턴으로 권리를 지정한다. 즉, 심사하는 사람이 알아서 발명자나 청구자의 권리를 찾아주지 않는다. 결국, 특허권은 청구하는 사람이 최대한 자신의 권리에 해당할 수 있는 부분을 확보하여 청구해야 유리해지는 구조라는 것이다. 물론, 이렇게 청구항이 많아지면 특허를 대행하는 변리사가 해야 할 일이 늘어나므로 그만큼의 비용이 늘어난다는 점에서 생각하면 비용 대비 효율이라는 생각이 들 수도 있겠으나, 이 책에서 내내 말하고 있는 특허의 가치는 스타트업이 가질 수 있는 최고의 전략무기라는 점을 고려해 볼 때 내가 확보할 수 있는 권리는 최대한 자세하게 청구항을 기록하여 확보하는 것이 중요하다.

대부분 특허를 대행하는 변리사들은 청구항의 가치를 스스로 평가하여 청구항을 자체적으로 누락하는 경우가 많은데, 바로 이 점이 스타트업이 변리사와 같은 전문가를 만나기 전에 스스로 특허에 대한 사전 지식과 정보를 갖춰야 하는 이유가 되는 것이다.

3) 특허 출원의 비용을 최대한 줄일 수 있는 방법을 찾아내라

특허권 청구항을 최대한 폭넓게 확보하라는 점은 앞에서 밝혔다. 하지만 역시나 돈으로부터 자유로울 수 없는 스타트업이 특허 청구항을 무한대로 확보하기는 쉽지 않은 일이다. 이렇게 두 가지의 가치가 서로 충돌하는 경우, 어쩔 수 없이 선택이라는 것을 하게 되는데, 단순하게 돈과 청구항의 수로 정하는 어리석은 사람들은 없을 것이다. 즉, 지출할 수 있는 최대 특허 비용을 계산하고 그 비용에 맞출 수 있는 청구항을 핵심기술 우선순위로 나열한 후에 잘라나가는 식으로 하는 방법을 추천한다.

통상 특허를 정리하다 보면 특허의 논리에 빠져서 청구항의 가치를 스스로 책정할 수 없게 되는 경우가 많다. 이럴 때는 특허의 청구항을 모두 정리한 후에, 비싼 돈을 내고 고용(변리사는 내가 시간을 돈으로 계산한 고용 계약을 한 전문가임)한 변리사에게 기술의 가치척도를 책정하게 하고, 그 기준에 맞추어서 우선순위를 부여하라고 하겠다. 물론 특허가 단순히 기술적 가치에만 무게를 가지고 청구항을 논하기에는 특허권리의 설명이 안 될 수도 있다는 점을 고려해야 한다. 이런 점을 생각하면 결국 각 청구항의 수를 줄이고, 청구항의 내용에 최대한 기술을 녹여내야 하는 것이다.

이렇게 특허를 분류하기 위해서는 스타트업이 자신의 기술에 대한 충분한 이해와 설명이 될 수 있어야 하고, 특허권 청구를 대행하는 좋은 변리사를 만나서 서로의 호흡이 좋아야 한다. 그런 좋은 호흡을 만들기 위해서 스타트업이 할 일은 결국 내 특허에 대한 사전 분석이 잘 되어 있어야 한다는 것이다.

4) 직무보상제도를 실시할 것

스타트업이 약간이라도 여유자금이 생긴다면 대부분 새로운 기술개발을 위한 투자를 시도하면서 우수한 개발자를 확보하기 위해서 혈안이 되는 경우가 많다. 아무리 좋은 인재를 확보한다고 해도, 그 인재의 가치를 증명하고 평가해줄 수 있는 시스템이 없다면 우수한 인재들은 회사를 떠나게 된다. 실제로 우수한 인재가 한 직장에 오래 근무할 확률은 평범한 사람이 장기 재직할 확률보다 훨씬 낮다는 것이 통계로도 나와있다.

우수한 사람들이 갖는 공통점은 일을 잘 한다는 것 외에, 대부분 칭찬과 보상에 익숙하다는 점이다. 즉, 칭찬과 보상 시스템이 적절하지 않으면 그들은 화초가 말라죽어가듯이 점점 창의성을 잃고 평범한 사람들과 비슷해지는 하향평준화되는 것이 일반적이고, 그러면서 그런 상황에 놓인 스스로를 견디지 못하게 된다. 따라서 적절한 칭찬과 보상 시스템을 갖춘 회사를 찾아서 이직하는 것이 일반적인 것이다.

대부분의 스타트업이 실수하는 것 중의 하나는 초기 창업 과정에서 스스로가 투자한 자금에 대한 명확한 회계처리가 없다보니, 회사가 약간이라도 여유가 생긴다면 자신의 투자금부터 회수하려고 한다는 점이다. 물론, 투자자금을 회수하고 이익을 창출하는 것이 사업가의 목표라는 점은 두말할 것도 없겠지만, 회사는 어차피 사람이 모여서 일을 해서 이익을 창출한다는 점에서 우수한 인재가 자꾸 회사를 떠난다면 그 회사는 미래가 없다는 반증일 것이다.

결국 회사가 지속적으로 발전하기 위해서는 우수한 인재의 확보가 필수적이고 이런 인재들이 내놓는 아이디어와 기술을 권리로 보장하기 위한 절차와 그 권리가 확보된 후, 아이디어와 기술을 제공한 인재에게 보상할 수 있는 직무보상제도가 적절하게 마련되어야 한다는 점은 스타트업 회사에 있어서 매우 중요한 시스템이다.

5) 특허권을 등록하고 관리할 수 있는 인력 또는 변리사 협업체를 마련할 것

회사가 설립하고 일정 규모에 올라서면 대부분 필수적으로 거치는 과정이 소송이라는 것이다. 대부분 회사들은 경기에 따라서 제공한 제품, 서비스나 용역에 대한 댓가를 제대로 지불하거나 지불받지 못할 때 소송이 발생하지만, 아이디어와 기술을 근거로 하는 스타트업의 경우, 많은 경우가 지식재산권을 이유로 하는 특허 소송이 걸리는 경우가 많다. 이 경우는 스스로가 본인도 모르고 남의 특허를 침해해서 발생하는 경우도 있고, 또는 다른 사람이 내 특허를 인지 또는 불인지한 상태로 침해해서도 자주 생기는 일이다. 이때, 내 특허의 권리에 대하여 내가 정확히 알지 못한다면, 또는 너무나 바쁜 사업가로서 도저히 소송에 직접 참여할 겨를이 없다면 매우 난감한 상황을 당하게 될 것이 분명하다. 소송을 대행할 특허 전문 변호사를 고용해서 소송을 진행한다고 해도, 내가 가진 특허권에 대하여 특허문서만 보고 명확하게 기술을 이해할 수 있는 변호사를 만난다는 것은 매우 어려운 일인 것이다. 이런 이유로 회사가 약간의 여유가 생기고 대표자 또는 창업자가 사업으로, 또는 기술개발로 너무 바쁘다면 스타트업은 반드시 특허 담당자를 고용하거나 전문 변리사를 확보하여 고문계약 등의 형식으로 자신들의 특허를 보호할 필요가 있는 것이다.

6) 특허의 가치를 최대한 높이는 사업계획서를 마련할 것

회사를 설립할 때도 그렇지만 새로운 기술을 확보할 때도 그 기술이 얼마만큼의 비용을 들여서 회사에 어떤 이익을 가져다 줄 것인지에 대한 분석은 사업가라면 너무나 당연한 절차일 것이다.

이렇게 당연한 절차로서 사업계획서를 만든다면 스타트업이 가지는 최고의 가치인 특허를 제대로 정리하는 것이 중요하다. 이런 정리를 통하여 스스로의 미래 사업 방향을 새로 수립할 수도 있고 무엇보다 스스로 확신을 가지는 것이 상대방을 설득하기 위한 가장 기초적인 것이라는 점을 고려할 때, 아이디어와 기술을 근거로 투자를 통하여 회사를 발전시키는 모델인 스타트업에게 특허가 잘 정리된 사업계획서는 매우 훌륭한 IR(Investor Relations) 자료가 될 것이다.

이 외에도 스타트업이 가져야 할 특허전략은 많이 있겠으나, 가장 보편적이고 필수적인 전략을 위와 같이 정리하였다.

하지만 어떠한 경우에도 불문율은 '나 자신을 아는 것'이 제일 중요하다는 것이다. 즉, 내가 가진 아이디어와 기술을 내가 제일 잘 알아야 하고, 동종 업계 경쟁자와 그들의 기술, 그리고 시장 상황에 대한 끊임없는 공부가 없다면 스타트업은 미래를 기약할 수 없을 것이다.

4. 인증/표준

1) 지식재산권 인증제도[7)]

현재 지식재산권 관련하여 정부에서 실시하는 인증제도는 특허청에서 실시하는 직무발명 우수기업 인증제도와 지식재산경영 인증제도가 있다. 지식재산경영인증제도는 특허청 외에 중소기업청(www.smba.go.kr)과 한국방송광고진흥공사(https://www.kobaco.co.kr/), SGI 서울보증보험(https://sgic.co.kr)이 각각 다른 분야에서 인증지원을 실시 중이다. 여기서 특허청의 두 가지 인증을 살펴보면 다음과 같다.

(1) 직무발명 우수기업 인증제도

① 사업 개요

직무발명에 대한 보상을 모범적으로 실시하는 중소·중견기업을 '직무발명보상 우수기업'으로 인증하고 인센티브를 부여하는 제도이다.

② 지원자격

직무발명 보상규정을 보유하고, 최근 2년 이내에 직무발명 보상사실이 있는 중소·중견기업이다.

- **중소기업:** 「중소기업기본법 제2조에 따른 중소기업
- **중견기업:** 「중견기업 성장촉진 및 경쟁력 강화에 관한 특별법」 제2조에 따른 중견기업

③ 추진 일정(신청시기)

상시 신청 가능하다.

④ 인증기준

- **평가항목:** 직무발명 보상규정(30점), 보상실적(40점), 합리적 운용(30점)

7) 특허청 홈페이지 참조(www.kipo.go.kr).

- 인증기준: 심의위원회 평가점수 70점 이상
  - 100점 만점에 70점 이상인 경우 인증

⑤ 지원 내용

㉠ 우선심사: 특허 · 실용신안 · 디자인 출원에 대한 우선심사

㉡ 4~6년차 등록료 일부감면: 특허 · 실용신안 · 디자인의 4~6년차 등록료에 대해 추가 20% 감면

㉢ 인증기업 지원시책(정부지원사업에 대한 가점 부여, 1~5점)

(특허청) 첨단부품 · 소재 IP-R&D 연계전략지원, 지식재산활용전략 지원, 사업연계 특허기술평가 지원

(중기청) 기술혁신개발, 공정 · 품질기술개발, 융복합기술개발사업, 구매조건부신제품개발, 민 · 관 공동투자기술개발, 현장기획과제사업

(미래부) SW 공학 기술현장 적용 지원 사업

⑥ 연락처

- 특허청 산업재산정책과(042-481-8180)
- 한국발명진흥회(02-3459-2794, 2847)
- 홈페이지: http://www.ip-job.org

(2) 지식재산경영 인증제도

① 사업 개요

지식재산경영을 중소기업의 보편적 경영방식으로 확산시키고, 지식재산 경영기업의 신뢰성을 제고시킨다.

② 지원자격

중소기업기본법 제2조에 따른 중소기업이어야 한다.

③ 추진 일정(신청시기)

상시 신청 가능하다.

④ 인증기준: 100점 만점에 70점 이상인 경우 인증

심사항목	배점	심사항목	배점
지식재산 담당 조직 및 인력	10점	연구개발 인력 및 금액	12점
직무발명제도 도입 및 운영	5점	지식재산권 동향 파악 및 활용	18점
임직원 1명당 국내외 산업재산권 출원 비율	12점	지식재산권 적용 제품 매출 비중	5점
국내외 산업재산권 보유 건수	23점	지식재산권의 실시권 등 활용	5점
지식재산권 교육	5점	지식재산권 분쟁 사전 점검	5점

⑤ 인증기업 지원시책

㉠ 특허청

- 특허 · 실용신안 · 디자인 우선심사 대상으로 지정
- 특허권 · 실용신안권 · 디자인권에 대한 연차등록료(4~6년차) 50% 감면
  - 현재 중소기업에게 연차등록료(4~6년차) 30% 감면을 실시하고 있으나, 인증기업에게는 20%를 추가 감면하여 총 50%의 감면 혜택 제공
- 특허권 · 실용신안권 · 디자인권에 대한 연차등록료(4~6년차) 50% 감면
  - 우수발명품 우선구매추천제도, IP 활용전략 지원사업, IP R&D: 지재권 연계 연구개발 전략지원 사업

㉡ 중소기업청

- 정책자금 융자 시 한도 증액(45억 원 → 70억 원)

  * 신성장기반자금 중 시설자금에 혁신형기업 기준 적용
- 기술개발 지원사업(창업성장기술개발, 기술혁신개발, 제품서비스기술개발, 공정 · 품질 기술개발 등) 참여 시 가점 부여

㉢ 한국방송광고진흥공사

- TV · 라디오 등 방송광고비 70% 할인
- TV · 라디오 등 방송광고제작비 50% 할인

㉣ SGI 서울보증('17년 하반기 적용 예정)

- 이행보증 한도 증액(최대 30억 원 추가 보증)
- NICE평가정보(주)의 신용관리서비스 무상 제공

⑥ 연락처

- 지역산업재산과(042-481-8622)
- 한국발명진흥회 지역지식재산실(02-3459-2861)
- 홈페이지: http://www.ipcert.or.kr

2) 인증제도[8)]

(1) 인증의 정의

인증제도란 평가대상이 그에 적용되는 평가기준에 만족하는지 여부를 판단하기 위해 자격을 갖춘 자가 평가를 직접 수행하거나 제3자의 평가결과를 근거로 입증하는 행위를 말한다(ISO/IEC 17000, KS A ISO/IEC Guide 2).

(2) 인증제도의 구분

인증제도는 법적 근거의 유무에 따라 법정인증제도와 민간인증제도로 구분되며 법정인증제도는 또다시 강제성의 유무에 따라 강제인증과 임의인증으로 나뉘어진다. 또한 각 부 처에서 시행하고 있는 인증제도는 인증, 형식승인, 검정, 형식검정, 형식등록 등 인증대상의 특성에 따라 다양한 명칭으로 운영되고 있다.

(3) 인증제도의 운영

대부분의 인증절차는 국가기관 등과 같은 공신력 있는 기관으로부터 인정을 받은 시험소에서 수행하도록 하고 있으며 인증과 표준, 검사, 시험, 시험소 인정

8) 국가표준인증 통합정보시스템(https://standard.go.kr).

등은 서로 밀접하게 관련된다.

① 시험(Testing)

제품, 공정 또는 서비스에 대하여 규정된 요구사항에 따라 특성을 확인하는 것이다.

※ "시험"은 일반적으로 자재, 제품 또는 프로세스에 적용

② 검사(Inspection)

제제품설계, 제품, 공정(프로세스) 또는 설치에 대하여 조사를 실시하고 규정된 요구사항에 대한 적합성 여부를 확인하는 것이다.

※ 공정(프로세스) 검사에는 사람, 시설, 기술 및 방법에 대한 검사가 포함될 수 있음

③ 인증(Certification)

제품, 시스템, 자격, 서비스 등에 대하여 규정된 요구사항이 충족되었다는 것을 보증하는 것으로 인증대상에 따라 제품인증, 서비스인증, 시스템인증, 자격(인력)인증 등으로 구분되며 인증, 형식승인, 검정, 지정, 허가 등 다양한 용어로 사용된다.

(4) 해외인증

국제적으로 제품/서비스의 수준 유지를 위한 국제 규격 인증제도와 ,각 나라에서 자체적으로 운영하는 다양한 인증제도가 존재한다.

3) 국가통합인증마크(KC)[9]

(1) 국가통합인증마크(KC)의 필요성

현재 우리나라에는 총 70여 개의 법정의무인증제도가 있다. '제품 안전'이라는 똑같은 목적이더라도, 부처마다 인증마크가 달라 중복해서 인증받아야 하는 불편

9) 국가표준인증 통합정보시스템(https://standard.go.kr).

함이 있다. 그러다 보니 시간과 비용이 낭비되는 것은 물론이고, 국가 간 거래에 있어 상호 인증이 되지 않아 재인증을 받아야 하는 등 국제 신뢰도 저하와 국부 유출의 문제를 가져왔다. 이에 2011년 1월 13개 법정의무인증마크를 국가통합인증마크 하나로 통합하였는데, 'KC'라고 하고 다음과 같이 표기한다.

그림 11-3 13개 인증마크를 KC로 통일

(2) KC마크를 사용 중인 법정의무인증제도

국가통합인증마크(KC마크)는 2009년 7월에 지경부와 노동부의 10개 인증마크를 통합하여 출범하였으며, 2011년 1월 기준으로 5개 부처 13개 인증마크가 KC마크로 통합되었다. 이후에도 각 부처들이 법정의무인증제도 신설 및 변경 시 KC마크를 도입하여 2017년 9월 8개 부처 23개 법정의무인증제도가 KC 마크를 사용하고 있다.

표 11-4 정부부처별 인증제도 현황

순번	소관부처	인증제도명	근거법률
1	산업통상자원부 (국가기술표준원)	계량기 형식승인 · 검정	계량에 관한 법률
2	산업통상자원부 (국가기술표준원)	공산품(안전인증, 자율안전확인, 어린이보호포장, 안전품질표시)	전기용품 및 생활용품 안전관리법
3	산업통상자원부 (국가기술표준원)	어린이제품안전관리	어린이제품 안전 특별법

4	산업통상자원부 (국가기술표준원)	전기용품(안전인증, 자율안전확인, 공급자적합확인)	전기용품 및 생활용품 안전관리법
5	산업통상자원부	고압가스안전관리	고압가스안전관리법
6	산업통상자원부	가스용품검사	액화석유가스의 안전관리 및 사업법
7	산업통상자원부	에너지소비효율 등급표시	에너지이용합리화법
8	국토교통부	자동차 및 자동차 부품 자기인증	자동차관리법
9	국토교통부	내압용기의 장착검사	자동차관리법
10	국토교통부	수문조사 기기검정	하천법
11	국토교통부	내화구조 인정	내화구조의 인정 및 관리기준
12	국토교통부	벽체차음구조 인정	벽체의 차음구조 인정 및 관리기준
13	해양수산부	해양환경측정기기 형식승인	해양환경관리법
14	환경부	정수기품질검사	먹는물관리법
15	환경부	위생안전기준인증	수도법
16	과학기술정보통신부	방송통신기자재적합성평가제도(적합인 증, 적합등록, 잠정인증)	전파법
17	행정안전부(소방청)	소방용품형식승인	소방시설 설치 · 유지 및 안전관리에 관한 법률
18	행정안전부(소방청)	방염성능검사	소방시설 설치 · 유지 및 안전관리에 관한 법률
19	해양수산부(해양경찰청)	해양오염방제 자재 · 약제의 성능인증	해양환경관리법
20	고용노동부	위험기계기구 안전인증	산업안전보건법
21	고용노동부	방호장치 및 보호구 안전인증	해양환경관리법
22	국방부(방위사업청)	섬유피복류 군수품 KC마크 적용	방위사업법
23	환경부(기상청)	기상측기검정증인	기상관측 표준화법

4) 표준화

(1) 표준화의 정의

표준화(standardization)란 일반적으로 '사물에 합리적인 기준(standard)을 설정하고 다수의 사람들이 어떤 사물을 그 기준에 맞추는 것'을 말한다. 우리나라의 산업규격 KS A 3001(품질관리용어)에 따르면 '표준을 합리적으로 설정하여 활용하는 조직적 행위'라고 정의하고 있으며, ISO/STACO-1961에서는 '관계되는 모든 사람들의 편익을 목적으로 하는 특정한 활동을 향해 바르게 접근하기 위한 규칙을 작성하고 이를 적용하는 과정'으로 정의하고 있다.[10)]

정부에서 운영하는 국가표준인증 통합정보시스템(https://standard.go.kr)에 의하면, 표준(Standard)이란 '합의에 의해 작성되고 공인된 기관에 의해 승인된 것으로서 주어진 범위 내에서 최적 수준의 성취를 목적으로 공통적이고 반복적인 사용을 위한 규칙, 지침 또는 특성을 제공하는 문서'라고 정의하고 있으며, '과학, 기술 및 경험에 대한 총괄적인 발견사항들에 근거하여야 하며, 공동체 이익의 최적화 촉진을 목표로 제정되어야 한다'고 규정(KS A ISO/IEC Guide 2)하면서 다음과 같이 표준화를 정의하고 있다.

- 표준화(Standardization): 사물, 개념, 방법 및 절차 등에 대하여 합리적인 표준(Standard)을 설정하고, 이를 따르고 활용하기 위한 규칙, 지침, 가이드 등을 만드는 조직적 행위

표준화(Standardization)란 '실제적이거나 잠재적인 문제들에 대하여 주어진 범위 내에서 최적 수준을 성취할 목적으로 공통적이고 반복적인 사용을 위한 규정을 만드는 활동'이라고 정의하고 있다(KS A ISO/IEC Guide 2). 즉, 표준화는 우리가 일상적으로 사용하는 생활용품에서부터 자동차, 비행기 등 모든 제품 및 부품의 치수, 성능, 재질, 시험방법 등을 통일화 및 단순화 시켜 기준에 따르도록 하는

10) 표준화란 무엇인가, 과학기술정책동향 KISTI, 2005.5.10.

것으로, 이해관계자의 합의, 공개원칙, 자발성존중, 통일성과 일관성 유지, 시장 적합성, 경제성, 공공이익 추구 등 여러 원리를 기초로 만들어지고 있다.

(2) 표준화의 목적 및 효과

표준화의 목적은 제품, 프로세스 또는 서비스 등 표준화의 대상이 본래의 의도된 목적으로 작용하도록 개선하여 모든 이해관계자의 원활한 의사소통, 공공이익 및 무역장벽의 제거 등을 추구하는데 있다. 또한, 생산, 소비, 유통 등 여러 분야에 있어서 능률증진 및 경제성 향상을 통해, 제품의 품질 개선과 생산 능률의 향상, 상거래의 단순화 및 공정화의 형태로 그 효과가 나타나고 있다. 자동차를 예로 들어 설명하면, 각종 부품이 통일화 및 표준화되어 있지 않고 각 회사마다 독자적인 표준으로 부품을 생산한다면, 고장이 발생하였을 때 사용자가 쉽게 부품을 교체할 수 없게 되어 대단히 불편하게 될 것이다. 또한 자동차 회사에서 자동차를 조립할 때에도 불편할 것이다. 이렇듯 대량생산과 국제무역이 활성화되어 있는 현대 사회에서 표준화는 필수적인 요건이라고 할 수 있다.

대표적인 사례로, 과거 휴대폰이 처음 등장했을 때, 각 제조사마다 서로 다른 충전기와 충전단자를 사용하면서, 소비자들이 새로운 휴대폰을 사용할 때마다 새로운 충전기와 충전단자를 사는 일이 반복되고 있었다. 심지어 한 집안에서 식구들마다 서로 다른 충전기와 충전단자를 사용하면서 필요없이 많은 소모적인 자원을 낭비하고 폐기로 인한 온실가스 배출논란이 발생하자, 2009년 2월 세계 이동통신사업자들의 연합체인 GSMA는 스페인 바르셀로나에서 17개 이동통신사 및 제조사들과 함께 범용 충전기 표준규격을 만들기로 합의했다.

이러한 휴대폰 충전기 표준화는 우리나라가 먼저 진행한 것으로 2000~2005년 24핀 충전 규격을 만들어 활용했었다. 그러다가 2007년엔 휴대폰 슬림화에 의해 20핀이 표준규격이 채택되었는데, 이 20핀 표준규격이 2009년 10월 18일 국제전기통신연합(ITU)에서 추진 중인 휴대폰 충전단자 국제표준화 과정에서 우리나라에서 제안한 20핀 휴대폰 충전단자 규격이 ITU 국제표준 초안으로 채택됐다.

▲한 해외 업체가 개발한 수퍼 USB 충전케이블. 다양한 휴대폰 제조사별 충전단자를 모두 갖췄다.

휴대폰 충전기 표준화 일지

2002년 4월	정보통신기술협회 24핀 표준규격 채택
2006년	휴대폰 슬림화로 제조사별 별도 젠더 채택 (삼성 20핀, LG 18핀, 팬텍 14핀)
2007년 11월	정보통신기술협회 20핀 표준규격 채택
2009년 2월	GSMA 2012년까지 마이크로USB 방식 범용 충전기 채택
2009년 8월	지식경제부 기술표준원, 방송통신위원회 등 정부와 업계 단자 표준화 방향 논의

그림 11-4 휴대폰 충전단자 표준화 일지

자료: [알아봅시다] 휴대폰 충전단자 표준화, 디지털타임스, 2009.9.4.

(3) 표준화의 목적 및 효과

표준화의 목적은 생산, 소비, 유통 등 여러 분야에 있어서 능률을 증진시키고, 경제성을 높이는 데 있다. 따라서 제품의 품질개선과 생산능률의 향상을 기하여 상거래의 단순화와 공정화를 도모하는 것이 표준화의 궁극적인 목적이다.

표준화의 목적과 효과를 구체적으로 살펴보면 다음과 같다.

① 표준화의 목적

- 제품 및 업무 행위의 단순화와 호환성 향상
- 관계자들 간의 의사소통의 원활(상호이해)
- 전체적인 경제성 추구
- 안전/건강/환경 및 생명 보호
- 소비자 및 작업자의 이익 보호
- 현장 및 사무실 자동화에 기여

② 표준화의 효과

- 품질의 향상과 균일성의 유지
- 생산 능률의 증진과 생산 원가 절감

- 부품의 호환성 증가
- 인력과 자재의 절약
- 종업원의 교육, 훈련 용이
- 작업 능률의 향상

(4) 지식재산권과 표준화

지식재산권은 특정한 기술적 창작에 대해 독점적 권리를 부여하는 데 반해 표준화는 사회 공동의 이익 추구를 위해 모두에게 사용이 개방된다는 점에서 차별점을 가진다. 그러나 가격면이나 기술 접근성, 일반의 활용도에 있어서 쉬운 발명을 표준화하여 시장을 지배하는 '표준특허'라는 개념으로 지식재산권과 표준화는 상호보완적 특성도 지니고 있다.

어떤 기술을 표준화하고자 할 경우에는 그 기술에 관한 지적재산권의 취급이 문제가 된다. 표준화된 기술이 지적재산권에 의해 보호받고 있을 경우에는 그 기술을 이용하고자 하는 자는 권리자의 허락을 받아야 하기 때문이다. 그래서 어떤 기술이 지적재산권에 의해 보호되고 있는가의 여부가 문제된다. 다음으로 어떤 기술이 지적재산권에 의해 보호받고 있을 경우에 그 권리자가 임의로 허락할 수 있는가의 여부가 문제된다. 표준화는 그 업계에 속하는 많은 사람들에 의해 결정되기 때문에 「독점규제법」에 반하지 않는지의 여부가 문제된다. 그리고 임의로 허락하는 것이 「독점규제법」상 인정되는 경우라도 지적재산권을 가지는 자가 임의로 허락을 하지 않을 경우에 강제적으로 허락하는 것이 인정될 수 있는지가 문제된다. 강제허락이 인정되지 않는다면 표준화의 대상으로 된 기술을 누구나 이용할 수 없기 때문이다.

참고문헌

강철수(2005), 특허 1회, 특허청.
高敬原(2018), **矽谷科技人掀逃亡潮, 房價貴、有毒文化都是原因**, 數位時代.
곽재훈(2018), 북한은 한국경제 성장 발판? 남북 경협 방향은… / [토론회] "중국 모델? 베트남 모델? 북한은 북한식!, 프레시안.
권소영(2018), 사람 중심의 스마트 사회 구현을 위한 2018년 10대 미래유망기술 선정, KISTEP.
김보림(2017), 다보스포럼 선정 10대 유망 기술, 융합Weelky TIP, 융합연구정책센터.
김성혁(2017), 4차 산업혁명과 노동의 대응, 이슈페이퍼, 2017-3 이슈페이퍼, 금속노조노동연구원.
김성혁(2017), 4차 산업혁명? 언론이 잘못 말하는 점, 민플러스.
http://www.minplus.or.kr/news/articleView.html?idxno=2616
김수현(2018), 중소기업 경영전략, 이모션미디어.
김수현, 김종하 외 5명(2014), 성공창업과 창조경영, 예스폼.
김우순, 기술경쟁시대의 지식재산권 확보전략, 특허청.
마쓰다 히사카즈(2012), 성공기업 전략케이스 46, 한스미디어.
무역협회 성도지부(2018), 중국 게임시장 규모, 세계 1위 기록, 무역협회.
박영배(2007), 21세기를 향한 현대경영학 원론: 경영이론과 사례연구, 교우사.
박종화 외(2017), 2017년 KISTEP 미래유망기술 선정에 관한 연구, KISTEP.
사설(2018), 북한경제 근본적 변화 몰고올 베트남식 개혁개방 모델, 매일경제.
신유근(2005), 인간 존중 경영: 조직행위론적 접근, 다산출판사.
안광호, 하영원, 박흥수(2012), 마케팅원론, 학현사.
안지혜(2018), 주목해야 할 10대 IT 유망기술, 제4차 산업혁명과 소프트파워_이슈리포트2018-제5호, NIPA.
안희권(2017), 中, 2032년 美경제규모 추월 韓도 세계 8위 진입…인도 내년 英·佛 앞질러, 아이뉴스24.
알 리스, 잭 프라우트(2008), 마케팅불변의 법칙, 비즈니스맵.
오승종(2013), 저작권법(제3판).
유정식(2009), 시나리오 플래닝: 불확실한 미래의 생존전략, 지형.
이민화(2016), 기업가 정신 2.0, 창조경제연구회.

이승환(2013), 혁신형 창업 활성화의 비결, 플랫폼, CEO Information 제909호, 삼성경제연구소.
이종현(2017), 중국경제 새 엔진 '스타트업' 매일 1만6000여개 탄생 우수 인재 · 풍부한 자금 · 큰 시장 · 정부 지원 합작품, 중국경제 새 성장동력 '수퍼 스타트업', 이코노미 조선.
이창규(2018), 북한 경제 성장에 '베트남 모델' 딱 맞을까?, 뉴스원.
임창희(2014), 인적자원관리(3판), 비앤앰북스.
임창희, 홍용기(2016), 조직론(2판), 비앤앰북스.
중소기업진흥공단(2001), 벤처 투자유치 성공전략, 매일경제신문사.
중소벤처기업부, 창업절차 매뉴얼.
채서일(2006), *Marketing: 4th Edition*(제4판), 비앤앰북스.
클로테르 라파이유(2007), 컬처 코드, 리더스북.
특허청(2017), M11. 지식재산권 개요 및 최근 동향.
표준화란 무엇인가(2005), 과학기술정책동향 KISTI.
필립 코틀러(2010), 마켓 3.0: 모든 것을 바꾸어놓을 새로운 시장의 도래, 타임비즈.
한국과학기술정보연구원(2016), 한국과학기술정보연구원 선정 2016년 10대 미래유망기술은?
한스 아들코퍼(Hans Adlkofer)(2016), 자율주행차로 가는 길, automotive http://www.autoelectronics.co.kr/article/articleView.asp?idx=1946
황준익(2017), AI, '스마트팩토리' 혁신 돌파구…활용전략 기업성패 좌우, EBN. http://www.ebn.co.kr/news/view/892075
Bertrand Brillois(2000), *Successful start-ups & Key success Factors*, Ekonomiska institutionen.
Carol roth(2012), *The entrepreneur equation*, Benbella.
editage Insights(2018), '중국, 미국 제치고 세계 최대 학술 출판국으로 부상'.

〈참고사이트〉

ZEUS(www.zeus.go.kr)
경기문화창조허브(www.ghub.or.kr)
국가과학기술연구망 - KREONET(kreonet.net)
국가과학기술연구회(www.nst.re.kr)

국가생명연구자원정보센터(www.kobic.re.kr)

국가표준인증 통합정보시스템(standard.go.kr)

서울산업진흥재단(www.sba.seoul.kr/kr)

위키백과, 산업혁명, 2018.6.9. 최종 수정
https://ko.wikipedia.org/wiki/%EC%82%B0%EC%97%85%ED%98%81%EB%AA%85

이모지, 나무위키, 2018.6.11. 최종 수정
https://namu.wiki/w/%EC%9D%B4%EB%AA%A8%EC%A7%80

특허청 홈페이지(www.kipo.go.kr)

한국생명공학연구원(www.kribb.re.kr)

한국환경정책-평가연구원(www.kei.re.kr)

찾아보기

ㄱ

개발프로세스 ········62
개인기업 ········179
경영마인드 ········67
경영전략 ········81
공감하기(Empathize) ········46
공동사업자 ········231
구글 ········287
국가과학기술연구망 ········268
국가생명연구자원정보센터 ········267
국가표준인증 통합정보시스템 ········320
그룹—맨파워(Group-Manpower) ········16
근로계약서 ········115
기업가 정신 ········14
기업가 정신 ········95
기업경영 ········66
기업문화 ········90

ㄷ

다보스세계경제포럼 ········252
다품종 소량 생산 산업 ········283
독점규제법 ········323
동남아시아 시장 ········280
드러커(P. Truker) ········66
디자인씽킹 ········45

ㅁ

마케팅 프로세스 ········137
마케팅 ········133
맨파워(Manpower) ········16

ㅂ

발기인 ········174
버나드 & 사이먼(Barnard & Simon) ········66
법인기업 ········179
법정의무인증제도 ········318
베트남 ········280
벤처기업 ········25, 71
변리사 ········311
북한 ········273
비즈니스 모델 ········56

ㅅ

사업계획서 ········51
사업자 ········229
사업자등록 ········183, 229
사업자등록신청서 ········229
사업자등록증 ········229
사업타당성 ········47
산업혁명 ········22, 238
스마트팩토리 ········242
스타트업 기업 ········71
스타트업 ········25, 114, 266
시장 세분화 ········144

ㅇ

아마존 ········287
에어비앤비 ········287
우버 ········287
유한회사 ········169
인도 ········282
인적요소 ········15

ㅈ

정관 ····· 174
제4차 산업혁명 ····· 239
주식회사 ····· 170
중국 시장 ····· 275
지식재산경영 인증제도 ····· 314
지식재산권 인증제도 ····· 313
지식재산권 ····· 288, 323
지식재산기본법 ····· 288
지적재산권 ····· 323
직무발명 우수기업 인증제도 ····· 313
직무보상제도 ····· 310

ㅊ

창업 로드맵 ····· 15
창업 ····· 14
창업보육센터 ····· 266
창업아이디어 ····· 42
창업자 정신 ····· 14
창업자 ····· 42
창업지원시스템 ····· 259

ㅋ

크락만(Kraakman) ····· 170

ㅌ

특허 ····· 292
특허제도 ····· 292
특허출원 ····· 294

ㅍ

페이욜(Henri Fayol) ····· 66
폐업신고 ····· 233
포지셔닝 맵 ····· 156
표준화 ····· 320
플래트(M. F. Fouelt) ····· 66

ㅎ

한국과학기술기획평가원 ····· 248, 250
한국과학기술정보연구원 ····· 245
한국발명진흥회 ····· 302
한국생명공학연구원 ····· 269
한국지식재산보호원 ····· 303
한국지식재산전략원 ····· 247
한국특허전략원 ····· 303
한국환경정책-평가연구원 ····· 269
합명회사 ····· 168
합자회사 ····· 169
현물출자 ····· 190

기타

STP 전략 ····· 144

저 | 자 | 소 | 개

■ 김 영 주

광운대학교 의료기기산업전공 교수
광운대학교 의료기기개발지원센터 센터장
서울대학교 의료산업기술사업단 TFT
가톨릭대학교 서울성모병원 의료기기개발본부 본부장
서울대학교치과병원 R&BD 자문위원
VIDAK바이오디자인분과 부회장
한국바이오의료기기위원회 위원장
대한민국기술사업화자문단 기술위원
국가표준원 기술규제정책포럼 위원
식품의약품안전평가원 전문위원

■ 조 용 천

광운대학교 스마트융합대학원 의료기기산업전공 주임교수
광운대학교 창업교육센터장
광운대학교 IPP공동훈련센터 센터장
전) 광운대학교 산학협력단 부단장
전) 아크로웨이브시스템 (주) 대표이사

■ 김 종 하

광운대학교 교수
광운대학교 SNK비타민센터 센터장
광운대학교 TIB창업보육센터 센터장
경영지도사
ISO국제심사원
빅데이터기술분석사
전) 경복대학교 임상병리과 부교수
전) 경복대학교 기업가정신센터 센터장
전) 경복대학교 산학협력단 부단장
전) 경북창조경제혁신센터 PD
전) 창조경제혁신 PD협의회 초대회장
전) 인덕대학교 창업사관학교 교수

■ 이 경 학

광운대학교 부교수
광운대학교 KW-기업지원센터 센터장
광운대학교 기술사업화지원센터 센터장
전) 한국산업기술평가원 정보화기획단장
전) 한국산업기술평가관리원 책임
전) 남서울대학교 조교수

■ 김 성 용

엔쓰리엔㈜ 개발본부 이사
한국산업기술평가관리원 평가위원
중소기업기술정보진흥원 평가위원
서울특별시여성능력개발원 컨설팅위원
재)경기영어마을 자문위원
전) 드림시티(HR시스템 및 컨텐츠 개발) 대표이사
전) 한국생산성본부 교수

스타트업과 창업자

1판 1쇄 인쇄 – 2018년 8월 25일
1판 1쇄 발행 – 2018년 8월 30일

저　　자 - 김영주 · 조용천 · 김종하 · 이경학 · 김성용
발 행 인 - 강철원
발 행 처 - 양성원
주　　소 - 경기도 파주시 검산로 173번길 29-20
전　　화 - 031-946-3861(代)
팩　　스 - 031-946-3864
이 메 일 - tnwpub@naver.com
홈페이지 - tnwpub.co.kr
출판등록 - 2015년 8월 31일 제 2015-000211 호

ISBN 979-11-6126-129-4

정가 19,000원